Magie auf Samtpfoten

Eine Liebeserklärung an Katzen

Magie auf Samtpfoten

Eine Liebeserklärung an Katzen

Herausgegeben von Lesley O'Mara

Bechtermünz Verlag

Originaltitel: *Best-loved Cat Stories*
Zuerst veröffentlicht durch Michael O'Mara Books Limited, London

Deutsche Erstausgabe

Übersetzung: Jutta-Maria Piechulek, Schieder-Schwalenberg
Umschlaggestaltung: Studio Höpfner-Thoma, München
Umschlagmotiv:
Artothek, Peissenberg: Julius Adam/Galerie G. Paffrath, Düsseldorf
Gesamtherstellung: Friedrich Pustet GmbH, Regensburg
Printed in Germany
ISBN 3-8289-0213-8

Bildnachweis:
Illustrationen © by William Geldart
Die farbigen Bildtafeln © by Ditz,
(Private Collection/Bridgeman Art Library, London)

Quellennachweis:
Die Geschichte „Spiegel, das Kätzchen" (S. 254–286)
von Gottfried Keller wurde aus folgendem Buch nachgedruckt:
Gottfried Keller, Gesammelte Werke, Leipzig o. J., Band 3, S. 243–283.

Inhalt

Das Katzenparadies *von Emile Zola* 7

Liebschaften *von Colette* 12

Ein Schiff des Trostes *von Eleanor Mordaunt* 15

Zwischenfall an der östlichen 9. Straße *von Jill Drower* 21

Wie eine Katze Robinson Crusoe spielte *von Charles G.D. Roberts* 29

Olly und Ginny *von James Herriot* 39

Mein Chef die Katze *von Paul Gallico* 44

Der Schneider des Kätzchens *von Peggy Bacon* 49

Die Cheshire-Katze v*on Lewis Carroll* 53

Mings größter Fang *von Patricia Highsmith* 62

Dick Bakers Katze *von Mark Twain* 73

Kater Calvin *von Charles Dudley Warner* 77

Die Glückskatze *von Charlotte Wallace* 88

Die Slum-Katze *von Ernest Thompson Seton* 98

Die weissen und die schwarzen Herrscher *von Théophile Gautier* 113

Die Katze die alleine ging *von Rudyard Kipling* 123

Amarillos Totem *von Emma-Lindsay Squier* 133

Mrs. Bonds Katzen *von James Herriot* 148

Die Katze im Feigenbaum *von Charles McPhee* 157

Die Katze meiner Kindheit *von May Eustace* 164

Die Kindheit von Miss Churt *von F.R. Buckley* 174

Die großartigen Fähigkeiten der Katze *von Saki* 188

Die Untat von Morning Glory Adolphus
von N. Margaret Campbell 190

Das Familienleben einer heiligen Katze *von Arthur Wiegall* 196

Mittschiffsmann Katze *von John Coleman Adams* 204

Websters Geschichte *von P. G. Wodehouse* 213

Der gelbe Schrecken *von W. L. Alden* 234

Besonders Katzen *von Doris Lessing* 244

Die Katze *von Charles Baudelaire* 253

Spiegel, das Kätzchen *von Gottfried Keller* 254

Referenzen 287

Das Katzenparadies

Emile Zola

Ich war damals zwei Jahre alt und gleichzeitig die fetteste und naivste Katze der Welt. In diesem zarten Alter besaß ich noch die ganze Überheblichkeit eines Tieres, das die Schönheit eines Zuhauses nicht zu schätzen weiß.

Was für ein Glückspilz war ich doch, daß die Vorsehung mich zu deiner Tante geführt hatte! Diese gute Frau betete mich an. Unten in einem Schrank hatte ich einen richtigen Schlafsalon mit Federkissen und drei Decken. Mein Essen war ebenso ausgezeichnet; niemals nur Brot oder Suppe, sondern immer sorgsam ausgesuchtes Fleisch.

Doch inmitten all dieser Fülle hatte ich nur einen Wunsch, einen Traum. Ich wollte aus dem oberen Fenster schlüpfen und zu den Dächern hinauf entkommen. Zärtlichkeiten verärgerten mich, das weiche Bett ekelte mich an, und ich war so fett, daß ich mich sogar vor mir selbst entsetzte. Kurz gesagt, den lieben langen Tag nur glücklich zu sein, langweilte mich zu Tode.

Ich muß dir erzählen, daß ich das Dach direkt vor meinem Fenster entdeckt hatte, als ich meinen Hals ein wenig reckte. An jenem Tag spielten vier Katzen dort oben miteinander. Mit gesträubtem Fell und hoch erhobenen Schwänzen tollten sie voller Freude auf den von der Sonne erhitzten blauen Schieferplatten herum. Nie zuvor hatte ich so ein außergewöhnliches Schauspiel zu Gesicht bekommen. Und von diesem Moment an war ich der festen Überzeugung: Dort draußen auf dem Dach lag das wahre Glück, dort draußen vor dem Fenster, das immer so sorgsam geschlossen war. Wie zur Bekräftigung erinnerte ich mich daran, daß die Türen des Schrankes, in dem das Fleisch aufbewahrt wurde, genauso sorgsam verschlossen gehalten wurden!

Ich beschloß zu fliehen. Schließlich mußte es im Leben noch mehr geben als ein bequemes Bett. Dort draußen war das Unbekannte, die Vollkommenheit. Und dann vergaßen sie eines Tages, das Küchenfenster zu schließen. Ich sprang hinaus und auf das kleine Dach darüber.

Wie wunderschön die Dächer waren! Die breiten Traufen, von denen sie eingefaßt waren, verströmten köstliche Gerüche. Vorsichtig ging ich in ihnen entlang, und dabei versanken meine Pfoten in dem feinen lauwarmen Schlamm, der unendlich süß duftete. Es fühlte sich an, als liefe ich auf Samt. Und die Sonne schien mit wohliger Wärme herab, die meine Molligkeit umschmeichelte.

Ich werde dir nicht verschweigen, daß ich am ganzen Körper zitterte. Es war etwas Überwältigendes in meiner Freude. Ich erinnere mich besonders an den ungeheuren Gefühlsüberschwang, der mich fast von den Dachpfannen riß, als drei Katzen sich vom Dachfirst herunterrollen ließen und mit aufgeregtem Miauen auf mich zukamen. Doch als ich Anzeichen von Angst zeigte, nannten sie mich eine dumme fette Gans und behaupteten, daß ihr Miauen nur Gelächter wäre.

Ich beschloß, in ihr Gejaule einzustimmen. Es machte Spaß, auch wenn die drei strammen Kerle nicht so fett waren wie ich und sich über mich lustig machten, als ich wie ein Ball über das von der Sonne erhitzte Dach rollte.

Ein alter Kater, der zu der Bande gehörte, erwies mir die besondere Ehre seiner Freundschaft. Er bot mir an, mich zu unterweisen, was ich dankbar akzeptierte.

Oh, wie weit entfernt schienen all die Annehmlichkeiten bei deiner Tante zu sein! Ich trank aus der Dachrinne. Gezuckerte Milch hatte niemals auch nur halb so gut geschmeckt! Alles war gut und wunderbar.

Eine Kätzin ging vorbei, eine hinreißende Sie, und ihr bloßer Anblick wühlte mich seltsam auf. Nur in meinen Träumen hatte ich bisher solch ein köstliches Geschöpf mit einem derart herrlich gebogenen Rücken gesehen. Meine drei Freunde und ich stürmten dem Neuankömmling entgegen. Ich erreichte dieses bezaubernde Weibchen dann auch als erster und brachte ihr meine Komplimente dar; doch dann biß mich einer meiner Kameraden schrecklich in den Hals, und ich schrie vor Schmerzen auf.

„Pah!" sagte der alte Kater, als er mich fortzog. „Du wirst noch viele andere kennenlernen."

Nach einem einstündigen Spaziergang befiel mich ein Bärenhunger.

„Was ißt man denn hier auf diesen Dächern?" fragte ich meinen Freund, den Kater. „Was man so findet", erwiderte er lakonisch.

Die Antwort verwirrte mich einigermaßen, denn so sehr ich auch suchte, ich konnte überhaupt nichts finden. Schließlich schaute ich durch ein Dachfenster und sah, wie ein junger Arbeiter sein Frühstück zubereitete. Auf dem Tisch knapp oberhalb des Fensterbretts lag ein Kotelett von besonders saftigem Rot.

„Das ist die Gelegenheit", dachte ich reichlich naiv.

Also sprang ich auf den Tisch und schnappte mir das Kotelett. Doch der Mann sah mich und schlug mir mit einem Besen schrecklich über den Rücken. Ich ließ das Fleisch fallen, fluchte ziemlich ordinär und entkam.

„Woher kommst du eigentlich?" fragte der Kater. „Weißt du denn nicht, daß man das Fleisch auf den Tischen nur von weitem bewundern darf? Wir können nur in der Gosse suchen."

Ich habe nie verstehen können, warum Küchenfleisch nicht auch Katzen gehören sollte. Mein Magen begann sich bitterlich zu beklagen. Der Kater versuchte mich damit zu beruhigen, daß wir nur auf die Nacht warten müßten. Dann, sagte er, würden wir von den Dächern zu den Straßen hinabklettern und in den Abfallhaufen nach Nahrung suchen.

Auf die Nacht warten! Dieser unverbesserliche Philosoph sagte das ganz

ruhig, während mir der bloße Gedanke an eine so lange Fastenzeit fast die Sinne raubte.

Die Nacht kam unendlich langsam, eine neblige Nacht, die mich zittern ließ. Zu allem Unglück begann auch noch ein seichter, durchdringender Regen zu fallen, der von kräftigen, heulenden Windstößen aufgewirbelt wurde.

Wie trostlos mir die Straßen jetzt erschienen! Nichts war übriggeblieben von der angenehmen Wärme, der großen Sonne und jenen Dächern, auf denen man so wunderbar spielen konnte. Meine Pfoten rutschten auf dem glitschigen Pflaster aus, und ich gedachte sehnsuchtsvoll meiner drei Decken und meines Federkissens.

Wir hatten kaum die Straße erreicht, als mein Freund, der Kater, zu zittern begann. Er machte sich ganz klein, glitt verstohlen an den Häuserwänden entlang und warnte mich leise, ich solle mich beeilen. Im Schutz einer Haustür versteckte er sich dann und schnurrte zufrieden. Und als ich ihn fragte, warum er sich so seltsam verhalten hatte, sagte er: „Hast du den Mann mit dem Haken und dem Korb gesehen?"

„Ja."

„Wenn der uns gesehen hätte, hätte er uns eingefangen, am Spieß gebraten und aufgegessen!"

„Aufgespießt und gegessen!" rief ich aus. „Dann sind die Straßen aber wirklich nichts für uns. Wir essen nicht, sondern werden gegessen!"

In der Zwischenzeit wurden die Abfälle jedoch bereits auf die Bürgersteige geworfen. Ich untersuchte sie mit wachsender Verzweiflung, fand aber lediglich zwei oder drei trockene Knochen, die man offensichtlich in die Asche geworfen hatte. Und hier und jetzt erkannte ich, wie saftig ein Mahl aus frischem Fleisch in Wirklichkeit war!

Mein Freund, der Kater, balancierte mit atemberaubendem Geschick auf den Abfallhaufen herum. Er ließ mich bis zum Morgen weiter stöbern und untersuchte ohne Eile jeden Pflasterstein. Doch nach fast zehnstündigem Dauerregen zitterte ich am ganzen Körper. Verfluchte Straße, dachte ich, verfluchte Freiheit! Und wie sehr sehnte ich mich nach meinem Gefängnis zurück!

Als der Tag dämmerte, bemerkte der Kater, daß ich schwächer wurde.

„Dir reicht's, was?" fragte er mit seltsamer Stimme.

„Oh, ja", erwiderte ich.

„Möchtest du nach Hause gehen?"

„Ich möchte schon. Doch wie kann ich nach Hause finden?"

„Komm mit. Als ich dich gestern morgen herauskommen sah, wußte ich sofort, daß eine so fette Katze wie du nicht für die Freuden der Freiheit geschaffen ist. Ich weiß, wo du wohnst, und bringe dich nach Hause."

Er sagte das alles mit großer Schlichtheit, der gute, würdevolle Kater. Und als wir schließlich ankamen, fügte er gelassen hinzu: „Tschüß dann."

„Nein, nein!" protestierte ich. „Ich laß dich nicht so gehen. Komm mit hinein! Wir teilen uns Bett und Essen. Meine Herrin ist eine gute Frau ..."

Er ließ mich nicht einmal ausreden.

„Halt's Maul!" fuhr er mich an. „Du bist ein Dummkopf. Ich ginge in diesem erstickenden Wohlleben ein. Dein üppiges Leben ist etwas für Weichlinge. Freie Katzen ließen sich niemals für deine Behaglichkeit und deine Federbetten einsperren. Tschüß!"

Mit diesen Worten kletterte er zurück aufs Dach. Ich sah, wie sein stolzer, schlanker Schatten wohlig erbebte, als er die Wärme der Morgensonne fühlte.

Als ich nach Hause kam, führte sich deine Tante wie ein Zuchtmeister auf und verabreichte mir eine Strafe, die ich zutiefst erfreut entgegennahm. Ich schwelgte geradezu in der Bestrafung und der wollüstigen Wärme. Und während sie mich durchprügelte, dachte ich mit Wonne an das Fleisch, daß sie mir gleich geben würde.

Du siehst, – ein Nachgedanke, während ich vor dem warmen Ofen ausgestreckt liege – das wahre Glück, das Paradies ist dort, mein Herr, wo man mit vollen Fleischtöpfen eingesperrt und geschlagen wird.

Ich spreche nur für Katzen.

Liebschaften

Colette

Das Rotkehlchen hatte gewonnen. Nun feierte es seinen Sieg mit kleinem trockenen Gezwitscher in der Sicherheit eines Kastanienbaumes. Es war stolz, daß es vor der Katze nicht geflohen war. Es hatte mit dem wilden Summen einer wütenden Biene über ihr geschwebt. Für jeden, der sein Gezwitscher verstehen konnte, klangen seine Drohungen sehr heftig.

‚Ich, Robin Rotbrust, werde dir die Augen auspicken, wenn du dem Nest mit meinen kostbaren Eiern noch einen Schritt näherkommst.'

Als ich das beobachtete, war ich bereit einzugreifen, doch die Katze begreift, daß das Rotkehlchen in Frieden gelassen werden muß. Sie versteht so viele Dinge. Dennoch glaubt sie noch immer daran, daß sie Gefahr läuft, zum Narren gemacht zu werden, wenn sie dem Vogel gestattet, sie ungestraft zu beleidigen. Deshalb schlägt sie mit dem Schwanz wie ein Löwe und macht einen Buckel. Schließlich verläßt sie den wütenden Vogel, und wir spazieren weiter durch die Dämmerung.

Es ist ein langsames, angenehmes Schlendern, bei dem wir beide allerlei entdecken. Wenn ich ehrlich bin, macht sie die Entdeckungen. Sie hält inne und starrt unverwandt auf etwas in der Ferne, das ich nicht sehen kann. Sie kriecht und springt auf ein Geräusch los, das ich nicht höre. Ich kann nur raten, was sie so faszinierend findet.

Die Gesellschaft einer Katze ist immer anregend, doch habe ich mich vor fünfzig Jahren um sie bemüht? Mir schien es immer so, als müßte ich sie nicht suchen. Sie strichen mir von jeher um die Beine. Sie traten in so vielen Verkleidungen auf: verloren und kurz vor dem Verhungern, jagend oder gejagt, als mit Tinte getränkte Bücherei-Katze, als Molkerei- und Metzger-Katze, wohlgenährt zwar, doch mit vom gefliesten Boden kalten Pfoten. Es gibt schwammige spießbürgerliche Katzen, selbstzufriedene und despotische Katzen, die Paul Morand, Claude Farrere und mich tyrannisieren. Sie alle kommen freudig zu mir, doch nicht überraschend.

Eines Tages bemerkte ich eine arme dünne Katze, von der Menge hin- und hergestoßen, die sich jeden Abend aus der Autreuil-Metro ergießt. Eigentlich entdeckte sie mich. „Da bist du ja endlich", sagte sie. „Du hast dich verspätet. Wo wohnst du? Mach dir keine Sorgen, ich folge dir schon."

Als wir nach Hause kamen, schien mein Heim sie zu ängstigen, vielleicht weil ich es mit jemand anderem teilte. Dennoch gewöhnte sie sich schnell ein. Sie lebte vier Jahre lang bei mir, bis sie durch einen Unfall starb.

Doch ich darf meine Hunde nicht vergessen. Sie sind genauso liebevoll, genauso verwundbar. Wie könnte ich ohne euch leben? Ich bin unentbehrlich für euch. Ihr laßt mich spüren, wie wertvoll ich wirklich für euch bin. Kann ich das von irgend jemand anderem sagen? Ihr tröstet mich mit eurer Ergebenheit, obwohl ihr vielleicht zu liebevoll seid und eure Augen zu bittend. Ich weiß nicht viel über das Liebesleben eines Hundes; denn von meinen zehn Lieblingsrassen bevorzuge ich diejenigen, die nicht zu züchten sind. Manchmal weigert sich zum Beispiel die Brabant-Terrier-Hündin – die französische Form der plattnasigen Bulldogge mit riesigem Kopf – instinktiv, sich zu paaren. Sie weiß, daß ihr eine Geburt wegen ihrer Form und Größe gefährlich werden kann.

Zwei Hündinnen hatte ich, die die Rüden bissen, wenn diese sich außerhalb der ‚sicheren Zeiten' paaren wollten. Eine Pudeldame fütterte lieber einen Welpen aus Gummi als das echte Kind. Doch obwohl ich viele Hunde hatte, waren Katzen immer wichtiger für mich. Von ihnen habe ich Zurückhaltung, Selbstdisziplin und Lärmempfindlichkeit gelernt.

Die Katze, die mir am meisten bedeutete und die sich von allen anderen unterschied, war die, die ich am Anfang erwähnte. Doch obwohl sie so außergewöhnlich war, kann ich nicht sehr viel über sie sagen. Nur wenn sie auf Freiersfüßen war, gehörte sie mir nicht und tauchte wieder in die Welt der Katzen ein. Ich kann nur ahnen, was sie in dem Kater sah, der sie vergewaltigte und mißhandelte. Sex, nicht Liebe, entlockten ihr ein schreckliches Jammern und vogelähnliche Schreie, mit denen sie ihren Gefährten beleidigte.

Auf dem Land ist sie kokett und gar nicht wählerisch und schwelgt in der Freiheit, ein richtige Katze zu sein und nicht der ‚beste Freund' des Menschen.

Zu mir ist sie liebevoll, zutraulich und sensibel – das ganze Gegenteil von dem, was sie für ihre Katzen-Liebhaber ist.

In der Stadt, in dem engen, von Mauern umfriedeten Garten meines Pariser Hauses, spielte sie glücklich, manchmal voller Energie, manchmal zufrieden träumend. Sie unterdrückte ihre natürlichen Instinkte und wies hochnäsig mögliche Gefährten zurück. Dort gibt es einen alten gestreiften Eroberer, dünn wie ein Schürhaken und mit kahlen Stellen, doch er ist äußerst erfahren. Er hat, respektiert von seinen Rivalen, das Sagen und ist siegessicher.

Dann gibt es einen dummen und selbstzufriedenen jungen Kater, der seine Schönheit genießt – die Schönheit des Tigers. Schließlich ist da noch ein Bauernkater, der auf der Mauerbrüstung auftaucht, als sei er von einem dringenden Paarungsruf aus einem Traum geweckt worden.

Sie macht es ihnen allen schwer und schlägt gnadenlos zu, wenn sie sie zu sehr bedrängen. Dann wieder rollt sie sich vor ihnen herum, doch verfolgt gleichzeitig dieses Schauspiel mit eisiger Verachtung. Sie klettert auf einen bröckeligen Pfeiler, von wo aus sie ihre Gegner spöttisch schmähen kann. Wenn sie sich dann ihren drei Sklaven wieder anschließt, geschieht das voll Hochmut. Sie erlaubt einem ihrer Bewunderer, ihr die Nase zu küssen, doch wenn das zu lange dauert, unterbricht sie das mit einem unbeschreiblich herrischen Schrei.

Die drei Kater springen überrascht zurück. Meine Katze wendet sich wieder ihrer Körperpflege zu und scheint ihre Liebhaber vergessen zu haben. Die vom langen Werben enttäuschten Kater beginnen, aus Langeweile miteinander zu kämpfen. Meine Katze läßt ihnen den Spaß, verzichtet auf ihre koketten Spielchen und schließt sich wieder freudig den Menschen an.

Während ich arbeite, liegt meine Katze neben mir in der Wärme der Leselampe, still, wachsam, zufrieden – meine Katzendame, meine Freundin.

Ein Schiff des Trostes

Eleanor Mordaunt

Die Katze bleibt ganz bewußt für sich – und sondert sich von allen ab. „Wir stimmen doch ganz allgemein darin überein, daß eine Katze neun Leben hat", fuhr Charlotte fort, „und daß diese Katze in diesen neun verschiedenen Leben auch neun verschiedene Persönlichkeiten besitzt – und damit gibt es vierzehn Menschen von wirklicher Wichtigkeit auf diesem Schiff, wobei die Katze zur Hälfte mitzählt."

Wenn Charlotte so spricht, erinnert sie mich an Platon – natürlich hat sie nicht dessen Tiefe, doch sie ist genauso verblüffend und überzeugend. „Wenn beispielsweise ein Mann mit all seinen Sinnen einen Gegenstand durch Fühlen, Hören oder Ertasten erkennt und weiß, was seine Sinne angesprochen hat und sich gleichzeitig (unabhängig von diesem Wissen und kraft eines ganz anderen Wissens) einen anderen Gegenstand vorstellt, können wir dann nicht mit Recht sagen, daß der Mann sich an den Gegenstand erinnert, der ihm in den Sinn kommt?" Charlotte hat gehört, daß Katzen neun Leben haben; sie glaubt, daß es ohne Leben keine individuelle Existenz gibt; sie spürt, daß die Schiffskatze über eine verblüffende Persönlichkeit verfügt, und folgert daraus (unabhängig von diesem Wissen und kraft eines ganz anders gearteten Wissens – nämlich der genialen weiblichen Fähigkeit, voreilige Schlüsse zu ziehen), daß die Katze den neun anderen Individuen an Bord dieses Schiffes völlig gleichwertig ist. Diese Argumentation ist typisch für Charlotte, auch wenn die Sätze in Gänsefüßchen im „Phaidon" zu finden sind.

Doch selbst wenn die Weisheit des Alters ihre Argumentation nicht unterstützen sollte, hat sie recht. Es sind viele sogenannte Männer an Bord, aber nur eine Katze und noch dazu solch eine! Man nennt sie immer „er", obwohl sie während der letzten Rückreise in einem schrecklichen Sturm vor Kap Horn einen Wurf Kätzchen zur Welt gebracht hat; obwohl der Kapitän mir erzählt hat, daß sie sie mit äußerster Toleranz behandelt hat, „obwohl sie solch ein Erzhalunke ist, solch ein harter Brocken, der weit mehr von einem Kerl hat als von einer Frau."

Doch die Schiffskatze ist nicht nur eher ein „Er" als eine „Sie", sondern sie zeigt auch weit mehr Charakterzüge eines Hundes als jede andere Katze, die ich bisher kennengelernt habe. Ihre hervorstechendste Eigenschaft ist ihre unverrückbare und ungeteilte Ergebenheit dem Kapitän gegenüber; und das, obwohl dieser sie neckt und quält und – was am schlimmsten ist – sich in einer Weise über sie lustig macht, die die Zuneigung jeder anderen Katze für immer zerstört hätte.

Wir – das heißt eigentlich die Katze und der Kapitän – halten Hähne und Hühner an Bord, die bei schönem Wetter höchst wichtigtuerisch über die Decks stolzieren. Doch sie sollen immer in gewissen Grenzen gehalten werden, und diese Grenzen entzücken die Katze. Wenn der Gebieter des Harems sein Damengefolge auf das Achterdeck hinaufführen darf, dann muß er für seine Frechheit teuer bezahlen. „Boy" nimmt die Dinge nicht sofort in Angriff. Wenn der Kapitän unter Deck ist, geht er gemächlich zu ihm in die Kajüte hinunter, starrt ihn einen Moment lang an, entfernt sich dann im Rückwärtsgang und fordert ihn mit wildem nachdrücklichen Miauen dazu auf, ihm zu folgen und sich den Skandal anzuschauen, der „ihr" Schiff entwürdigt. Und selbst dann noch wartet er auf dem Achterdeck an der Seite seines Herrn auf dessen Befehle. Seine heftigen Gefühle spannen seinen kleinen muskulösen Körper mit der klaren Tigermusterung an und lassen ihn starr werden; die Pupillen seiner klaren grünen Augen ziehen sich zu Stecknadelköpfen zusammen, während er nicht die Eindringlinge beobachtet, sondern die Augen seines Gottes. Dann scheint plötzlich eine Art elektrischer Strom wortlos zwischen ihnen zu fließen, und sein Rücken stellt sich zu einem Buckel auf. Er duckt sich ein wenig und ist so sehr zum Sprung bereit wie ein Bolzen in einem straff gespannten Katapult, noch ehe die Worte „Pack sie, Boy!" aus dem Mund des Kapitäns ertönen.

Einen Moment lang kann der Hahn sich ihm vielleicht widersetzen – mit gesträubtem Gefieder, offenem Schnabel und ausgebreiteten Flügeln. Doch das dauert nur einen Augenblick, während seine hysterischen Frauen auseinanderstieben und Boys einzige Sorge darin besteht, sie nicht über die Reling verschwinden zu lassen. Dann kommt ihr Herr an die Reihe. Er wird von allen

Seiten von einem wütenden Nebel attackiert, der aus vielen Katzen zu bestehen scheint, weil Boy ihn so geschickt umkreist, umspringt, auf ihn losstürzt, ihn kratzt und anfaucht. Die Flügel des Hahns sind nun nur noch schützend und nicht mehr aggressiv ausgebreitet, sein ehemals leuchtender, aufgerichteter Kamm wird blaß und schlaff und seine gebogenen Schwanzfedern, die noch kurz zuvor den Hut eines Feldmarschalls hätten schmücken können, schleifen am Boden. Mit eingezogenem Kopf rennt er hin und her, und plötzlich läßt er alle Würde fahren, streckt seine linkischen Beine und flitzt über die Achterhütte hinweg hinter seinen Schönen her, die zu ihren Plätzen in der Mitte des Schiffs fliehen und deren Schwanzfedern wie umgedrehte Krinolinen über ihren Köpfe liegen.

Boys Spiel mit einem Korken zu beobachten ist eine wahrhaft wunderbare Studie von Verrenkungen und leidenschaftlichster Vitalität. Er duckt sich nur ungefähr drei Meter von seinem Herrn entfernt hin. Die Pupillen seiner Augen sind so geweitet, daß sie wie schwarze Brunnen aussehen, die von einem schmalen grünen Rand eingefaßt sind, und sein Schwanz schlägt in rhythmischen Kreisen auf das Deck.

„Fertig, Boy!" schreit der Kapitän, und Boy strafft sich mit freudigem Zittern, das seinen geschmeidigen kleinen Körper durchläuft, der sich ganz und gar zum Sprung bereit gemacht hat; in diesem Moment geht es für ihn um Leben und Tod, und sein ganzes Sein ist leidenschaftlich entflammt; es gibt nur ihn selbst, den Korken und den Mann, der ihn wirft – nichts anderes und niemand anderen auf dieser ganzen weiten Welt.

„Jetzt!" Der Korken wird geworfen, und Boy springt lang ausgestreckt los, wird mitten in der Luft zur Kugel und seine erhobenen Vorderpfoten zu den Händen eines Kricketspielers, und dann fängt er den Korken einen ganzen Meter über dem Deck mit seinen weiß bestrumpften Tatzen. Er rollt ihn auf dem Deck herum und stößt mit einem ganz und gar entzückten Ausdruck mit den Hinterfüßen danach.

Doch wenn er ihn verfehlt? Ach, das ist eine ganz andere Sache. Angenommen, wir sind zu wohlerzogen, um zu lachen, dann scheint er sich einfach gar nicht darum zu kümmern, daß er überhaupt geworfen wurde. Statt dessen wandert er ein wenig über das Deck, nähert sich gemächlich dem Korken und beschnüffelt diesen, als wolle er sagen: „Was um alles in der Welt kann denn das sein?" Dann sieht er seinen Herrn an, „Ein Spiel, ja?", nimmt den Korken schließlich auf, legt ihn seinem Herrn vor die Füße und schlägt als vorgeblich neue Idee vor, daß er geworfen werden könne. Doch wenn irgend jemand außer seinem Herrn lacht, ist das Spiel für diesen Tag beendet. Seine Hoheit stolziert eingeschnappt davon, was allzu deutlich beweist, wie groß der Irrtum seines wahren Geschlechts ist, denn Frauen schnappen selten ein: Sie haben normalerweise viel zuviel über das zu sagen, was sie ärgert.

Bei solchen Gelegenheiten bringt er sich gern in größte Gefahren, auf der Heckreling zum Beispiel oder oben in den Booten und zeigt ein Gehabe, als würde er zu sich sagen: „Ich werde sie ausnahmsweise mal ein bißchen erschrecken, damit sie ihre Leichtfertigkeit bedauern und wünschen, sie hätten sich nie zu ihr hinreißen lassen."

„Komm da runter!" schreit der Kapitän. Doch Boy wirft ihm nur einen verächtlichen Blick zu und bewegt sich keinen Zentimeter, bis sein Herr sich nach einer Taurolle bückt. Dann verschwindet er blitzartig an einen sichereren Platz, weil er genau weiß, daß ihm einige Stellen verboten sind, obwohl das Schiff doch sozusagen ihm gehört.

Wenn ein Schaf geschlachtet wird, wird das frische Fleisch unterhalb der Boote auf dem Hauptdeck aufgehängt, was Boy fast magisch anzieht, obwohl nichts auf Erden ihn dazu verführen könnte, sich selbst zu bedienen. Doch wenn wir alle auf dem Achterdeck sind, ihn natürlich eingeschlossen, denn er haßt das Alleinsein, und wenn der Kapitän so tut, als zöge er sein Messer aus der Tasche, dann miaut er wild und zittert am ganzen Körper vor Aufregung. Doch er ist ein Muster an Selbstkontrolle! Er will es fürchterlich gern haben; so fürchterlich, daß er fast verrückt wird bei der Aussicht auf nur ein winziges Stückchen. Er könnte sich zu jeder Tages- und Nachtzeit selbst bedienen, doch das tut er nie. Nun sagen Sie mir doch, ist Moral eine seelische Sache, die dem unverbesserlichen Trunkenbold oder Dieb zugestanden, Boy jedoch verweigert wird? In der Kabine ist es genauso: Der Kapitän muß nur seine Mütze nehmen, und schon reibt sich die Katze miauend an seinen Beinen: „Fleisch, Fleisch, Fleisch – Fleisch – *bitte,* mein Lieber."

Doch seine Liebe ist nicht nur berechnend, denn wie warm das Feuer in der Kabine auch sein mag, wie naß das Deck und wie regnerisch oder stürmisch das Wetter – wenn der Kapitän an Deck ist, muß Boy auch dort sein. Manchmal verläßt ihn der Mut ein wenig, und dann wartet er ab, ob sein Abgott nur eben nach oben gegangen ist, um nach dem Wetter zu sehen, und gleich zurückkehrt; doch er findet keine Ruhe, und nach einem kurzen Moment bangen Abwartens läßt er die Behaglichkeit Behaglichkeit sein, verschwindet und kehrt erst zu Wärme und Licht zurück, wenn sein Herr dies ebenfalls tut. Vor ein paar Nächten wurde er von schwerem Seegang erfaßt und hoffnungs- und hilflos auf dem Deck hin und her gespült, bis er vom Maat gerettet und wie ein Häufchen Elend in die Kabine gebracht wurde, damit er in Süßwasser gewaschen und anschließend am Feuer getrocknet werden konnte. Doch selbst dann fand er keine Ruhe; während er auf meinem Schoß lag, beobachteten seine Augen unausgesetzt die Tür, und schließlich verschwand er, noch ehe er ganz trocken war.

Nun hat er gewiß kein leichtes Leben bei seinem Halbgott, denn er wird ständig am Schwanz und an den Ohren gezogen und in die Pfoten gezwickt. Doch er rächt sich nur selten mit Krallen und Zähnen, denn wenn doch, schämt er sich so sehr, daß es einem das Herz bricht, ihn so niedergeschlagen zu sehen.

Als wir zum ersten Mal an Bord kamen, hat uns Boy mit äußerstem Mißtrauen beäugt; vielleicht erinnerten wir ihn an sein eigenes Geschlecht, oder vielleicht wollte er einfach nicht, daß Unterröcke über sein Schiff flattern. Doch nach der ersten Nacht, in der Charlotte so krank war, änderte sich alles. Während der Kapitän Umschläge machte, ging Boy ständig hinein und hinaus, kletterte in die Koje und schrie entnervend nach Aufmerksamkeit und Erklärungen, denn er ist genügend Frau, um alles ganz genau wissen zu wollen. Und jetzt, nachdem er gemerkt hat, daß wir – gelinde gesagt – von seinem Herrn geduldet werden, tut er es ihm nach, macht es sich auf meinem Schoß bequem, stellt seine kleinen Vorderpfoten manchmal sogar auf meine Brust und fordert mich liebevoll dazu auf, meine Nase an seiner zu reiben. Doch das macht er nur, wenn er nicht auf dem Schoß seines Herrn sitzen kann, was er stets vorzieht, so unbequem das auch immer aussieht und auch sein muß ohne ein schönes warmes Kleid, auf dem er schlafen kann.

Zwischenfall an der östlichen 9. Straße

Jill Drower

Ich lehnte meinen Kopf gegen das kühle Metall der verstärkten Tür. Etwas grub sich in meine Schläfe – das Spion-Loch. Ich sah Arnold vor mir, wie er von der anderen Seite hindurchschaute und mich wütend und hämisch mit einem kalten, kalten Auge argwöhnisch betrachtete und mir den Tod wünschte. Er haßte mich. Das war mir schon klar, als wir miteinander bekanntgemacht wurden. Arnold hat mich da hineingezogen. Es war alles seine Schuld.

Es war heiß – so um die 30 Grad herum. Das hier war ein gepflegtes Mietshaus in East Village, doch der Flur sah noch immer aus, als gehörte er zu Zellenblock B in einem staatlichen Gefängnis. Er war stickig, doch ich zitterte stärker als ein Flatterulmen-Blatt. Aus Verlegenheit oder Schock? Alle paar Minuten würde der Fahrstuhl klingeln und eine weitere Gruppe Heimkehrender ausstoßen. Sie würden mich kurz ansehen und dann gleichgültig wieder fortschauen. Was war los? Sah ich ihrer Meinung nach nicht verrückt genug aus? Zerzaust und verstohlen preßte ich mich dicht an die Appartementtür in dem kläglichen Versuch, mich hinter dem Tragbalken zu verstecken.

Das T-Shirt, das ich trug, war ein bißchen schäbig, doch so strahlend weiß, als wäre es neu. Es ging mir nur bis kurz unter den Nabel und trug in riesigen Sans-Serif-Buchstaben das Wort „RELAX" über der Brust. Es war meine erste Nacht in New York, und ich war aus dem Appartement meiner Freundin ausgesperrt. Ich befahl mir, mich zu beruhigen. Schwierig. Außer dem T-Shirt trug ich nur noch ein Paar goldene Creolen-Ohrstecker.

Arnolds Beziehung zu Laura war ganz und gar platonisch. Nachdem sie das Apartment mehrere Jahre lang miteinander geteilt hatten, standen sie sich jetzt so nahe wie Bruder und Schwester. Laura war erleichtert, daß sie einen Mitbewohner gefunden hatte, der sie so akzeptierte, wie sie war, und der nicht über solche Kleinigkeiten wie das Abspülen von Geschirr stritt. Zudem war das Leben in New York eine einsame Angelegenheit und Arnold ein unterhaltsamer Zeitgenosse. Das Problem war nur, daß er auf ihre Freunde eifersüchtig war. Vielleicht fürchtete er, daß sie jemanden finden könnte, in den sie sich verliebte und den sie heiraten wollte, und daß „der andere Mann" ihn ausbooten würde. Aus welchen Beweggründen auch immer machte Arnold es sich zur Aufgabe, alle Freunde zu vergraulen, die sie zu sich einlud. Sie hatte begonnen, Lokale für Singles aufzusuchen, und deshalb lud sie häufig „noch zu einer Tasse Kaffee bei mir" ein. Arnold entwickelte etwas, das er seine „Vergraul-Taktik" nannte und die er nach nur wenigen Abenden schon zur Kunst entwickelt hatte. Wenn Laura ahnungslos in der Küche verschwand, um die Kaffeemaschine anzustellen, gesellte sich Arnold sehr freundlich zu dem Besucher aufs Sofa, und ab einem gewissen Moment bekam er diesen starrenden, seltsam drohenden Blick. Wenn Laura mit dem Tablett zurückkehrte, war er wieder der nette Kerl und machte viel Aufhebens darum, taktvoll das Zimmer zu verlassen, um sie in trauter Zweisamkeit auf dem Sofa sitzen zu lassen. Nach diesem ersten Besuch kamen die armen Hoffnungsvollen nie wieder.

Ich war hauptsächlich deshalb nach New York gekommen, um eine Reihe alter Freunde wiederzusehen, die jetzt dort lebten, doch da ich zum ersten Mal in dieser Stadt war, wollte ich auch so viel von Manhattan sehen, wie mir das während meines zehntägigen Aufenthalts möglich war.

„Du kannst gern bei mir wohnen, wenn es dir nichts ausmacht, auf dem Sofa zu schlafen." Ich nahm Laura beim Wort. Sie lebte in der östlichen 9. Straße, irgendwo in der Nähe der unteren Fifth Avenue und so nahe am Washington Square Park, daß wir dort jeden Morgen joggen konnten.

Die Fahrt von La Guardia zu Lauras Apartment versetzte mich in einen Trancezustand. Es war alles genauso wie in diesen Krimiserien und Scorcese-Filmen, die ich gesehen hatte, und noch viel aufregender. Es unterschied sich so sehr von den nachgemachten Tudorhäusern auf der Strecke von Heathrow oder Gatwick. Ich sog alles in mich hinein: die verschalten Häuser, die Schnellstraßen, die Autos, die Schilder „Letzte Ausfahrt nach ..." und die Grobheit des Fahrers des gelben Taxis, das mich vom Busbahnhof zu Lauras Wohnung fuhr. Wie allen Fremden, die eine große Stadt besuchen, erschien sie auch mir wie eine Aneinanderreihung von Klischees. Es fehlte nur noch, daß Dampf aus den U-Bahngittern aufstieg, doch ich vermute, daß es hierfür die falsche Jahreszeit war. Jetzt war Sommer in der Stadt, die Zeit der aufgedrehten Feuerhydranten. Knallfrösche hüpften überall herum und erinnerten ständig daran, daß morgen schon der 4. Juli war.

Laura war eine vorbildliche Gastgeberin. Sie lud mich zum Brunch und einem kurzen Gang durchs Village ein. Als Architektin konnte sie fesselnd über die Häuser aus braunem Sandstein berichten. Sie warnte mich flüchtig vor Arnold und bemerkte, er sei ein wenig störrisch, doch mehr wurde an diesem Nachmittag nicht über ihn gesagt. Ich war sowieso sicher, daß ich ihn leicht beruhigen könnte und wir im Handumdrehen gut miteinander auskommen würden.

Am ersten Abend feierte unsere alte Clique das Wiedersehen mit einem Essen in Little Italy. Ich hatte Conchiglie alla Siciliana, das herrlichste Gericht, das ich je gegessen habe. Wir tranken auf den Küchenchef und abwesende Freunde. Der Mann, der uns bediente, war aufmerksam und schenkte mir ein besonderes Lächeln, das ihn wie ein Mitglied der Corleone-Familie aussehen ließ. „Ich habe mich von dem Ober noch nicht verabschiedet", sagte ich, als wir das Gebäude verließen. „Er wird es überleben", meinte die Geschäftsführerin mit einem Brooklyn-Akzent, für den ich töten würde, wenn ich eine Schauspielerin wäre. Wir lachten und gingen untergehakt an den Obdachlosen auf der Bowery vorbei.

„Komm mit uns mit", sagte Emil. „Du bleibst doch nur ein paar Tage hier." Ich sollte mich ihnen für eine Nachtvorstellung von Kiss me Kate in 3D anschließen. „Nein, ich bin wirklich zu müde. Ich habe neunzehn Stunden nicht geschlafen." Ich entschuldigte mich und versuchte, ein bißchen Mitgefühl zu erregen. „Ich sehe euch alle morgen, wenn ich den Jetlag überwunden habe." Sie begleiteten mich bis zur Kreuzung Astor Place und Broadway. Laura erklärte mir noch einmal, wie der Ersatzschlüssel funktionierte. „Wenn es nicht klappt, frag den Super." Ich sah sie verwirrt an. „Den Hausmeister", übersetzte sie. „Was ist ein Hausmeister?" fragte ich scherzend mit meinem pompösesten englischen Akzent.

Ich kam problemlos in die Wohnung und ging zum Fenster. Es war weit geöffnet. Auf gleicher Höhe mit dem unteren Rahmen befand sich ein großes Flachdach und an dessen Ende eine eiserne Feuerleiter. „Feuerleitern", dachte ich. „Jetzt weiß ich, daß ich in New York bin. Ich möchte bloß wissen, ob sie auch ein spezielles Wort für Feuerleitern haben."

Auf dem Sofa lag ein Stapel Bettücher. Ich schaffte es, sie einigermaßen ordentlich zu arrangieren und mich zum Schlafen in mein T-Shirt zu kämpfen. Bereits halb schlafend, fragte ich mich sanft, warum Laura so nachlässig in puncto Sicherheit war, doch ich war zu müde, um aufzustehen und das Fenster zu schließen. Ich sank unter die Decke und glitt nach ein paar Sekunden in den Schlaf.

Ich erwachte ruckartig, horchte ein paar Minuten lang auf das Sirenengeheul der Polizeiwagen und sah zu, wie die dünnen Vorhänge von der rußigen Nachtluft gebauscht wurden.

Irgendwann spürte ich, daß ich nicht allein war. Der Eindringling war irgendwo im Zimmer. Ich stolperte durch die Dunkelheit zur Tür und warf dabei einen Tisch um. Plötzlich spürte ich, daß etwas Scharfes mein Fleisch zerfetzte, als ich wie verrückt an der Wand nach einem Lichtschalter tastete, den ich schließlich auch fand. Dann sahen wir uns in dem erhellten Zimmer starr an. Mein Angreifer stand mit bösartig durchbohrenden Blicken ein paar Zentimeter von mir entfernt, hielt meinem Blick stand und nagelte mich mit seinen brennenden, stechenden und haßerfüllten Augen dort fest, wo ich war.

Ich wußte, daß mein Gegner erneut versuchen würde, mich zu schlagen, sollte ich mich bewegen. So blieben wir ein paar Minuten lang wie beim Figurenwerfen erstarrt stehen, und Blut tropfte aus den tiefen Kratzern an meinen Beinen. Ich mußte meinen Körper vor dem nächsten Angriff schützen. Auf dem Boden neben mir lag ein Stapel alter Rolling Stone Magazine. Mit einer schnellen Bewegung wollte ich die Zeitung als Schutzschild an mich reißen, doch er war viel schneller und zerriß blitzartig meine Handrücken. Er schlug jetzt systematisch nach jedem Körperteil von mir, das er erwischen konnte. Ich war ihm nicht gewachsen.

Ich kämpfte mit dem Schnappschloß der Eingangstür und schoß in den Hausflur hinaus. Diesmal war Arnold nicht schnell genug. Ich zog die Tür zu, bis ich an dem leisen Klicken hörte, daß das Schloß eingerastet war.

Ich weiß nicht, wie lange ich halbnackt und in zitternder Unentschlossenheit in diesem Hausflur in Greenwich Village herumstand.

Schließlich schlich ich über die Hintertreppe zum Erdgeschoß hinunter und folgte dem Geräusch eines frühmorgendlichen Nachrichtensenders, der über die Vorbereitungen für ein Feuerwerk in der West Side zur Feier des Unabhängigkeitstages berichtete. Der Hausmeister sah langsam an mir hinauf und hinunter, doch mehr hinunter als hinauf.

„Haben Sie zufällig einen Verbandskasten?" fragte ich unterwürfig. „Und

etwas zum Anziehen?" Er schlurfte herum und kam mit einem farbverkleck-sten Laken wieder, das ich wie eine Toga um mich schlang. Nach weiterem Suchen förderte er noch einen alten Lumpen zutage, der vor eingetrockneter Metallpolitur ganz steif war. Nachdem ich meine Wunden damit betupft hatte, stellte ich fest, daß der Lumpen mal irgendeine Unterbekleidung gewesen war.

„Ich bin von einer Katze angegriffen worden", erklärte ich. „Lady", erwiderte er, „Sie haben Probleme." Er hatte nicht die Absicht, sie für mich zu lösen, sondern gab nur seinen Kommentar ab. Er kehrte wieder zu der Übertragung zurück. „Ich habe mich auch aus dem Apartment Nr. 208 ausgeschlossen. Sie haben wohl keinen Ersatzschlüssel dafür, oder?"

Er grub eine Kreditkarte aus seiner Brieftasche aus, und ich ging mit ihm zurück zur Wohnung. Er arbeitete mit dem Stückchen Plastik. Er schien ein sehr talentierter Einbrecher zu sein, und ich begann mich zu fragen, womit er seinen Lebensunterhalt verdient haben mochte, ehe er Hausmeister geworden war. Doch jetzt war nicht der Moment, dem Mann zu mißtrauen, dessen Hilfe ich bitter nötig hatte. Mein Helfer war einer von der stillen Sorte, also übernahm ich das Sprechen. „Sobald sich die Tür öffnen läßt, werde ich das hier hineinwerfen." Ich wedelte mit der Putzlappen-Unterwäsche. „Gehen Sie erst weg, wenn ich an ihm vorbei das Schlafzimmer erreicht habe." Ich rollte die Unterwäsche zu einem festen Ball zusammen und machte mich zum Wurf bereit.

Die Tür schwang weit auf. Arnold saß dahinter und sah mich mit zitternder Gier an. Er ignorierte den Hausmeister und lauerte auf eine Bewegung von mir. Ich warf ihm den metallenen Ball mit mittlerer Geschwindigkeit und einem leichten Drall entgegen. Als er wild darüber herfiel, schlüpfte ich an ihm vorbei in Lauras Schlafzimmer, schloß die Tür und rief dem gleichgültigen Hausmeister meinen Dank zu. Schnell griff ich mir einen Stuhl mit einer Sprossenlehne und schob ihn geistesgegenwärtig unter die Türklinke.

Ich schaltete den Fernseher an. Er war auf ein spanisches Programm eingestellt. „Adónde vas? A que no te atreves a besarme?" Ich wechselte zum nächsten Kanal. Hinter mir ratterte und rüttelte die Klinke der Schlafzimmertür. Ich prüfte, ob der Stuhl noch immer sicher verankert war, und sah mir dann das Programm an. Es gab eine Spielshow mit drei Teilnehmern. Die Sekretärin hieß Barbara. Sie wußte mehr über den Ehemann Bob als dessen Frau Connie. Doch Connie nahm es sportlich; auch als herauskam, daß Barbara und nicht Bob ihr Geschenk zum zehnten Hochzeitstag ausgesucht hatte, lachte sie verzückt und applaudierte zusammen mit dem Studiopublikum über ihre eigene Demütigung.

Die ganze Zeit über schlug Arnold weiter auf die Klinke und versuchte wohl, die Ermüdung des Metalls zu beschleunigen. Ich stellte den Ton auf volle Lautstärke und wandte das Gesicht dem Bildschirm zu. Dann plötzlich nichts mehr. Stille draußen.

Ich hörte, wie das Schnappschloß der Eingangstür gedreht wurde und dann Lauras Stimme. „Hi, Arnold, wie war's denn?" Sie kam zur Begrüßung zu mir herein und trug eine Pappbrille mit einer roten und einer grünen Seite. Sie hielt inne. „Es sieht ja ganz so aus, als hättest du hier ein paar 3-D-Effekte gehabt." Sie musterte die von mir verursachte Unordnung.

In den nächsten paar Tagen bemühte sich Laura redlich, damit ich Arnold sympathischer wurde. Dies ging so weit, daß ich ihm eine Schale mit seinem Futter gab, ein Unterfangen, das katastrophal daneben ging. Einfache Dinge, wie der Gang zum Badezimmer oder das Kochen einer Tasse Kaffee, wurden zu nervenaufreibenden Prüfungen. „Versuch dich zu entspannen", ermutigte Laura mich, wenn ich mich auf den Weg durchs Zimmer machte. „Hältst du das für eine gute Idee? Könnten wir Arnold nicht einsperren, bis ich draußen bin?" bat ich. Dann hörte ich ihn hinter mir herflitzen und fühlte, wie sich seine Krallen durch den Denim-Stoff hindurch in mein empfindliches Fleisch gruben.

Laura holte schließlich eine Katzenpsychiaterin herbei, weil sie sich ernste Sorgen über sein immer schlechter werdendes Benehmen machte. Ein Nachbar hatte ihr schon mit einem Prozeß gedroht, nachdem er einen Schlag von Arnold eingesteckt hatte. „Ich muß unbedingt etwas unternehmen, sonst lande ich früher oder später noch vor Gericht. Jemanden zu verklagen ist ja das liebste Hobby der Amerikaner. Es gibt sogar Kurse an der Abendschule dafür."

Eine Reihe Termine wurden mit einer sehr netten argentinischen Therapeutin mit Namen Graciela vereinbart. „Sie sagt, daß ich Arnolds emotionales Schutzschild sei", vertraute Laura mir nach einer dieser Sitzungen an. „Und sie glaubt, daß er an einem Verlassenheitskomplex leidet." Ich fand, daß das ein sehr kostspieliger Weg war, um das Offensichtliche herauszufinden, doch diesen Gedanken behielt ich für mich.

Die Therapeutin erläuterte das Einzel-Katzen-Syndrom und schlug Laura vor, Arnold ein eigenes Kätzchen zum Spielen zu kaufen. Er wurde auch eine

Weile auf Valium gesetzt. Mit einer halben Tablette griff er mich noch immer an. Mit einer ganzen schließlich konnte er seine Bewegungen nicht mehr richtig koordinieren und starrte mich nur an. Arnold starrte in den nächsten paar Tagen überhaupt sehr viel. Ich erinnere mich, daß in der Grundschule ein riesiges Porträt der Königin im Speisesaal hing. Ich merkte, daß, egal an welchem Tisch ich saß, ihre Augen mich immer direkt ansahen. Mit Arnold war es ähnlich, doch war es weniger eine Frage, von wo aus ich ihn ansah, sondern wann. Wenn ich in Abständen von zwei oder zwanzig Minuten vom Stadtführer oder dem Stadtplan von Manhattan aufsah, saß er da und starrte mich an. Nie sah ich ihn blinzeln.

Laura befolgte jeden Rat, nur den nicht, Arnold ein kleines Kätzchen zu kaufen. Irgendwie schaffte sie es nie zur Tierhandlung in der Hudson Street. Es war bei näherer Betrachtung auch keine sehr gute Idee. Stellen Sie sich Arnold vor, wie er das flaumige kleine Dingelchen wie eine übergroße Maus durchs Zimmer gekullert hätte.

Diese Geschichte hat einen glücklichen Ausgang (für Arnold sowieso), weil ich nach ein paar Tagen aufgab und in ein Hotel zog. Er feierte seinen Sieg damit, daß er wieder gefügig und liebevoll wurde. Er wachte weiter über Lauras Altjüngferlichkeit, doch nun mit gestärktem Selbstvertrauen.

Laura jedoch lebte ihr gesellschaftliches Leben außerhalb ihrer Wohnung aus und lud nur noch selten Leute zu sich ein. Das Angebot, Freunden Unterschlupf zu gewähren, blieb nach meinem Besuch aus, was für jemanden, der an einem so gesuchten Platz auf dieser Erde lebt, fast einer Erleichterung gleichkam. Das gab ihr auf jeden Fall mehr Zeit, sich auf ihre Arbeit zu konzentrieren, und später in jenem Jahr wurde sie befördert, also nehme ich an, daß es für sie auch einen glücklicher Ausgang war.

„Ich habe diesen unglaublichen Job ergattert", teilte sie mir ungefähr ein Jahr später am Telefon mit. „Die komplette Renovierung einer Kunstgalerie in Soho."

„Wie geht es denn Arnold so?" fragte ich.

„Ach, es könnte ihm nicht besser gehen. Er ist ganz dicht neben mir. Kannst du ihn nicht schnurren hören?"

Wie eine Katze Robinson Crusoe spielte

Charles G. D. Roberts

Die Insel war nur eine Sandbank vor der niedrigen, flachen Küste. Kein Baum unterbrach ihre kahle, ebene Oberfläche – ja, nicht einmal ein Busch. Doch die langen, sandigen Halme des Marschgrases bedeckten sie oberhalb der Gezeitenmarke gänzlich; und ein kleines Süßwasserflüßchen, das aus einer Quelle in ihrer Mitte entsprang, zog ein Band aus Binnenkräutern und zarterem Grün über das harsche und dunkelgelbe Grau des Grases. Nur wenige hätten sich die Insel als Wohnort ausgesucht, doch an ihrer Seeseite, wo die Gezeiten nie zur Ruhe kamen, stand ein geräumiges, eingeschossiges und von einer breiten Veranda umgebenes Ferienhaus mit einem niedrigen Schuppen dahinter. Der Vorzug dieses Sandfleckens war Kühle. Wenn das nahegelegene Festland Tag und Nacht unter atemloser Hitze stöhnte, blies hier draußen auf der Insel immer ein kühler Wind. Daher hatte ein kluger Stadtbewohner sich dieser verlassenen Stelle bemächtigt und sein Sommerhaus dort errichtet, wo die belebenden Lüfte den blassen Wangen seiner Kinder wieder etwas Farbe verleihen würden.

Die Familie landete gegen Ende Juni auf der Insel. In der ersten Septemberwoche gingen sie wieder fort, nachdem sie alle Türen und Fenster des Hauses und des Schuppens mit Läden, Riegeln und Gittern gegen die Winterstürme gesichert hatten. Ein von zwei Fischern gerudertes geräumiges Boot brachte sie durch die starke Strömung von einer halben Meile, die sie vom Festland trennte. Die Erwachsenen kehrten nach zwei Monaten Wind, Sonne, Wellen und wiegender Grasspitzen gern zu den Menschen zurück. Doch die Kinder hatten verweinte Gesichter. Sie ließen hier ihr Lieblingstier zurück, den vertrauten Begleiter auf ihren Wanderungen, eine hübsche mondgesichtige Katze, die wie ein Tiger gezeichnet war. Das Tier war zwei Tage zuvor auf mysteriöse Weise von der Insel verschwunden, ohne auch nur eine Spur zu hinterlassen. Die einzig vernünftige Erklärung schien zu sein, daß ein vorüberfliegenden Adler sie sich geschnappt hatte. Die Katze wurde jedoch am anderen Ende der Insel unter einem zerbrochenen Faß und einigen Zentnern Treibsand gefangengehalten.

Das alte Faß, dessen Stäbe auf einer Seite herausgeschlagen waren, hatte halb eingegraben auf einem vom ständigen Wind aufgehäuften Sandberg gestanden. Unter seiner windgeschützten Seite hatte die Katze in einer sonnenbeschienenen Öffnung Zuflucht gefunden und dort manchmal stundenlang zusammengerollt in der Sonne gelegen und geschlafen. Nach und nach hatte sich der Sand hinter dem wackeligen Faß höher und höher aufgetürmt. Schließlich wurde der Sandberg zu hoch, und plötzlich kippte das Faß bei einem stärkeren Windstoß unter dem Druck der Sandmassen um und begrub die Katze unter sich. Gleichzeitig bildete die stabile andere Hälfte des Fasses ein sicheres Dach über ihrem Gefängnis, so daß sie weder zerdrückt wurde noch erstickte. Als die Kinder die ganze Insel besorgt absuchten und zufällig zu dem Hügel aus feinem weißen Sand kamen, würdigten sie ihn kaum eines Blickes. Sie konnten die schwachen Schreie nicht hören, die in Abständen aus dem verschlossenen Inneren des Hügels kamen. So gingen sie traurig davon und ahnten nicht, daß ihr Freund praktisch vor ihren Füßen gefangen war.

Drei Tage lang rief die Gefangene weiter nach Hilfe. Am dritten Tag schließlich drehte der Wind und frischte zu einer steifen Brise auf. In wenigen Stunden hatte er das Faß freigelegt. An einer Stelle fiel sogar ein winziger Lichtstrahl hinein.

Begierig steckt die Katze eine Pfote durch die Öffnung. Als sie diese wieder zurückzog, war das Loch bereits um einiges größer geworden. Sie nahm diesen Wink auf und verfiel aufs Scharren. Zuerst blieben ihre Versuche allerdings ohne rechten Erfolg, aber dann, vielleicht war es nur ein glücklicher Zufall, vielleicht aber auch ein Zeichen von rascher Auffassungsgabe, ging sie effektiver vor. Die Öffnung vergrößerte sich schnell, so daß sie sich schließlich hindurchzwängen konnte.

Der Sandsturm fegte wie verrückt über die Insel. Die Wellen krachten mit dem Brüllen eines Bombenangriffs auf den Strand. Das Gras lag in langen zitternden Reihen flach am Boden. Über dem Tumult starrte die Sonne aus einem tiefen, wolkenlosen Himmel herab. Als die Katze von der vollen Wucht des Sturms getroffen wurde, riß es sie fast von den Füßen. Nach einer kurzen Erholung duckte sie sich und sprang zum Schutz ins Gras. Doch dort gab es wenig Schutz, da die langen Halme fast ganz am Boden gehalten wurden. Sie sauste vor dem Sturm durch die niedergepeitschten Reihen in Richtung des Hauses am anderen Ende der Insel, wo sie ihrem törichten Glauben nach nicht nur Futter und Schutz finden würde, sondern auch liebevollen Trost, der sie ihre Ängste vergessen lassen würde.

Das stille, einsame Haus im hellen Sonnenschein und tosenden Wind erschreckte sie. Sie konnte die fest verschlossenen Läden und Türen nicht verstehen, die sich auf ihr angstvolles Bitten hin nicht mehr öffneten. Der Wind trieb sie brutal über die leere Veranda. Mühselig kletterte sie zum Brett des Eßzimmerfensters hinauf, durch das man sie so oft hineingelassen hatte, klammerte sich dort ein paar Augenblicke fest und heulte herzzerreißend. Dann sprang sie in plötzlicher Panik herunter und rannte zum Schuppen. Auch der war verschlossen. Nie zuvor hatte sie die Schuppentüren geschlossen gesehen, und sie konnte es nicht verstehen. Vorsichtig kroch sie um das Fundament herum – doch das war stabil gebaut: Auch auf diesem Weg konnte sie nicht hineinkommen. Auf allen Seiten zeigte ihr das alte vertraute Haus nur sein glattes, abweisendes Gesicht.

Die Katze war von den Kindern so verwöhnt und verzärtelt worden, daß sie sich nie selbst um ihre Nahrung kümmern mußte; doch glücklicherweise hatte sie zum Zeitvertreib Marschmäuse und Grasspatzen jagen gelernt. Da sie jetzt nach ihrem langen Fasten unter dem Sand so ausgehungert war, schlich sie traurig von dem verlassenen Haus fort und kroch im Schutz eines Sandhügels zu einer kleinen mit Gras bewachsenen Senke, die ihr vertraut war. Hier erreichte der Sturm nur die Grasspitzen, und in der Wärme und relativen Ruhe lebte das kleine pelzige Marschvölkchen aus Marsch- und Spitzmäusen ungestört vor sich hin.

Die schnelle, verstohlene Katze fing sich eine und stillte ihren Hunger. Sie fing mehrere. Und dann kehrte sie zum Haus zurück und verbrachte Stunden damit, es voll Heimweh wieder und wieder zu umrunden, schnuppernd und suchend und jämmerlich jaulend auf der Schwelle und der Fensterbank; und hin und wieder wurde sie schmählich über die glatte, nackte Fläche des Verandabodens gefegt. Schließlich rollte sie sich hoffnungslos entmutigt unter dem Fenster der Kinder zusammen und schlief ein.

Trotz ihrer Einsamkeit und ihres Kummers war das Leben der Inselgefangenen in den nächsten zwei oder drei Wochen keineswegs hart. Neben ihrer reichlichen Nahrung an Vögeln und Mäusen lernte sie schnell, in der Mündung des Flüßchens, in der sich Salz- und Süßwasser mischte, winzige Fische zu fangen. Das war ein aufregendes Spiel, und sie wurde sehr geschickt darin, sich mit einem Schlag ihrer krallenbewehrten Tatzen auf die grauen Zwergschellfische und die blausilbernen Sandaale kurz unter der Wasseroberfläche zu stürzen. Doch als die Äquinoktialstürme mit wütendem Regen und tiefen zerfetzten schwarzen Wolken über die Insel hereinbrachen, wurde das Leben für sie härter. Ihre Beute versteckte sich dort, wo sie schwer aufzuspüren war. Es war schwierig, sich in dem durchnäßten und peitschenden Gras zu bewegen, und sie wurde ungern naß. Meist blieb sie hungrig und saß mürrisch und verlassen im Windschutz des Hauses und starrte trotzig in den brausenden und tosenden Aufruhr der Wellen.

Der Sturm hielt fast zehn Tage lang an, ehe er zur Ruhe kam. Am achten Tag wurde das herrenlose Wrack eines kleinen neuschottischen Schoners angeschwemmt, das so zertrümmert war, daß es keine Ähnlichkeit mehr mit einem Schiff hatte. Doch der verbliebene Rumpf brachte so was wie Passagiere mit. Eine Horde Ratten kam durch die Brandung und huschte in den Schutz der Graswurzeln. Sie ließen sich sofort nieder, gruben sich unter dem Gras und alten, halb zugedeckten Hölzern ein und versetzten die Marsch- und Spitzmäuse in Panik.

Als sich der Sturm gelegt hatte, gab es für die Katze eine wirkliche Überraschung bei ihrer ausgedehnten Jagd. Etwas hatte heftig im Gras geraschelt, und sie verfolgte es, weil sie eine besonders große, fette Marschmaus erwartete. Als sie darauf lossprang und auf einer riesigen alten, reise- und kampferfahrenen Schiffsratte landete, wurde sie schrecklich gebissen. So etwas hatte sie noch nie erlebt. Anfangs war sie so gekränkt, daß sie am liebsten klein beigegeben hätte und fortgerannt wäre. Doch dann erwachte der schlummernde Kampfgeist und die Wut ihrer Vorfahren in ihr. Sie warf sich mit einem Zorn in den Kampf, der in keinem Verhältnis zu den Wunden stand, die sie erlitten hatte; und der Kampf war bald vorüber.

Ihre sorgsam geleckten Wunden verheilten in der sauberen, klaren Luft schnell; und danach wurde sie nicht mehr gebissen, weil sie gelernt hatte, wie sie mit einer solch großen Beute umzugehen hatte.

In der ersten Oktoberwoche – während des ersten Vollmonds, seit man sie verlassen hatte – wurde die Insel von ruhigem Wetter mit scharfen Nachtfrö-

Stakes

„Die Katze bleibt ganz bewußt für sich –
und sondert sich von allen ab."
Ein Schiff des Trostes

Die Fensterkatze

„Das Sonnenbad auf meiner Fensterbank bedeutete ihr überhaupt nicht. Sie war dort, weil sie den Schutz liebte, der ihr geboten wurde."
Die Katzen meiner Kindheit

Thomas

„Er erweckte den Eindruck einer Katze von großer Zurückhaltung."

Websters Geschichte

Die Teppichkatze

„Das Tier, das die Ägypter als heilig anbeteten, das die Römer als Sinnbild der Freiheit verehrten ..."

Die großartigen Fähigkeiten der Katze

sten heimgesucht. Die Katze entdeckte zu diesem Zeitpunkt, daß es höchst aufregend war, nachts zu jagen und tagsüber zu schlafen. Sie fand heraus, daß in dem seltsam weißen Licht des Mondes jetzt ihre gesamte Beute auf den Beinen war – außer den Vögeln, die während des Sturms zum Festland geflohen waren, wo sie sich für ihren Flug gen Süden sammelten. Sie entdeckte, daß es in dem gebleichten Gras überall raschelte und daß verschwommene kleine Wesen mit dünnen Quietschtönen über den geisterhaft weißen Sand sausten. Außerdem lernte sie einen neuen Vogel kennen, den sie erst argwöhnisch und dann mit gieriger Wut beäugte. Es war eine braune Marscheule, die zur herbstlichen Mäusejagd vom Festland herübergekommen war. Es gab zwei Paare dieser großen, daunenflügeligen, rundäugigen Jäger, und sie hatten keine Ahnung, daß sich eine Katze auf der Insel befand.

Die Katze erspähte eine davon, als diese lautlos über die silbrigen Grasspitzen hin und her flog, und duckte sich mit angelegten Ohren. Mit ihren aus-

gebreiteten Flügeln sah die Eule größer aus als sie; und ihr großes rundes Gesicht mit dem Hakenschnabel und den wilden starrenden Augen ließ sie außergewöhnlich furchterregend aussehen. Doch sie war kein Feigling. Sofort begann sie ihre Jagd mit der nötigen Vorsicht. Plötzlich schien die Eule einen Teil von ihr im Gras zu entdecken – vielleicht ihre Ohren oder den Kopf. Die Eule stieß herab, und im gleichen Augenblick sprang die Katze ihrem Angreifer entgegen, fauchend, heiser knurrend und mit den ausgefahrenen Krallen um sich wirbelnd. Mit einem wilden Schlag ihrer großen Schwingen besann sich die Eule eines besseren, schwang sich in die Luft und entkam gerade noch diesen wütenden Krallen. Danach machten die Eulen einen weiten Bogen um sie. Ihnen war klar, daß man diesem schwarzgestreiften Tier mit dem schnellen Sprung und den schlagenden Klauen nicht in die Quere kommen sollte. Sie begriffen, daß die Katze irgendwie mit diesem wilden herumstromernden Luchs verwandt sein mußte.

Trotz all dieser Jagerei wimmelte es im Gras nur so von unerschöpflich vielen Pelztieren, daß die Raubzüge der Katze, Ratten und Eulen nur vorübergehende Verluste hinterließen. So jagten und belustigten sie sich unter dem gleichgültigen Mond weiter Seite an Seite.

Als der Winter mit seiner scharfen Kälte und den wechselnden Winden, die die Katze zu einem ständigen Wechsel ihrer Zufluchtsorte zwangen, weiter fortschritt, wurde sie immer unglücklicher. Ihre Heimatlosigkeit setzte ihr sehr zu. Nirgendwo auf der Insel konnte sie einen Schlupfwinkel finden, in dem sie sich vor Wind und Regen schützen konnte. Das alte Faß, der Grund für ihr Unglück, war auch keine Hilfe. Die Winde hatten es längst mit der Öffnung nach oben umgedreht, dann mit Sand gefüllt und schließlich wieder eingegraben. Außerdem hätte sich die Katze davor gefürchtet, sich ihm noch einmal zu nähern. So kam es, daß von allen Inselbewohnern nur sie allein keinen Zufluchtsort hatte, als der Winter wirklich kam, mit Schnee, der die Grasspitzen völlig zudeckte, und Frösten, die die Küste mit knirschenden Eiskrusten umsäumte. Die Ratten hatten ihre Löcher unter den eingegrabenen Resten des Wracks; die Mäuse und Spitzmäuse hatten ihre tiefen, warmen Tunnel; die Eulen hatte Nester in hohlen Bäumen in den weit entfernten Wäldern auf dem Festland. Doch die zitternde und verängstigte Katze konnte sich nur an die undurchdringlichen Wände des unerbittlichen Hauses ducken und den Schnee um sich herumwirbeln und auf sich niedersetzen lassen.

Und jetzt stellte sie zu allem Unglück auch noch fest, daß sie von ihrem

Futter abgeschnitten war. Die Mäuse rannten sicher in ihren versteckten Bahnen, wo die Graswurzeln ihnen zu beiden Seiten leichte und reichliche Nahrung gaben. Auch die Ratten waren verschwunden – sie gruben sich Höhlen in den weichen Schnee in der Hoffnung, einige der Mäusetunnel durchbrechen zu können und sich hier und da einen unaufmerksamen Passanten zu schnappen. Der Eisrand, der mit der grausamen Flut anwuchs, beendete ihre Fischfänge. Vor Hunger hätte sie sicher versucht, eine dieser furchterregenden Eulen zu fangen, doch die kamen nicht mehr auf die Insel. Sie würden sehr wahrscheinlich zu einem späteren Zeitpunkt zurückkehren, wenn sich der Schnee verhärtet hatte und die Mäuse herauskamen und auf der Oberfläche herumspielten. Doch momentan jagten sie viel einfacher in den Tiefen des Hochlandwaldes.

Als es zu schneien aufhörte und die Sonne herauskam, wurde es so kalt, wie es die Katze noch nie zuvor erlebt hatte. Der Tag, an dem sich ihr Blatt wendete, war Weihnachten, und wenn die Katze den Kalender gekannt hätte, hätte sie sich diesen Tag sicherlich gemerkt, weil er sehr ereignisreich für sie verlief. Da sie vor Hunger nicht schlafen konnte, war sie ständig unterwegs. Das war ihr Glück, denn wäre sie in dem unzureichenden Schutz der Hauswand eingeschlafen, so wäre sie nie wieder aufgewacht. In ihrer Ruhelosigkeit wanderte sie zur gegenüberliegenden Seite der Insel, wo sie in einer einigermaßen geschützten und sonnenbeschienenen Bucht der Küste, dem Festland gegenüber, einen sandigen Fleck entdeckte, der frei von Eis war und von dem sich die Flut gerade zurückgezogen hatte. In dieser Nische befanden sich die winzigen Eingänge zu etlichen Mäusetunneln.

Die Katze duckte sich in zitternder Erwartung dicht neben eines dieser Löcher. Zehn Minuten oder mehr wartete sie, ohne auch nur ein Barthaar zu bewegen. Schließlich schob eine Maus ihren kleinen spitzen Kopf heraus. Sie schlug zu, weil sie nicht zulassen konnte, daß die Maus es sich anders überlegte oder Alarm schlug. Die Maus erkannte das Schicksal, ehe es hereinbrach und machte in dem engen Gang kehrt. Die Katze merkte kaum, was sie in ihrer Verzweiflung tat. Sie stieß mit Kopf und Schultern in den Schnee und angelte blind nach ihrer entschwindenden Beute. Mit großem Glück erwischte sie sie noch.

Es war ihre erste Mahlzeit nach vier bitteren Tagen. Die Kinder hatten immer versucht, ihre Weihnachtsfreude und -begeisterung mit ihr zu teilen, und hatten das normalerweise mit einer schönen Portion Sahne auch geschafft; doch nie zuvor hatte sie ein Weihnachtsmahl als so köstlich schmeckend empfunden.

Nun hatte sie ihre Lektion gelernt. Da sie von Natur aus clever und ihr Verstand durch ihre grimmige Zwangslage geschärft war, kam sie auf die Idee, daß es ihr möglich sein könnte, ihrer Beute ein kleines Stück in den Schnee hinein zu folgen. Es war ihr nicht bewußt gewesen, daß der Schnee so leicht durchdringbar war. Sie hatte fast den Eingang zu diesem einen Gang freigewischt; also legte sie sich vor einem ähnlichen Eingang auf die Lauer, doch hier mußte sie lange warten, bis eine abenteuerlustige Maus herausschaute. Doch diesmal zeigte sie, daß sie dazugelernt hatte. Sie schlug geradewegs gegen die Seite des Eingangs, weil ihr Instinkt ihr sagte, daß sich dort der Körper der Maus befinden mußte. Die ausgestreckte Tatze schnitt so ihrer Beute den Rückweg ab. Ihre Taktik war sehr erfolgreich; und als sie den Kopf in den weißen Flaum schob, fühlte sie die Beute zwischen ihren Tatzen.

Da ihr Hunger nun einigermaßen gestillt war, fühlte sie ihre entzückte Aufregung über diese neue Art des Jagens. Schon häufig hatte sie zuvor vor Mauselöchern gewartet, doch niemals war sie auf die Idee gekommen, die Wände zu zerstören und in die Löcher einzudringen. Das war eine sensationelle Idee. Als sie zu einem anderen Loch kroch, sauste eine Maus über den Sand und sprang hinein. Da die Katze sie nicht mehr erwischen konnte, ehe sie verschwand, versuchte sie, ihr zu folgen. Sie kratzte unbeholfen, doch hoffnungsvoll und schaffte es, sich mit ihrem gesamten Körper in den Schnee zu zwängen. Sie fand keine Spur ihres Flüchtlings, der schon sicher in einem dunklen quer verlaufenden Tunnel davonrannte. Enttäuscht zog sie sich zurück, und Augen, Maul, Bart und Fell waren mit den pudrigen weißen Flöckchen bedeckt. Doch in diesem Moment fiel ihr auf, daß es unter dem Schnee weit wärmer war als draußen in der schneidenden Kälte. Das war eine zweite und lebenswichtige Lektion; und obwohl sie sich wahrscheinlich nicht bewußt war, daß sie sie gelernt hatte, wandte sie ihr neues Wissen kurz darauf gleich an.

Nachdem sie noch eine weitere Maus hatte fangen können, auf die sie im Augenblick keinen Appetit hatte, trug sie sie zum Haus und legte sie als eine Art Tribut auf die Stufen der Veranda, während sie miaute und hoffnungsvoll auf die verlassene, mit Schnee verzierte Tür schaute. Da sie keine Antwort erhielt, nahm sie die Maus mit zu dem Hohlraum hinter einer Schneewehe, die durch die gerundete Form des Erkerfensters am Ende des Hauses entstanden war. Hier rollte sie sich unglücklich zusammen und hoffte auf ein wenig Schlaf.

Doch die lautlose Kälte war zu durchdringend. Sie betrachtete die schräg abfallende Schneewand neben sich und stieß vorsichtig die Pfote hinein. Sie war sehr weich und leicht und schien praktisch keinen Widerstand zu leisten. Sie schob den Schnee unbeholfen beiseite, bis sie eine Art winziger Höhle herausgekratzt hatte. Vorsichtig schob sie sich hinein und drückte den Schnee auf beiden Seiten soweit beiseite, bis sie genug Platz zum Umdrehen hatte.

Dann kreiste sie mehrmals um sich selbst, wie Hunde es tun, wenn sie ihre Schlafstätte nach ihren Wünschen herrichten. Dabei preßte sie nicht nur den Schnee unter sich herunter, sondern schuf sich auch eine gemütliche Kammer mit einem relativ engen Eingang. Aus diesem schneeigen Schlupfwinkel schaute sie mit einem ersten Ausdruck von Besitzerstolz hinaus; dann schlief sie mit einem Gefühl von Wohlbehagen, von ‚Heimeligkeit' ein, das sie seit dem Verschwinden ihrer Freunde nicht mehr empfunden hatte.

Nachdem sie ihr Unglück besiegt und sich die Freiheit der Winterwildnis erobert hatte, war ihr Leben zwar noch mühsam, aber nicht mehr hart. Mit Geduld fing sie bei den Mauselöchern genügend Nahrung; und in ihrer Schneehöhle schlief sie warm und sicher. Als sich nach einer kleinen Weile eine Kruste auf dem Schnee bildete, kamen die Mäuse nachts hervor und spielten ausgelassen auf dem Schnee. Dann kehrten auch die Eulen zurück; und bei dem Versuch, eine von ihnen zu fangen, wurde die Katze heftig gebissen und gekratzt, bis sie sich besann und ihre Beute losließ. Nach dieser Erfahrung wußte sie, daß sie alle Eulen in Frieden zu lassen hatte. Doch insgesamt fand sie es schön, draußen auf den öden, endlos weißen Schneeflächen zu jagen.

Da sie nun Herrin der Lage war, glitt der Winter ohne weitere ernste Prüfungen vorbei. Ende Januar bereitete ihr das Schicksal aber noch einmal eine schlimme Viertelstunde. Zusammen mit einem besonders bitteren Kälteeinbruch kam eines Nachts eine riesige weiße Eule aus den arktischen Breiten auf die Insel. Von ihrem Beobachtungsplatz in der Verandaecke aus entdeckte die Katze sie. Mit einem Blick war ihr klar, daß dieser Besucher im Vergleich zu den braunen Marscheulen von einem ganz anderen Kaliber war. Unauffällig schlüpfte sie hinunter in ihre Höhle; und dort blieb sie sicher versteckt, bis die große weiße Eule ungefähr vierundzwanzig Stunden später wieder davonflog.

Als der Frühling mit dem nächtlichen Chorgesang der Frösche in den flachen, mit Riedgras eingefaßten Teichen und den brütenden Vögeln im frischen Gras zurückkehrte, wurde das Leben der Gefangenen fast luxuriös in seiner leichten Einsamkeit. Doch nun war sie wieder einmal heimatlos, weil ihre gemütliche Höhle mit dem Schnee verschwunden war. Das machte ihr jedoch nicht viel aus, weil es wärmer und von Tag zu Tag ruhiger wurde; außerdem hatte sie gelernt, so zufrieden wie ein Landstreicher zu sein, nachdem sie gezwungen gewesen war, auf ihre Instinkte zurückzugreifen. Trotzdem hatte sie bei all ihrer Lern- und Anpassungsfähigkeit nichts vergessen. Denn als eines Tages im Juni ein vollbesetztes Boot vom Festland herüberkam und Kinderstimmen über die Grasspitzen hinweg die Stille der Insel durchbrachen, hörte die Katze sie und sprang aus ihrem Schlaf auf den Verandastufen hoch.

Eine Sekunde lang blieb sie stehen und lauschte angestrengt. Dann rannte sie wie ein Hund, und wie nur wenige Mitglieder ihrer hochmütigen Rasse, zum Ankerplatz – und wurde sofort von den Armen vier glücklicher Kinder ergriffen, die ihr feines Fell so durchwühlten, daß sie sicherlich eine Stunde lang brauchen würde, um es wieder zu richten.

Olly und Ginny

James Herriot

Als Katzenliebhaber ärgerte es mich, daß meine eigene Katzen meinen Anblick nicht ertragen konnten. Ginny und Olly waren nun ein Teil der Familie. Wir vergötterten sie, und jedesmal wenn wir einen Tag rausfuhren, öffnete Helen bei unserer Rückkehr als erstes die Hintertür und fütterte sie. Die Katzen wußten dies sehr wohl und saßen daher entweder wartend auf dem flachen Mauerkopf oder im Holzschuppen, der ihr Zuhause war, bereit, angeschlendert zu kommen.

Wir waren einen halben Tag in Brawton gewesen, und wie üblich waren sie schon da, als Helen ihr Futter und eine Schale Milch auf die Mauer stellte.

„Olly, Ginny", murmelte sie, während sie ihnen übers Fell strich. Schon seit langem wehrten sie sich nicht mehr dagegen, daß sie sie berührte. Jetzt rieben sie sich erfreut an ihrer Hand, machten einen Buckel und schnurrten, und während sie fraßen, ließ sie die Hand mehrmals über ihre Rücken gleiten. Sie waren so freundliche kleine Tiere, deren Wildheit nur in Angstsituationen spürbar war, doch Helen gegenüber hatten sie diese Angst verloren. Meine eigenen und einige andere Kinder aus dem Dorf hatten ihr Vertrauen auch gewonnen und durften sie vorsichtig streicheln. Doch bei Herriot war Schluß.

Jetzt zum Beispiel, als ich Helen leise folgte und mich der Mauer näherte, ließen sie sofort das Futter stehen und zogen sich in sichere Entfernung zurück, wo sie, wie immer, mit buckeligen Rücken außer Reichweite stehenblieben. Sie sahen mich ohne Feindseligkeit an, doch als ich meine Hand ausstreckte, wichen sie noch weiter zurück.

„Sieh dir diese kleinen Bettler an!" sagte ich. „Sie haben noch immer nichts mit mir im Sinn."

Das war enttäuschend, denn in den Jahren meiner tierärztlichen Tätigkeit hatten mich Katzen immer fasziniert, und das empfand ich als sehr hilfreich, wenn ich mit ihnen zu tun hatte. Ich glaubte, daß ich mit ihnen leichter umgehen konnte als die meisten anderen Menschen, weil ich sie mochte und sie das spürten. Ich brüstete mich sogar damit und hatte keinen Zweifel an meinem Einfühlungsvermögen für die gesamte Spezies und auch nicht daran, daß sie alle mich mochten. Ehrlich gesagt, bildete ich mir sogar ein, daß sie alle für mich schwärmten. Ironischerweise jedoch nicht die beiden, mit denen ich so eng verbunden war.

Das war für mich schon ein wenig hart, denn ich hatte sie verarztet und ihnen vielleicht sogar das Leben gerettet, als sie unter Katzenschnupfen litten.

Ich fragte mich, ob sie sich daran erinnerten, und wenn ja, so gab mir das wohl offensichtlich noch immer nicht das Recht, sie zu berühren. Mit Sicherheit schienen sie sich jedoch daran zu erinnern, daß ich sie mit dem Netz eingefangen und in einen Käfig gesteckt hatte, ehe ich sie kastrierte. Ich hatte das Gefühl, daß sie nur das Netz und den Käfig vor Augen hatten, wenn sie mich sahen.

Ich konnte nur hoffen, daß sich mit der Zeit ein Einvernehmen zwischen uns entwickeln würde, doch wie sich herausstellte, sollte das Schicksal sich noch lange gegen mich verschwören. Vor allem gab es Probleme mit Ollys Fell. Im Gegensatz zu seiner Schwester war er eine langhaarige Katze, dessen Fell sich ständig verhedderte und verknotete. Wenn er eine normale zahme Katze gewesen wäre, hätte ich ihn sofort gekämmt, doch da ich mich ihm nicht einmal nähern konnte, war ich hilflos. Wir hatten ihn seit zwei Jahren, als Helen mich in die Küche rief.

„Sieh ihn dir bloß an!" sagte sie. „Er sieht schrecklich aus!"

Ich schaute aus dem Fenster. Im Vergleich zu seiner schlanken und schönen kleinen Schwester sah Olly mit seinem verfilzten Fell und den herabbaumelnden Knoten wirklich wie eine Vogelscheuche aus.

„Ich weiß, ich weiß. Aber was soll ich machen?" Ich wollte mich schon wegdrehen, als ich etwas bemerkte. „Moment mal, da hängen ja zwei fürchterlich große Klumpen an seinem Hals. Nimm diese Schere hier, und mach du es – mit zwei schnellen Schnipsern sind sie weg."

Helen sah mich ängstlich an. „Ach, das haben wir doch schon versucht. Ich bin kein Tierarzt, und außerdem läßt er mich das nicht machen. Er läßt sich von mir streicheln, aber das ist etwas ganz anderes."

„Ich weiß das, versuch es aber trotzdem. Da ist wirklich nichts dabei." Ich drückte ihr eine gebogene Schere in die Hand und gab ihr durchs Fenster Anweisungen. „Schieb die Finger hinter den großen Klumpen. Gut, gut! Jetzt ran mit der Schere und ..."

Doch bei dem ersten Aufblitzen des Stahls war Olly auf und davon und den Hügel hinauf. Helen drehte sich verzweifelt zu mir um. „Es hat keinen Sinn, Jim, es ist hoffnungslos – er läßt mich nicht einmal einen Klumpen abschneiden, und er ist übersät davon."

Ich sah zu dem ungepflegten kleinen Wesen hinüber, das in sicherem Abstand von uns verharrte. „Ja, du hast recht. Ich werde mir etwas anderes überlegen müssen."

Ich dachte daran, Olly leicht zu betäuben, um seiner habhaft zu werden, und mir fielen sofort meine zuverlässigen Nembutalkapseln ein. Dieses orale Betäubungsmittel hatte mir schon bei unzähligen Gelegenheiten wertvolle Dienste geleistet, bei denen ich es mit unnahbaren Tieren zu tun hatte, doch hier lag die Sache anders. In den anderen Fällen befanden sich meine Patienten hinter geschlossenen Türen, doch Olly war draußen und konnte in der Gegend umherstreifen. Ich konnte ihn nicht irgendwo draußen einschlafen lassen, wo ein Fuchs oder ein anderes Raubtier ihn erwischen konnte. Ich mußte ihn jederzeit unter Kontrolle behalten.

Doch es mußte entschieden werden, und ich erhob mich. „Ich werde mich am Sonntag darum kümmern", erklärte ich Helen. „Dann ist es normalerweise ruhiger, und ich werde Siegfried bitten, mich im Notfall zu vertreten."

An dem besagten Tag ging Helen hinaus und stellte zwei Schalen mit zerkleinertem Fisch auf die Mauer, von denen eine den Inhalt meiner Nembutalkapsel enthielt. Ich versteckte mich hinter dem Fenster und sah aufmerksam zu, wie sie Olly zur richtigen Schale dirigierte. Ich hielt den Atem an, als er mißtrauisch daran schnupperte. Doch sein Hunger war bald stärker als seine Vorsicht, und so schleckte er mit offensichtlichem Genuß die Schale aus.

Nun begann der kniffligste Teil. Wenn er, wie so oft, beschloß, durch die Felder zu streifen, würde ich ihm sofort folgen müssen. Ich stahl mich aus dem Haus, als er den Hügel zum offenen Holzschuppen hinaufschlenderte, und zu meiner ungeheuren Erleichterung ließ er sich in seiner Kuhle im Stroh nieder und begann, sich zu putzen.

Als ich durch die Büsche spähte, sah ich erfreut, daß es ihm schon bald schwer fiel. Bei dem Versuch, sich die Hinterpfote zu lecken und diese an die Wange hochzuheben, fiel er um.

Ich lachte lautlos in mich hinein. Das war hervorragend. Noch ein paar Minuten und ich hatte ihn.

So kam es auch. Olly schien es leid zu sein, ständig umzufallen, und dachte wohl, daß ein Nickerchen nicht schaden könnte. Nach einem benommenen Rundblick rollte er sich im Stroh zusammen.

Ich wartete noch kurze Zeit und schlich dann so heimlich wie ein Indianer auf dem Kriegspfad aus meinem Versteck und ging auf Zehenspitzen zum Schuppen. Olly war nicht völlig weggetreten – ich hatte nicht gewagt, ihm die volle Dosis zu geben, falls ich ihm nicht würde folgen können – doch er war stark betäubt. Nun konnte ich alles mit ihm machen, was ich wollte.

Als ich mich niederkniete und mit der Schere zu schneiden begann, öffnete er die Augen und machte einen schwachen Abwehrversuch. Doch das brachte nichts, und ich arbeitete mich schnell durch das verfilzte Fell. Ich konnte nicht sehr ordentlich vorgehen, weil er die ganze Zeit über leicht zappelte. Ich schnitt jedoch all die großen, unansehnlichen Knoten ab, mit denen er sich ständig in den Büschen verfing, was für ihn schrecklich unangenehm gewesen sein mußte. Bald schon lag eine große Menge schwarzer Haare neben mir.

Ich bemerkte, daß Olly sich nicht nur bewegte, sondern mich auch beobachtete. Obwohl er so benommen war, erkannte er mich und ließ mich das auch mit seinen Blicken wissen. „Du schon wieder!" sagte er. „Ich hätte es wissen müssen!"

Als ich fertig war, legte ich ihn in einen Katzenkäfig, den ich auf das Stroh stellte. „Tut mir leid, alter Knabe", sagte ich, „aber ich kann dich erst wieder freilassen, wenn du wieder ganz wach bist."

Olly starrte mich schläfrig an, doch seine Wut war offensichtlich. „Also hast du mich hier wieder reingestopft. Du änderst dich wohl nie, was?"

Zur Teezeit hatte er sich ganz erholt, und ich konnte ihn befreien. Ohne die häßlichen Trotteln sah er bedeutend besser aus, doch das schien ihn nicht sehr zu beeindrucken. Als ich den Käfig öffnete, warf er mir einen einzigen angewiderten Blick zu und sauste davon.

Helen war von meinem Werk entzückt, und am nächsten Morgen deutete sie auf die beiden Katzen auf der Mauer. „Sieht er nicht schön aus! Ach, bin ich froh, daß du es geschafft hast. Ich habe mir wirklich Sorgen gemacht. Und er fühlt sich bestimmt viel besser."

Ziemlich selbstgefällig sah ich aus dem Fenster. Olly hatte wirklich nichts mehr mit dem verwahrlosten Tier von gestern gemein. Es bestand kein Zweifel daran, daß ich sein Leben dramatisch verändert und ihn von einer ständigen Plage befreit hatte. Doch mein beginnender Eigendünkel fiel in jenem Moment in sich zusammen, als ich den Kopf aus der Hintertür streckte. Er hatte gerade sein Frühstück genießen wollen, doch als er mich sah, schoß er schneller denn je davon und verschwand über den Hügel. Traurig ging ich in die Küche zurück. Ollys Meinung von mir war noch weiter gesunken. Enttäuscht goß ich mir Tee ein. Das Leben war schon hart.

Mein Chef, die Katze

Paul Gallico

Wenn Sie sich mit dem Gedanken tragen sollten, eine Katze ins Haus zu nehmen, und gerne einen kurzen Überblick darüber hätten, wie Ihr Leben sich unter der Herrschaft von Felis domesticus gestalten wird, dann sind Sie bei mir an der richtigen Adresse. Ich habe das alles rausgekriegt, denn bis zum heutigen Tag habe ich für neununddreißig dieser vierbeinigen Wesen buchstäblich gearbeitet. Und dazu gehört auch die denkwürdige Zeit, in der ich ungefähr dreiundzwanzig verschiedenen Katzen gleichzeitig zu Diensten war.

Katzen sind natürlich nicht nett. Sie sind Gauner und Schnorrer, Betrüger und schamlose Schmeichler. Sie haben lauter Intrigen und Pläne, Verschwörungen und Gegenverschwörungen, Listen und Tücken im Sinn wie jeder andere Betrüger auch. Sie können Ihren Charakter besser einschätzen als ein Psychiater für 50 Dollar die Stunde. Sie wissen äußerst präzise, wann sie Ihr Faß zum Überlaufen bringen. Sie sind entschieden gewitzter als ich, und das ist auch einer der Gründe, warum ich sie liebe.

Katzenhasser werden versuchen, Sie mit dem alten Argument fertigzumachen: „Wenn Katzen so pfiffig sind, warum können sie dann keine Kunststücke vorführen wie Hunde?" Es ist nicht so, daß Katzen dies nicht können, sie *wollen es nicht.* Sie sind viel zu schlau, um um ihr Futter zu betteln, da sie ja im voraus wissen, daß Sie es ihnen ohnehin geben werden. Und was das Herumrollen, Toter-Mann-Spielen oder „Sprechen" angeht – was ist denn für Pussy drin, was sie nicht ohnehin schon hat?

Übrigens sind Katzen gute Trainingspartner für eine erfolgreiche Ehe – sie verweisen Sie auf Ihren Platz im Haushalt. Als erstes stellt Kitty Ihr Heim auf ein angenehmes Fundament – ihr Fundament. Sie ißt, wann sie will; sie geht nach eigener Lust und Laune aus. Sie kehrt heim, wenn sie dazu bereit ist – wenn überhaupt.

Sie möchte beachtet werden, wenn sie es möchte, und verdammt noch mal in Ruhe gelassen werden, wenn sie anderes im Sinn hat. Sie ist eifersüchtig; sie wird nicht zulassen, daß Sie andere kleine Biester mit Aufmerksamkeit und Zärtlichkeiten überschütten, ganz gleich ob diese zwei- oder vierbeinig sind.

Sie ist ärgerlich, wenn Sie spät nach Hause kommen und auf Geschäftsreise gehen. Doch wenn sie beschließt, ein paar Nächte draußen zu bleiben, dann geht es Sie verdammt noch mal nichts an, wo sie gewesen ist oder was sie vorhatte. Entweder vertrauen Sie ihr oder nicht.

Sie haßt Schmutz, Gestank, schlechtes Essen, Lärm und Leute, die Sie unerwartet zum Essen nach Hause mitbringen.

Kitty hat auch ein gut Teil Kleinkinder-Eigensinn an sich. Sie genießt es, wenn Sie nervös und aufgeregt sind und die Geduld verlieren. Wenn sie manchmal beobachtend herumhängt, werden Sie das Gefühl haben, daß sie das nur macht, um nicht in Lachen auszubrechen. Und sie tut ihr möglichstes, um die gesamte Verantwortung für was auch immer Ihnen zuzuschieben.

Kitty tut zum Beispiel so, als könne sie weder sprechen noch Sie verstehen und als sei sie nur ein armes, hilfloses stummes Geschöpf. Was für ein Witz! Jede Katze, die etwas auf sich hält, kann Ihnen jederzeit genau mitteilen, was sie von Ihnen will. Sie hat einen Ton für ‚Laß uns essen', einen anderen, um herausgelassen zu werden, und einen dritten für ‚Hast du nicht zufällig meine Spielmaus mit dem abgebissenen Schwanz gesehen?' und eine Menge weiterer leicht verständlicher Äußerungen. Sie kann Sie auch perfekt verstehen, wenn sie glaubt, daß ihr das etwas einbringt.

Ich hatte einmal eine Katze, die ich im Verdacht hatte, lesen zu können. Das war ein Bursche mit Namen Morris, ein großer Tigerkater mit topasfarbenen Augen, der mit mir zusammen in einem New Yorker Apartment eingepfercht lebte. Eines Tages hatte ich gerade den Brief an eine Dame beendet, die damals das Objekt meiner Verehrung war. Natürlich wendete ich einiges an Schreibkunst auf, um ihr dies mitzuteilen. Ich wurde ein paar Minuten lang am Telefon festgehalten. Als ich zurückkehrte, saß Morris auf meinem Schreibtisch und las den Brief. Jedenfalls starrte er auf ihn herab und sah ein wenig krank dabei aus. Er warf mir einen verwirrten Blick zu, der für Katzen typisch ist, und bat sofort miauend, hinausgelassen zu werden. Er blieb drei Tage weg. Danach hielt ich meine private Korrespondenz unter Verschluß.

Dieser Vorfall erinnert mich an eine andere äußerst kluge Katze, die ich auf einer Farm hielt und die Tante Hedwig hieß. Eines Sonntags fragte mich ein Gast, ob ich einen Cocktail mixen könnte, der sich Mexikaner nannte. Ich erwiderte, daß ich das wohl könnte, und begann, eine grauenvolle Mischung aus Gin, Ananassaft, Wermut, Magenbitter und weiteren nicht zusammenpassenden Zutaten herzustellen. Als ich das Ergebnis probehalber kostete, spuckte ich alles ins Gras. Tante Hedwig kam herbei, schnupperte daran und scharrte es mit einem Ausdruck beschämter Verlegenheit zu. Alle waren sich später einig, daß sie recht daran getan hatte.

Bitte lassen Sie sich von mir davor warnen, zu sehr darauf zu vertrauen, daß Tiere nicht denken und nur nach ihrem Instinkt handeln. Haben Sie jemals versucht, eine Katze, die hereinkommen wollte, draußen zu halten oder umge-

kehrt? Ich sperrte einmal eine Katze in den Keller. Sie kletterte eine senkrechte, glatte Zementwand hinauf, blieb mit den Tatzen oben hängen (als Beweis sah ich die Spuren der Krallen), öffnete den Fensterhaken mit der Nase und kletterte hinaus.

Ich beharre darauf, daß Katzen ein sagenhaftes Gedächtnis haben und auch die Fähigkeit, das einzuschätzen und zu beurteilen, an das sie sich erinnern. Nehmen Sie zum Beispiel nur mal unsere beiden ukrainischen Grauen, Chin und Chilla. Meine Frau zog sie mit einem Tropffläschchen auf. Wir gaben ihnen unsere Liebe und Fürsorge und ein gutes Zuhause auf einer Farm in New Jersey.

Als wir schließlich ins Ausland verreisen mußten, gingen Chin und Chilla zu Freunden nach Glenview, III., einem hübschen totschicken Ort. Bei unserer Rückkehr in die Staaten fuhren wir nach Glenview, um das Erntedankfest dort zu feiern. Unter anderem freuten wir uns auch darauf, unsere beiden Katzen wiederzusehen. Bei unserer Ankunft hockten Chin und Chilla auf dem oberen Absatz der breiten Treppe. Als wir ihnen einen freundlichen Gruß zuriefen, sahen wir, wie ein Ausdruck von Entsetzen über ihre Gesichter glitt. ‚Guter Gott! Das sind ja diese *armen Teufel!* Bloß weg hier!' Und damit verschwanden sie und blieben fünf Stunden lang unauffindbar. Sie waren zu Tode erschrocken, weil wir gekommen waren, um sie in die Verkommenheit eines Landgutes in New Jersey zurückzuholen und sie ihres eigenen Zimmers in Illinois zu berauben, mit Glasveranda, Schutzwänden für ihre Toiletten und ähnlichen Super-Luxusartikeln.

Einige Zeit später tauchten sie widerwillig auf und waren bereit, das alte Spiel zu spielen und sehr zurückhaltend über alte Zeiten zu sprechen. Doch als die Zeit für unsere Abreise nahte, verschwanden sie wieder. Unsere Gastgeberin schrieb uns später, daß sie irgendwo einen Fahrplan gefunden haben müßten und so lange abgewartet hätten, bis unser Zug Elkhart hinter sich gelassen hatte, ehe sie sich wieder zeigten.

Das war die gleiche Chilla, die uns eines Tages, nachdem unser großer roter Kater Wuzzy schon achtundvierzig Stunden vermißt worden war, dorthin führte, wo er, eine halbe Meile entfernt, unsichtbar und unhörbar, in einer Falle gefangen war. Immer wieder drehte Chilla sich um, um sicherzugehen, daß wir ihr folgten. Der alte Wuz war halbtot, als wir ankamen, doch als er Chilla sah, fing er an zu schnurren.

Sie sollten sich bei Ihrer Katze auf ein eventuelles Doppelleben gefaßt machen. Das bedeutet schlicht und einfach, daß Kitty es fertigbringt, ihre Zeit so zwischen zwei genügend weit voneinander entfernten Heimen aufzuteilen, daß jeder der beiden Besitzer glaubt, sie gehöre zu ihm.

Das entdeckte ich, als ich herauszufinden versuchte, wohin Lulu II., eine Seal Point Siamesin, unerklärlich oft verschwand. Schließlich machte ich sie am anderen Ende der Bucht ausfindig, wo sie bei einer liebenswürdigen alleinstehenden Dame herumlungerte. Als ich sagte: „Oh, ich hoffe, daß meine Lulu Ihnen nicht zur Last gefallen ist", erwiderte diese ungehalten: „*Ihre* Lulu! Sie sprechen von unserer lieben kleinen Pitipoo! Wir haben uns schon gewundert, wo sie abgeblieben ist, wenn sie gelegentlich verschwand. Wir hoffen, daß sie *Sie* nicht verärgert hat."

Das Schockierende an der Sache war natürlich, daß Lulu, deren Stammbaum so lang war wie Ihr Arm, sich für ein Almosen Pitipoo nennen ließ.

Von allem, was eine kluge Katze tut, um Sie zu bezwingen, ist das Geschenk einer erbeuteten Maus das Klügste und Anrührendste. Limpy, eine wilde Scheunenkatze auf der Farm, lebte von dem, was sie in den Feldern fing. Wir versorgten schon vier andere Katzen, doch als wir im Winter in die Stadt zogen, nahmen wir sie auch mit.

Wir hatten uns kaum zehn Minuten im Apartment niedergelassen, als Limpy bereits eine Maus, oder besser *die* Maus gefangen hatte, die sie schnurstracks zu uns herüber brachte und uns zu Füßen legte. Wie bereits erwähnt, jagte Limpy, um zu überleben. Für sie war eine tote Maus ein Jackpot, ein Touch-Down-Homerun und ein Gran Slam zusammengenommen. Trotzdem schenkte sie uns diese.

Wie soll man dies anders deuten außer als Tribut, Dankeschön, als ein „Hier, schaut her; dies ist das Wichtigste, was ich tue. Es ist für euch, weil ich euch mag"? Man kann einem Hund das Apportieren der Beute beibringen, aber nur eine Katze wird Ihnen freiwillig ihr erlegtes Wild als unverlangtes Geschenk bringen.

Wie kommt es, daß Kitty sich nicht so verhält wie das Raubtier, das sie ist, sondern wie ein besserer Mensch? Ich weiß es nicht. Fest steht, daß sie es tut – und Sie damit zu ihrem Sklaven macht. Wenn Ihnen Ihre Katze erst einmal eine Maus geschenkt hat, werden Sie nicht mehr derselbe sein. Sie kann sie als Abtreter benutzen. Und sie wird es auch tun.

Der Schneider des Kätzchens

Peggy Bacon

Es war einmal ein junger Schneiderlehrling mit blauen Augen und braunem Haar, der zu gegebener Zeit Schneider wurde und hocherfreut einen kleinen Laden mit einer grünen Tür, einem glänzenden Fenster und einem richtigen Schild in Rot und Gold davor erwarb. Drinnen gab es einen kleinen Raum mit einem Ladentisch und einen noch kleineren mit einem Regal. Und hierher kam der Schneider im Morgengrauen mit einem Kätzchen und einem Fingerhut, und nachdem er seinen Tassentopf, seinen Teller und die Schale des Kätzchens ins Regal gestellt hatte, begann er, geduldig auf einen Kunden zu warten.

Es dauerte nicht lange, bis ein sehr vornehmer Herr kam. Des Schneiders Herz pochte aufgeregt, als er herbeieilte, um seinen ersten Auftrag entgegenzunehmen. Ein feiner Anzug war anzufertigen, aus weißem Satin und Silberspitze, und der Herr wollte ihn unbedingt am übernächsten Tag haben. Als dieser dann gegangen war, setzte sich der Schneider an die Arbeit, und das Kätzchen setzte sich neben ihn.

Während sein Herr eifrig zuschnitt, spielte das Kätzchen mit dem Fingerhut; das machte nichts, da der Schneider ihn ja nicht benutzte. Und als er ihn schließlich brauchte, war der Fingerhut schnell gefunden. Doch als der junge Mann zu nähen begann, wäre es ihm doch lieber gewesen, wenn das Kätzchen sich nicht so dicht an seinen rechten Ellbogen gepreßt hätte, obwohl das kleine Geschöpf offensichtlich dort saß, weil es ein sehr schmeichelhaftes Interesse an seiner Arbeit hatte.

In gewissen Abständen angelte es tatsächlich mit der Pfote vorsichtig nach dem Faden, mit dem der Schneider nähte. Doch der konnte immer ausweichen, bis das Kätzchen – ziemlich plötzlich – ein Stückchen vorsprang, den

Faden packte und so stark an ihm zog, daß sich die Naht kräuselte und der Schneider sie wieder auftrennen und von neuem beginnen mußte. Als sich dieser Angriff noch einmal wiederholte, brachte er das Tier ins Hinterzimmer. Doch dort fühlte sich das Kätzchen so einsam und heulte so erbärmlich, daß der Schneider es zwar wieder hereinließ, doch mit den Worten zurechtwies: „Crumpet, sei brav!" Daraufhin setzte sich das Kätzchen ein Stück vom Schneider entfernt nieder und betrachtete sehnsüchtig den Faden.

Als der Schneider den unglücklichen Blick des Kätzchens bemerkte, warf er ihm eine leere Garnrolle zu, und während Crumpet spielte, arbeitete der junge Mann eifrig weiter und ließ dabei seine Gedanken zu der Tochter des Bäckers wandern, die sich aus unerklärlichem Grund weigerte, ihn zu heiraten. Er war am Tag zuvor zu ihr gegangen, weil er hoffte, daß sie seinen Antrag doch noch annehmen würden, da er nun ein richtiger Schneider mit einem neuen Laden war – und einem so schönen noch dazu. Doch obwohl sie zugab, daß sie ihn liebte, weigerte sie sich noch immer, und er war enttäuscht und verwirrt davongegangen.

Der junge Mann wurde bald von Geräuschen aus diesen Gedanken gerissen, die vom Tisch kamen. Als er aufschaute, entdeckte er zu seiner großen Verärgerung, daß Crumpet einen Strang Seide abgewickelt hatte und nun

dabei war, die Silberspitze durcheinanderzubringen. Das Kätzchen wich dem beinahe wütenden Schneider mit mutwilliger Flinkheit aus, sprang zu dem Ballen weißen Satins, schärfte blitzartig seine Krallen daran, rollte sich dann mit entwaffnender Schüchternheit auf den Rücken und schlug mit einer spöttischen Pfote nach seinem Freund. Doch der Schneider verhärtete sein Herz, öffnete die Ladentür, setzte Crumpet mit größtmöglicher Sanftheit auf die Straße hinaus und kehrte eilig zu seiner Arbeit zurück. Da der Tag kalt war, kletterte Crumpet mühsam aufs Fensterbrett, miaute traurig und preßte hilflos sein kleines Näschen gegen die Scheibe. Von Gewissensbissen geplagt, öffnete der Schneider daraufhin die Tür und rief das Kätzchen wieder herein, das wie wild angesaust kam und dann, plötzlich vom Gewissen geplagt, gerade noch anhielt, um sich das Gesicht zu putzen. Danach rollte es sich mit einem Anflug von Tugendhaftigkeit in einer Ecke zusammen und schlief ein.

Der Schneider betrachtete seine Arbeit. Der Anzug war durch die ständigen Unterbrechungen noch kaum begonnen, und als er den von den schrecklichen Krallen durchlöcherten und zerrissenen Satinballen bedachte, die hoffnungslos verfilzte Seide und die zerrissene und zerbissene Silberspitze, mußte er zugeben, daß an diesem Morgen viel Schaden entstanden war. Und da es jetzt Mittagszeit war, ließ er seine Arbeit sinken, stellte den Tassentopf, den Teller und die Schale bereit und rief Crumpet herbei. Gemeinsam aßen sie ihre Mahlzeit aus Brot und Milch und kehrten anschließend eilig zur Arbeit zurück. Der Schneider bemühte sich, die vergeudeten Morgenstunden wieder wettzumachen, und das Kätzchen wühlte heimlich in der Knopfschachtel herum, die natürlich sehr bald umkippte, was den armen Mann eine gute halbe Stunde kostete, diese ärgerlich wieder einzusammeln.

In den restlichen Stunden wurde das Kätzchen viermal aus dem Zimmer ausgeschlossen und durch seine energischen Proteste wieder hereingelassen. Seine Angriffe wechselten, da es seine Aufmerksamkeit zu gleichen Teilen auf die Garnrollen, die Schere und auf den Bienenwachs konzentrierte, den es offensichtlich gern essen wollte. Es kaute ihn sehr klein und spuckte ihn dann enttäuscht unter vielem Husten und Würgen aus, was den Schneider um des Kätzchens Luftröhre fürchten ließ. Das Nadelkästchen, das der Schneider immer in bequemer Reichweite bei sich hatte, wurde schnell umgekippt und sein Inhalt weit und breit verstreut. Bei sechs kleinen Kätzchen hätten die Nadeln nicht weiter verbreitet gewesen sein können, da der Schneider noch welche in den letzten Winkeln des Zimmers wiederfand.

Es ist schwer, ein fettes kleinen Kätzchen zu bestrafen – ‚Und noch dazu, weil das Kätzchen eine Waise ist!' dachte der Schneider mitfühlend. Am Tagesende war der junge Mann sehr enttäuscht und das Kätzchen wenig gestraft. Als sich die Vorfälle des ersten Tages auch am nächsten wiederholten, kann man sich gut vorstellen, daß der Anzug bei weitem nicht fertig war, als der vornehme Herr ihn abholen wollte. Entschuldigungen waren zwecklos. Schimpfworte prasselten auf den armen Schneider herab, und der Herr stürmte davon.

An diesem Abend stellte sich der Schneider ernsthaft den Tatsachen, und nach einem kurzen inneren Kampf beschloß er, den Gedanken aufzugeben, ein Schneider sein zu wollen. Da ein Lebensmittelgeschäft ein sehr angenehmer Ort für ein Kätzchen war, weil es dort immer warm und vergnüglich war, faßte er den Entschluß, lieber ein Lebensmittelhändler zu werden. Daraufhin suchte er seinen Onkel auf, der ein großes Lebensmittelgeschäft in der nächsten Straße besaß. „Großartig!" rief der alte Mann aus, als er von dem Plan des Schneiders hörte. „Ich wollte schon lange einen Partner für mein Geschäft haben, und wer könnte besser geeignet sein, als mein eigener Neffe?"

Und so wurde aus dem jungen Schneider ein junger Lebensmittelhändler, und er und das Kätzchen machten sich auf, im Lebensmittelgeschäft zu leben. Da sie beide Käse sehr liebten, fanden sie sich leicht mit der Veränderung ab und fühlten sich wirklich sehr wohl dabei. Crumpet konnte auf den Mehlsäcken schlafen, auf dem Ladentisch, im sonnigen Fenster oder in seinem weichen Korb hinter dem Ofen, und er fand bald Geschmack an getrocknetem Fisch. Es gab Mengen an Kartoffeln und Walnüssen, mit denen er spielen konnte, und als er größer wurde, fand er auch Gefallen an Ratten und Mäusen.

Und was den Schneider oder besser den Lebensmittelhändler anging, so faßte dieser alsbald Mut und bat noch einmal um die dickliche Hand der Bäckerstochter, und diesmal wurde er zu seiner großen Freude nicht mehr abgewiesen. „Da du jetzt Lebensmittelhändler bist, mein Liebling", rief sie aus, „habe ich keine Einwände mehr. Einen Schneider hätte ich jedoch nie geheiratet. Ständig im Schneidersitz zu sitzen ist unwürdig und barbarisch, und ich habe gehört, daß man davon krumme Beine bekommt." Und so heirateten sie.

Die Cheshire-Katze

Lewis Carroll

Die einzigen, die in der Küche nicht niesten, waren die Köchin und eine große Katze, die auf dem Herd saß und von einem Ohr zum anderen grinste.

„Würden Sie mir bitte sagen", sagte Alice ein wenig zaghaft, weil sie nicht ganz sicher war, ob es sich gehörte, daß sie zuerst sprach, „warum Ihre Katze so grinst?"

„Sie ist eine Cheshire-Katze", erwiderte die Herzogin, „deshalb. Schwein!"

Sie sagte das letzte Wort so heftig, daß Alice vor Schreck fast hochsprang; doch einen Augenblick später sah sie, daß es um das Baby ging und nicht um sie. Daher nahm sie ihren Mut zusammen und fuhr fort: „Ich wußte nicht, daß Cheshire-Katzen immer grinsen; ja, eigentlich wußte ich auch nicht, daß Katzen überhaupt lächeln *können.*"

„Alle können das", sagte die Herzogin, „und das ist eine Tatsache."

Alice konnte den Ton dieser Bemerkung ganz und gar nicht leiden und dachte, daß es vielleicht besser wäre, ein anderes Gesprächsthema anzuschneiden. Während sie noch danach suchte, nahm die Köchin den Suppentopf vom Feuer und begann sofort, alles, was sich in ihrer Reichweite befand, nach der Herzogin und dem Baby zu werfen. Als erstes kamen die Feuergeräte dran, und dann folgte ein Hagel von Kochtöpfen, Tellern und Schüsseln. Die Herzogin nahm keine Notiz davon, auch als sie getroffen wurde, und das Baby schrie schon so sehr, daß man unmöglich feststellen konnte, ob die Aufschläge das Baby schmerzten oder nicht.

„Oh, *bitte* passen Sie doch auf, was Sie machen!" schrie Alice und sprang entsetzt auf und ab. „Oh, jetzt ist seine kostbare Nase weg", als ein besonders großer Topf dicht an dieser vorbeiflog und sie fast abgerissen hätte.

„Wenn sich jeder um seine eigenen Angelegenheiten kümmern würde", sagte die Herzogin mit heiserem Knurren, „würde sich die Welt viel schneller drehen als jetzt."

„Was kein Vorteil wäre", sagte Alice, die über die Möglichkeit froh war, etwas von ihrem Wissen loszuwerden. „Denken Sie nur daran, wieviel Arbeit das mit dem Tag und der Nacht machen würde! Wissen Sie, die Erde braucht vierundzwanzig Stunden, um sich einmal um ihre Achse zu drehen –"

„Da wir gerade von Achsen sprechen", sagte die Herzogin, „schlag ihr den Kopf ab!"

Alice sah die Köchin ziemlich ängstlich an, weil sie wissen wollte, ob die den Wink verstehen wollte, doch die Köchin war ganz vertieft darin, die Suppe umzurühren und schien nicht zuzuhören. Also wagte sie es, weiterzusprechen: „Vierundzwanzig Stunden, *glaube ich* – oder waren es zwölf? Ich –"

„Ach, laß mich in Frieden", sagte die Herzogin. „Ich habe Zahlen noch nie ausstehen können!" Und damit begann sie, sich wieder um ihr Kind zu kümmern. Sie sang dabei eine Art Wiegenlied und schüttelte das Kind am Ende jeder Zeile heftig:

Sprich barsch mit deinem kleinen Sohn,
Und schlag ihn, wenn er niest:
Er macht es dir doch nur zum Hohn,
Weil er dich ärgern will.

Refrain (in den die Köchin und das Baby einstimmten):

Wau! Wau! Wau!

Während die Herzogin die zweite Strophe des Liedes sang, warf sie das Baby weiter heftig auf und ab, und das arme kleine Ding schrie so sehr, daß Alice kaum die Worte verstehen konnte:

Ich spreche ernst mit meinem Sohn,
Ich schlag ihn, wenn er niest,
Denn er kann sich ja gut erfreu'n
Am Pfeffer, wenn er will.

Refrain:

Wau! Wau! Wau!

„Hier! Du kannst dich jetzt ein bißchen um ihn kümmern, wenn du möchtest!" sagte die Herzogin zu Alice und warf ihr das Baby zu, während sie sprach. „Ich muß mich für das Krocketspiel mit der Königin fertigmachen." Sie eilte aus dem Raum. Die Köchin warf ihr eine Bratpfanne nach, die sie jedoch gerade verfehlte.

Alice hatte einige Schwierigkeiten, das Baby aufzufangen, weil es ein seltsam geformtes kleines Wesen war, das die Arme und Beine in alle Richtungen ausgestreckt hielt, ‚fast wie ein Seestern', dachte Alice. Das arme kleine Ding schnaubte wie eine Dampfmaschine, als sie es auffing, und wurde abwechselnd doppelt so dick und wieder lang und dünn. So konnte sie in den ersten ein, zwei Minuten nicht viel mehr tun, als es festzuhalten.

Sobald sie die richtige Art herausgefunden hatte, mit ihm umzugehen (das hieß, aus ihm eine Art Knoten zu machen und dann sein rechtes Ohr und seinen linken Fuß ganz festzuhalten, um zu verhindern, daß es sich wieder aufknüpfte), trug sie es hinaus ins Freie. ‚Wenn ich dieses Kind nicht mitnehme', dachte Alice, ‚werden sie es in ein, zwei Tagen getötet haben. Wäre es nicht Mord, wenn ich es zurückließe?' Die letzten Worte sprach sie laut aus, und das kleine Ding gab ein Grunzen zur Antwort (es hatte mittlerweile mit dem Niesen aufgehört). „Grunz nicht", sagte Alice, „das ist wirklich nicht die richtige Art, sich verständlich zu machen."

Das Baby grunzte wieder, und Alice musterte ängstlich sein Gesicht, um herauszufinden, was mit ihm los war. Es gab keinen Zweifel daran, daß es eine stark aufwärts gerichtete Nase hatte, die eher wie eine Schnute aussah als eine richtige Nase. Auch seine Augen waren außergewöhnlich klein für ein Baby. Alles in allem konnte Alice den Anblick des Dingelchens überhaupt nicht leiden. ‚Aber vielleicht hat es nur geschluchzt', dachte sie und schaute noch einmal in seine Augen, um zu sehen, ob Tränen darin standen.

Nein, es standen keine Tränen darin. „Wenn du dich in ein Schwein verwandelst, mein Liebes", sagte Alice ernsthaft, „dann will ich nichts mehr mit dir zu tun haben. Vergiß das nicht!" Das arme kleine Ding fing wieder an zu schluchzen (oder zu grunzen, das konnte man wirklich nicht auseinanderhalten), und sie gingen eine Weile schweigend weiter.

Alice dachte gerade bei sich: ‚Was mach ich aber mit diesem Wesen, wenn ich es mit nach Hause nehme?', als es wieder grunzte, und diesmal so heftig, daß sie es einigermaßen alarmiert ansah. Diesmal irrte sie sich nicht: Es war nichts anderes als ein Schwein, und sie fand, daß es reichlich absurd wäre, wenn sie es weiter mit sich herumtrüge.

Also setzte sie das kleine Tier ab und war ganz erleichtert, als sie sah, daß es ruhig in den Wald trottete. „Wenn es ausgewachsen gewesen wäre", sagte sie zu sich selbst, „wäre es ein schrecklich schmutziges Kind gewesen. Aber es ist ein ganz hübsches Schwein, finde ich." Und sie begann, über andere Kinder nachzudenken, die sie kannte und die gut Schweine hätten sein können. Sie sagte gerade zu sich: „Wenn man nur wüßte, wie man sie ändern könnte" – als sie ein wenig verblüfft entdeckte, daß die Cheshire-Katze auf dem Ast eines Baumes ein paar Meter entfernt saß.

Die Katze grinste nur, als sie Alice sah. ‚Sie sieht freundlich aus', dachte sie. Doch da sie *sehr* lange Krallen und viele Zähne hatte, war sie der Ansicht, daß man sie mit Respekt behandeln sollte.

„Cheshire-Mieze", begann sie ziemlich zaghaft, weil sie überhaupt nicht wußte, ob die Katze diesen Namen mochte. Doch die grinste nur noch breiter. ‚Siehst du, bis jetzt mag sie es', dachte Alice und fuhr fort: „Könntest du mir wohl bitte sagen, in welche Richtung ich von hier aus gehen sollte?"

„Das hängt zu einem großen Teil davon ab, wohin du gehen möchtest", sagte die Katze.

„Das ist mir eigentlich ziemlich egal –" sagte Alice.

„Dann ist es auch egal, in welche Richtung du gehst", sagte die Katze.

„– wenn ich nur *irgendwo* ankomme", fügte Alice als Erklärung hinzu.

„Oh, das wirst du ganz bestimmt", sagte die Katze, „wenn du nur lange genug gehst."

Da Alice fand, daß man das nicht bestreiten konnte, versuchte sie es mit einer anderen Frage: „Was für Leute leben hier eigentlich?"

„Dort drüben", sagte die Katze und fuchtelte mit der rechten Pfote herum, „lebt ein Hutmacher, und dort drüben", diesmal fuchtelte sie mit der anderen Pfote, „lebt ein Märzhase. Du kannst besuchen, wen du willst. Sie sind beide verrückt."

„Aber ich bin nicht gern mit verrückten Menschen zusammen", bemerkte Alice.

„Oh, daran kannst du nichts ändern", sagte die Katze. „Wir sind hier alle verrückt. Ich bin verrückt. Du bist verrückt."

„Woher weißt du, daß ich verrückt bin?” fragte Alice.

„Du mußt verrückt sein”, sagte die Katze, „sonst wärst du nicht hierher gekommen.”

Alice war nicht der Ansicht, daß das etwas bewies, dennoch fuhr sie fort: „Und woher weißt du, daß du verrückt bist?”

„Erstens”, sagte die Katze, „ist ein Hund nicht verrückt. Gibst du das zu?”

„Ich denke schon”, sagte Alice.

„Na gut”, fuhr die Katze fort, „du weißt, daß ein Hund knurrt, wenn er wütend ist, und mit dem Schwanz wedelt, wenn er sich freut. Ich jedoch knurre, wenn ich mich freue, und schlage mit dem Schwanz, wenn ich wütend bin. Also bin ich verrückt.”

„Ich nenne es schnurren, nicht knurren”, sagte Alice.

„Du kannst es nennen, wie du willst”, sagte die Katze. „Spielst du heute mit der Königin Krocket?”

„Ich würde sehr gern”, sagte Alice, „aber ich bin noch nicht dazu eingeladen worden.”

„Wir sehen uns dort”, sagte die Katze und verschwand.

Das überraschte Alice nicht, denn sie hatte sich schon daran gewöhnt, daß hier seltsame Dinge geschahen. Als sie die Stelle weiter betrachtete, wo die Katze gesessen hatte, tauchte diese plötzlich wieder auf.

„Übrigens, was ist denn aus dem Baby geworden?” fragte die Katze. „Ich habe fast vergessen, danach zu fragen.”

„Es hat sich in ein Schwein verwandelt”, sagte Alice ruhig, als ob die Katze auf ganz normale Art zurückgekommen wäre.

„Das hatte ich schon vermutet”, meinte die Katze und verschwand wieder.

Alice wartete ein wenig und erwartete fast, sie noch einmal zu sehen, doch sie tauchte nicht mehr auf. Nach ein oder zwei Minuten ging sie weiter in die Richtung, in der der Märzhase leben sollte. ‚Hutmacher habe ich schon getroffen’, dachte Alice bei sich, ‚ein Märzhase wird bei weitem interessanter sein, und vielleicht, da schließlich Mai ist, wird er nicht so rasend verrückt sein – zumindest nicht so verrückt wie im März.’ Während sie dies zu sich sagte, schaute sie auf, und da saß die Katze wieder auf dem Ast eines Baumes.

„Sagtest du Schwein oder Feige’?” fragte die Katze.

„Ich sagte Schwein”, erklärte Alice, „und mir wäre es lieber, wenn du nicht so plötzlich auftauchen und wieder verschwinden würdest. Das macht mich ganz verrückt.”

„In Ordnung", sagte die Katze, und diesmal verschwand sie recht langsam. Es begann mit dem Schwanzende und endete mit dem Grinsen, das noch einige Zeit sichtbar blieb, nachdem alles Übrige schon verschwunden war.

‚Na, hör mal! Ich habe schon oft eine Katze ohne Grinsen gesehen', dachte Alice, ‚nie jedoch ein Grinsen ohne Katze! Das ist das Seltsamste, was ich je in meinem Leben gesehen habe!'

* * *

Alice fing an, sich sehr unwohl zu fühlen. Bisher hatte sie zwar noch keinen Streit mit der Königin gehabt, doch sie wußte, daß das jeden Moment geschehen konnte, ‚und was wird dann mit mir geschehen?' dachte sie. ‚Sie köpfen hier schrecklich gerne Menschen. Es ist ein großes Wunder, daß sie überhaupt jemanden haben überleben lassen!'

Sie suchte nach irgend einem Fluchtweg, und sie fragte sich gerade, ob sie wohl ungesehen verschwinden könnte, als sie eine seltsame Erscheinung in der Luft bemerkte. Anfangs verwirrte sie dies sehr, doch nachdem sie sie eine oder zwei Minuten lang betrachtet hatte, erkannte sie ein Grinsen, und sie sagte zu sich selbst: „Das ist die Cheshire-Katze. Jetzt kann ich mich gleich mit jemandem unterhalten."

„Wie kommst du voran?" fragte die Katze, sobald genügend Mund da war, daß sie sprechen konnte.

Alice wartete so lange, bis die Augen auftauchten, und nickte dann. ‚Es hat keinen Sinn zu sprechen', dachte sie, ‚ehe nicht ihre Ohren da sind oder wenigstens eins.' Innerhalb einer weiteren Minute tauchte der ganze Kopf auf, und dann setzte Alice den Flamingo ab und berichtete von dem Spiel und war sehr froh, daß sie jemanden hatte, der ihr zuhörte. Die Katze schien wohl zu glauben, daß genügend von ihr sichtbar war, also tauchte kein weiteres Stück mehr von ihr auf.

„Ich glaube nicht, daß sie fair spielen", begann Alice in einem ziemlich anklagenden Ton, „und sie streiten sich miteinander so schrecklich, daß man sein eigenes Wort nicht verstehen kann – und sie scheinen überhaupt keine Regeln zu haben. Wenn es welche gibt, dann hält sich niemand daran – und du kannst dir nicht vorstellen, wie verwirrend all die lebenden Dinge sind; zum Beispiel der Bogen, durch den ich auf dem Weg zum anderen Ende des Gartens als nächstes hindurch muß – und ich hätte schon längst den Igel der

Königin krockieren müssen, doch der ist weggerannt, als er mich kommen sah!"

„Magst du die Königin?" fragte die Katze leise.

„Überhaupt nicht", erwiderte Alice. „Sie ist so äußerst –" In diesem Augenblick bemerkte sie, daß die Königin dicht hinter ihr zuhörte, und fuhr fort: „– gewinnend, daß es kaum Sinn hat, das Spiel zu beenden."

Die Königin lächelte und ging vorbei.

„Mit wem sprichst du?" fragte der König, als er auf Alice zukam und den Kopf der Katze sehr neugierig anschaute.

„Das ist ein Freund von mir – eine Cheshire-Katze", sagte Alice. „Erlauben Sie, daß ich sie vorstelle."

„Ich mag ihren Anblick überhaupt nicht", sagte der König. „Aber sie kann meine Hand küssen, wenn sie möchte."

„Lieber nicht", bemerkte die Katze.

„Sei nicht unverschämt", sagte der König, „und schau mich nicht so an!" Er trat hinter Alice, während er sprach.

„Eine Katze darf einen König anschauen", sagte Alice. „Ich habe das in irgend einem Buch gelesen, aber ich weiß nicht mehr wo."

„Nun, sie muß entfernt werden", sagte der König sehr entschieden, und er rief der Königin, die gerade vorbeiging, zu: „Meine Liebe! Ich möchte, daß diese Katze entfernt wird!"

Die Königin hatte nur ein Mittel, große oder kleine Probleme zu lösen. „Herunter mit ihrem Kopf!" sagte sie, ohne sich auch nur umzusehen.

„Ich werde den Henker selbst holen", sagte der König eifrig und eilte davon.

Alice dachte gerade, daß sie auch gut zurückgehen und nachsehen könnte, wie weit das Spiel war, als sie die Königin in einiger Entfernung wütend schreien hörte. Sie hatte das Urteil schon gehört, daß drei Spieler geköpft werden sollten, weil sie nicht zur rechten Zeit gespielt hatten, und sie mochte den Anblick der Dinge überhaupt nicht, weil das Spiel so verwirrend war, daß sie nie wußte, ob sie nun an der Reihe war oder nicht. Deshalb machte sie sich auf die Suche nach dem Igel.

Der Igel kämpfte gerade mit einem anderen Igel, und das erschien Alice eine wunderbare Gelegenheit zu sein, den einen mit dem anderen zu krockieren. Die einzige Schwierigkeit war, daß ihr Flamingo zur anderen Seite des Gartens gegangen war und Alice sehen konnte, daß er dort irgendwie hilflos versuchte, auf einen der Bäume zu fliegen.

Als sie den Flamingo wieder eingefangen hatte und mit ihm zurückkam, war der Kampf vorüber und beide Igel verschwunden. ‚Aber das macht nichts', dachte Alice, ‚weil alle Bögen auf dieser Seite des Gartens auch verschwunden sind.' So klemmte sie sich den Flamingo unter den Arm, damit er nicht wieder entkommen konnte und kehrte zu einer weiteren Unterhaltung mit ihrem Freund zurück.

Als sie zur Cheshire-Katze zurückkehrte, war sie überrascht, daß sich eine ziemlich große Menge um sie versammelt hatte. Ein Streit war zwischen dem Henker, dem König und der Königin entbrannt, die alle gleichzeitig sprachen, während alle anderen recht ruhig waren und sehr besorgt aussahen.

Sobald Alice auftauchte, baten alle drei sie, das Problem zu lösen, und wiederholten ihre Ansichten für sie. Doch da sie alle gleichzeitig sprachen, hatte sie große Mühe, genau zu verstehen, was sie sagten.

Der Henker meinte, daß man einen Kopf nur dann abschlagen könne, wenn es einen Körper gäbe, von dem man ihn abschlagen könne, daß er so ein Ding noch nie zu Gesicht bekommen habe und daß er damit in seinem Alter auch nicht mehr anfangen wolle.

Der König meinte, daß alles, was einen Kopf habe, auch enthauptet werden könne und daß man nicht solch einen Unsinn erzählen solle.

Die Königin meinte, daß sie alle Anwesenden enthaupten lassen würde, wenn sich niemand fände, der das jetzt im Handumdrehen erledigte. (Diese letzte Bemerkung war auch der Grund dafür, warum die gesamte Versammlung so ernst und ängstlich dreinschaute.)

Alice fiel nichts anderes ein, als zu sagen: „Das ist Sache der Herzogin. Sie sollten sie besser fragen."

„Sie ist im Gefängnis", sagte die Königin zum Henker. „Bring sie her." Und der Henker sauste wie ein Pfeil davon.

Der Kopf der Katze begann zu verblassen, sobald er fort war, und als er mit der Herzogin zurückkam, war der Kopf ganz verschwunden.

Mings größter Fang

Patricia Highsmith

Ming lag bequem am Fußende der Koje seiner Herrin, als der Mann ihn im Genick packte, aufs Deck hinaussetzte und die Kajütentür schloß. Mings blaue Augen weiteten sich erst schockiert und leicht verärgert und schlossen sich dann fast völlig vor dem hellen Sonnenlicht. Nicht zum ersten Mal hatte man Ming rüde aus der Kajüte geworfen, und Ming begriff, daß der Mann das immer dann tat, wenn Elaine, seine Herrin, gerade nicht hinschaute.

Das Segelboot bot jetzt keinen Schutz vor der Sonne, doch Ming war es nicht zu warm. Er sprang mühelos auf das Kajütendach und ging zu der Taurolle gleich hinter dem Mast. Ming benutzte sie gern als Couch, weil er aus dieser Höhe alles überblicken konnte und die Becherform des Taus ihn vor scharfen Brisen schützte und auch das Schaukeln und plötzliche Veränderungen im Neigungswinkel der *White Lark* verringerte, da es sich praktisch im Mittelpunkt befand. Jetzt war allerdings das Segel eingeholt worden, weil Elaine und der Mann zu Mittag gegessen hatten. Oft legten sie anschließend noch eine Ruhepause ein, bei der der Mann ihn nicht in der Kajüte haben wollte, wie Ming sehr wohl wußte. Das Mittagessen ging in Ordnung. Ming selbst hatte sich gerade an gegrilltem Fisch und einem Stückchen Hummer gütlich getan. Nun lag Ming entspannt auf der Taurolle, öffnete das Maul zu einem riesigen Gähnen und schaute mit schrägen, gegen die starke Sonne fast völlig geschlossenen Augen zu den beigefarbenen Hügeln und den weißen und rosa Häusern und Hotels hinüber, die die Bucht von Acapulco umsäumten. Zwischen der *White Lark* und dem Strand, an dem Menschen unhörbar planschten, glitzerte die Sonne auf der Wasseroberfläche wie Tausende winziger elektrischer Lampen, die ständig an- und ausgingen. Ein Wasserskiläufer kam vorbei und zog weiße Gischt hinter sich her. Soviel Betriebsamkeit! Ming döste halb ein und fühlte, wie die Sonnenhitze sein Fell durchdrang. Ming kam aus New York, und für ihn war Acapulco eine große Verbesserung zu der Umgebung, in der er die ersten Wochen seines Lebens verbracht hatte. Er erinnerte sich an eine dunkle Kiste mit Stroh auf dem Boden, die er mit drei oder vier anderen Kätzchen teilte, und an ein Fenster, hinter dem riesige Formen ein paar Momente lang anhielten, seine Aufmerksamkeit durch Klopfen zu erregen versuchten und dann vorbeizogen. An seine Mutter erinnerte er sich überhaupt nicht. Eines Tages war eine junge Frau dorthin gekommen, die nach etwas Angenehmem roch, und hatte ihn mitgenommen – fort von den gräßlichen, angstmachenden Gerüchen nach Hunden, Medizin und Papageien-Kot. Dann stiegen sie in etwas ein, von dem Ming jetzt wußte, daß es ein Flugzeug war. An Flugzeuge hatte er sich mittlerweile gewöhnt, und er mochte sie auch einigermaßen. In Flugzeugen saß er auf Elaines Schoß oder schlief dort, und es gab immer Leckerbissen, wenn er hungrig war.

Elaine verbrachte die meiste Zeit des Tages in einem Laden in Acapulco, in dem Kleider, Freizeithosen und Badeanzüge an allen Wänden hingen. Dieser Ort roch sauber und frisch, und Töpfe und Kästen mit Blumen standen davor, und der Boden hatte kühle blaue und weiße Fliesen. Ming konnte ungehindert in den Innenhof hinter dem Laden gehen oder in seinem Korb in einer Ecke schlafen. Vor dem Laden war es sonniger, doch gemeine Jungen versuchten oft, ihn sich zu greifen, wenn er dort saß, und Ming konnte sich da nie entspannen.

Am liebsten sonnte sich Ming zuhause auf der Terrasse zusammen mit seiner Herrin auf einem der Liegestühle. Was Ming überhaupt nicht leiden konnte, waren die Menschen, die sie manchmal zu sich nach Hause einlud, Menschen, die dort übernachteten, Mengen von Menschen, die lange aufblieben, aßen und tranken, Platten oder Klavier spielten – Menschen, die ihn von Elaine trennten. Menschen, die ihm auf die Zehen traten, Menschen, die ihn manchmal von hinten hochhoben, noch ehe er etwas dagegen tun konnte, so daß er sich winden und freikämpfen mußte, Menschen, die ihn zu grob streichelten, Menschen, die irgendwo eine Tür schlossen und ihn einsperrten. *Menschen!* Ming haßte Menschen. Auf dieser ganzen weiten Welt mochte er nur Elaine. Elaine liebte und verstand ihn.

Ming haßte jetzt vor allem diesen Mann Teddie. Teddie war in letzter Zeit ständig da. Ming konnte es nicht leiden, wie Teddie ihn anschaute, wenn Elaine nicht hinsah. Und manchmal, wenn Elaine nicht in der Nähe war, murmelte Teddie etwas, das Ming als Drohung verstand. Oder als Befehl, das Zimmer zu verlassen. Ming nahm es gelassen hin. Die Würde mußte gewahrt bleiben. War seine Herrin denn nicht auf seiner Seite? Der Mann war der Eindringling. Wenn Elaine zuschaute, tat der Mann manchmal so, als ob er ihn mochte, doch Ming drehte sich jedesmal würdevoll, aber unmißverständlich in eine andere Richtung.

Mings Mittagsschlaf wurde von dem Geräusch der sich öffnenden Kajütentür unterbrochen. Er hörte Elaine und den Mann lachen und sprechen. Die große rot-orangefarbene Sonne stand tief am Horizont.

„Ming!" Elaine kam zu ihm. „Wirst du nicht *gebraten*, Darling? Ich dachte, du seist *drinnen!*"

„Ich auch!" sagte Teddie.

Ming schnurrte wie immer, wenn er aufwachte. Sie nahm ihn sanft hoch, wiegte ihn in den Armen und trug ihn hinunter in den plötzlich kühlen Schatten der Kajüte. Sie sprach mit dem Mann, doch nicht sehr sanft. Sie setzte Ming vor seiner Wasserschüssel ab. Obwohl er nicht durstig war, trank er ein wenig, um ihr eine Freude zu machen. Ming fühlte sich von der Hitze benommen und schwankte ein bißchen.

Elaine nahm ein nasses Handtuch und wischte damit über Mings Gesicht, seine Ohren und die vier Pfoten. Dann legte sie ihn sanft auf die Koje, die nach Elaines Parfum roch, aber auch nach dem Mann, den Ming haßte.

Jetzt stritten seine Herrin und der Mann, wie Ming aus ihren Stimmen heraushören konnte. Elaine saß bei Ming auf der Kante der Koje. Schließlich hörte Ming ein Platschen, als Teddie ins Wasser sprang. Ming hoffte, daß er dort bleiben, ertrinken und nie mehr zurückkommen würde. Elaine machte im Aluminiumwaschbecken ein Badetuch naß, wrang es aus, breitete es auf der Koje aus und hob Ming darauf. Sie brachte Wasser, und nun war Ming durstig und trank. Sie ließ ihn wieder schlafen, während sie das Geschirr spülte und wegräumte. Das waren angenehme Geräusche, die Ming gern hörte.

Doch bald erklangen wieder Teddies Schritte mit einem *Plitsch-Platsch* auf dem Deck, und Ming war wieder wach.

Der Streit fing wieder an. Elaine stieg die wenigen Stufen zum Deck hinauf. Ming spannte sich an, ließ das Kinn noch auf dem feuchten Badetuch liegen und behielt die Kajütentür fest im Auge. Er hörte Teddies Füße herunterkommen. Ming hob leicht den Kopf, weil er wußte, daß er nicht ausweichen konnte und in der Kajüte in der Falle saß. Der Mann hielt mit einen Handtuch in der Hand inne und starrte Ming an.

Ming entspannte sich völlig, wie er es vor einem Gähnen getan hätte. Davon fingen seine Augen an zu schielen. Dann ließ Ming seine Zunge etwas aus dem Maul gleiten. Der Mann setzte zum Sprechen an und sah aus, als wollte er am liebsten das zusammengerollte Handtuch nach Ming werfen, doch er zögerte. Was auch immer er hatte sagen wollen, verließ seinen Mund nicht, und er warf das Handtuch in den Ausguß und beugte sich dann herab, um sein Gesicht zu waschen. Es war nicht das erste Mal, daß Ming Teddie die Zunge herausgestreckt hatte. Viele Menschen lachten, wenn Ming das tat, Partygäste zum Beispiel, und Ming genoß das immer sehr. Doch Ming spürte, daß Teddie das als feindselige Geste empfand, und daher machte Ming das bei Teddie ganz bewußt. Im Beisein anderer Menschen glitt Mings Zunge oft nur versehentlich heraus.

Der Streit ging weiter. Elaine machte Kaffee. Ming fühlte sich langsam besser und kehrte aufs Deck zurück, da die Sonne jetzt untergegangen war. Elaine hatte den Motor angelassen, und sie glitten langsam in Richtung Strand. Ming hörte Vögel singen, diese seltsamen Schreie von gewissen Vögeln, die nur nach Sonnenuntergang zu hören waren. Ming freute sich auf das Luftziegelhaus auf der Klippe, in dem er und seine Herrin lebten. Er wußte, warum sie ihn nicht zuhause ließ (wo er es viel bequemer hatte), wenn sie mit dem Boot hinausfuhr. Sie hatte Angst, daß Menschen ihn einfangen und vielleicht sogar töten könnten. Ming verstand das. Menschen hatten schon versucht, ihn praktisch unter Elaines Augen zu fangen. Einmal wurde er plötzlich in einem Stoffsack weggeschleppt. Obwohl er so wild wie möglich kämpfte, war nicht sicher, ob er sich hätte befreien können, wenn Elaine den Jungen nicht geschlagen und ihm den Sack entrissen hätte.

Ming hatte wieder auf das Kajütendach springen wollen, doch nach einem Blick beschloß er, seine Kräfte zu schonen, und kauerte sich statt dessen mit untergeschlagenen Pfoten auf das sanft schaukelnde Deck und schaute zu dem sich nähernden Strand hinüber. Jetzt konnte er Gitarrenmusik von dort hören. Die Stimmen seiner Herrin und des Mannes schwiegen jetzt. Für kurze Zeit war das Tuckern des Bootmotors das lauteste Geräusch. Dann hörte Ming die nackten Füße des Mannes die Kajütenstufen heraufkommen. Ming drehte den Kopf nicht, um ihn anzusehen, doch seine Ohren zuckten unwillkürlich ein wenig zurück. Ming sah zum Wasser, das nur einen Sprung weit von ihm entfernt war. Seltsamerweise war von dem Mann hinter ihm nichts zu hören. Mings Nackenhaare kribbelten, und Ming sah über die rechte Schulter zurück.

In diesem Moment beugte sich der Mann vor und stürzte sich mit ausgebreiteten Armen auf Ming.

Ming war sofort auf den Füßen und sauste genau auf den Mann zu, weil das auf dem geländerlosen Deck die einzig sichere Richtung war, und der Mann schwang den linken Arm und knuffte Ming gegen die Brust. Ming flog rückwärts. Seine Krallen schrammten über das Deck, doch seine Hinterbeine rutschten über die Kante. Ming hing mit den Vorderbeinen auf dem glatten Holz, das ihm wenig Halt bot, während er versuchte, sich mit den Hinterbeinen an der Seite des Boot hochzuziehen, die sich zu Mings Nachteil neigte.

Der Mann kam näher, um Mings Pfoten mit dem Fuß wegzuschieben, doch in diesem Moment kam Elaine die Kajütenstufen herauf.

„Was ist passiert? *Ming!*"

Mings kräftige Hinterbeine schoben ihn Stück für Stück auf das Deck. Der Mann hatte sich hingekniet, als ob er ihm helfen wollte. Elaine war auch auf die Knie gefallen und packte Ming jetzt im Nacken.

Ming kauerte sich entspannt aufs Deck. Sein Schwanz war naß.

„Er ging über Bord!" sagte Teddie. „Er ist wirklich ganz kaputt. Taumelte und fiel um, als das Boot kippte."

„Das ist die Sonne. Armer *Ming!*" Elaine brachte Ming zur Koje und sprach sanft mit ihm. Mings Herz schlug noch immer schnell. Er war auch jetzt noch auf der Hut vor dem Mann am Steuer, obwohl Elaine bei ihm war. Ming spürte, daß sie jetzt in die kleine Bucht hineinfuhren, in der sie immer von Bord gingen.

Hier waren die Freunde und Verbündete von Teddie, die Ming allesamt haßte, obwohl sie nur mexikanische Jungen waren. Zwei oder drei Jungen in Shorts riefen: „Señor Teddie!" und halfen Elaine auf den Kai herab, nahmen das Tau, das vorne am Boot befestigt war und erboten sich, „*Ming! – Ming!*" zu tragen. Ming sprang selbst auf den Kai, und während er auf Elaine wartete, duckte er sich sprungbereit, falls irgendeine andere Hand sich nach ihm ausstrecken sollte. Und es gab so viele braune Hände, die auf ihn zuschossen, daß Ming ständig fortspringen mußte. Es wurde gelacht, gerufen; da war das Geräusch nackter Füße auf den Holzbohlen. Aber da war auch die beruhigende Stimme von Elaine, die sie fernhielt. Ming wußte sie mit dem Tragen der

Kunststofftaschen und mit dem Verschließen der Kabinentür beschäftigt. Mit Hilfe eines mexikanischen Jungen zog Teddie gerade die Plane über die Kajüte. Und Ming lief direkt neben Elaines Füßen, die in Sandalen steckten, und folgte ihr, als sie ging. Ein Junge nahm Elaine die Lasten ab, die sie trug, so daß sie Ming hochhob.

Sie stiegen in den großen Wagen ohne Dach, der Teddie gehörte, und fuhren die kurvige Straße zu Elaines und Mings Haus hinauf. Einer der Jungen fuhr. Nun war der Ton, in dem Elaine und Teddie sprachen, ruhiger und weicher. Der Mann lachte. Ming saß angespannt auf dem Schoß seiner Herrin. Er konnte ihre Besorgnis um ihn an der Art erkennen, wie sie ihn streichelte und seinen Nacken berührte. Der Mann streckte die Hand aus, um Mings Rücken mit den Fingern zu berühren, und Ming gab ein tiefes Knurren von sich, das an- und abschwoll und tief in seinem Hals grollte.

„Na, na", sagte der Mann. Er tat amüsiert und nahm die Hand weg.

Elaines Stimme brach mitten in dem ab, was sie gerade sagte. Ming war müde und wollte nur noch ein Nickerchen auf dem großen Bett zuhause machen. Das Bett war mit einer rotweißgestreiften dünnen Wolldecke bedeckt.

Kaum hatte Ming daran gedacht, da war er schon in der kühlen, wohlriechenen Luft seines Heims und wurde sanft auf das Bett mit der weichen Wolldecke gelegt. Seine Herrin küßte seine Wange und sagte etwas, das das Wort hungrig enthielt. Ming verstand das natürlich. Er sollte ihr sagen, wenn er hungrig sei.

Ming döste und erwachte von dem Geräusch von Stimmen auf der Terrasse, die jenseits der offenen Glastüren ein paar Meter entfernt war. Es war jetzt dunkel. Ming konnte das eine Tischende sehen und erkannte an der Art des Lichts, daß Kerzen auf dem Tisch standen. Concha, das Dienstmädchen, das im Haus schlief, räumte den Tisch ab. Ming hörte ihre Stimme, dann die Stimmen von Elaine und dem Mann. Ming roch Zigarrenrauch. Ming sprang auf den Boden, blieb einen Moment sitzen und schaute von der Tür aus auf die Terrasse. Er gähnte, machte dann einen Buckel, streckte sich und lockerte seine Muskeln, indem er seine Krallen in den dicken Strohteppich grub. Dann schlüpfte er auf die rechte Seite der Terrasse hinaus und glitt lautlos über die breiten Steine der langen Treppe zum Garten hinunter. Der Garten war wie ein Dschungel oder ein Wald. Avocado- und Mangobäume waren so hoch wie die Terrasse, und Bougainvillae wuchsen an der Wand, Orchideen in den Bäumen und Magnolien und viele Kamelien, die Elaine gepflanzt hatte. Ming konnte Vögel in ihren Nestern zwitschern und rascheln hören. Manchmal war er schon in die Bäume zu ihren Nestern hinauf geklettert, doch heute hatte er keine Lust dazu, obwohl er nicht mehr müde war. Die Stimmen seiner Herrin und des Mannes störten ihn. Seine Herrin war dem Mann heute nacht nicht zugetan, das war offenkundig.

Concha war vielleicht noch in der Küche, und Ming beschloß, zu ihr zu gehen und sie um etwas Eßbares zu bitten. Concha mochte ihn. Ein Mädchen, daß ihn nicht leiden konnte, war von Elaine entlassen worden. Ming glaubte, daß er am liebsten gegrilltes Schweinefleisch hätte. Das hatten seine Herrin und der Mann heute abend gegessen. Vom Meer kam eine frische Brise, die Mings Fell leicht durcheinander wirbelte. Ming spürte, daß er sich von dem schrecklichen Erlebnis, fast ins Meer gefallen zu sein, ganz und gar erholt hatte.

Die Terrasse war jetzt leer. Ming ging nach links und zurück ins Schlafzimmer und spürte sofort, daß der Mann da war, obwohl kein Licht brannte und Ming ihn auch nicht sehen konnte. Wieder gab Ming unwillkürlich ein tiefes, an- und abschwellendes Knurren von sich und verharrte in der Stellung, in der er gewesen war, als er die Nähe des Mannes gefühlt hatte, mit für den nächsten Schritt ausgestreckter rechter Vorderpfote. Seine Ohren lagen jetzt

flach am Hinterkopf, und er war bereit, in jede Richtung zu springen, obwohl der Mann ihn nicht gesehen hatte.

„*Sch-scht!* Verdammt noch mal!" flüsterte der Mann. Er stampfte leicht mit dem Fuß auf, um die Katze zu verscheuchen.

Ming rührte sich nicht. Ming hörte das leichte Klirren der weißen Halskette, die seiner Herrin gehörte. Der Mann schob sie in seine Tasche, ging rechts an Ming vorbei und aus der Tür hinaus, die zum großen Wohnzimmer führte. Jetzt hörte Ming, wie eine Flasche klirrend gegen ein Glas stieß und Flüssigkeit eingegossen wurde. Ming ging durch die gleiche Tür und wandte sich nach links in Richtung Küche.

Hier miaute er und wurde von Elaine und Concha begrüßt. Concha hatte Musik in ihrem Radio angestellt.

„Fisch? – Schweinefleisch. Er möchte Schweinefleisch", sagte Elaine in der seltsamen Sprache, in der sie sich mit Concha immer unterhielt.

Er hatte ohne Schwierigkeiten mitteilen können, daß er Schweinefleisch wollte, und bekam es auch. Er machte sich mit Appetit darüber her. Concha rief „Ah-eee-ee!" als seine Herrin ausgiebig mit ihr sprach. Dann beugte sich Concha herunter und streichelte ihn, und Ming ertrug es und schaute so lange weiter auf seinen Teller herab, bis sie aufhörte und er weiteressen konnte. Dann verließ Elaine die Küche. Concha goß ihm noch etwas Dosenmilch, die er liebte, in seine jetzt leere Schüssel ein, und Ming schleckte sie auf. Dann rieb er sich zum Dank an ihrem nackten Bein, verließ die Küche und machte sich vorsichtig durch das Schlafzimmer auf den Weg ins Wohnzimmer. Doch jetzt waren Elaine und der Mann draußen auf der Terrasse. Ming hatte gerade das Schlafzimmer betreten, als er Elaine rufen hörte: „Ming? Wo bist du?"

Ming ging zur Terrassentür, hielt inne und setzte sich auf die Schwelle.

Elaine saß seitlich am Tischende, und das Kerzenlicht glänzte auf ihrem langen blonden Haar und dem Weiß ihrer Hose. Sie klopfte auf ihre Oberschenkel, und Ming sprang auf ihren Schoß.

Der Mann sagte leise etwas nichts sehr Nettes.

Elaine antwortete ihm im gleichen Ton. Doch sie lachte ein wenig.

Dann klingelte das Telefon.

Elaine setzte Ming herunter und ging zum Telefon im Wohnzimmer.

Der Mann trank sein Glas aus, murmelte etwas in Mings Richtung und stellte das Glas auf dem Tisch ab. Er stand auf und versuchte, Ming in die Enge zu treiben oder zum Rand der Terrasse, wie Ming bemerkte, und Ming bemerkte auch, daß der Mann betrunken war – deshalb bewegte er sich auch langsam und ein wenig unbeholfen. Die Terrasse hatte ein Geländer, das dem Mann ungefähr bis zu den Hüften reichte, doch sein Gitter war an drei Stellen zerbrochen, ein Gitter aus Stäben, die genügend weit voneinander entfernt waren, so daß Ming hindurch schlüpften konnte, was Ming jedoch niemals tat, sondern nur manchmal hindurchschaute. Ming war klar, daß der Mann ihn durch eines der Gitter treiben oder ihn packen und über das Geländer werfen wollte. Nichts war leichter für Ming, als ihm auszuweichen. Dann nahm der Mann einen Stuhl, schwang ihn plötzlich und traf Ming damit an der Hüfte. Das war schnell gewesen und tat weh. Ming nahm den nächsten Ausweg, nämlich die Stufen, die in den Garten hinunterführten.

Der Mann folgte ihm die Stufen hinunter. Ohne zu zögern schoß Ming die paar Stufen, die er gerade heruntergestiegen war, wieder hinauf und hielt sich dabei dicht an der im Schatten liegenden Wand. Ming wußte, daß der Mann ihn nicht gesehen hatte. Ming sprang auf das Terrassengeländer, setzte sich und leckte einmal über eine Pfote, um sich zu fassen. Sein Herz schlug so schnell, als wäre er mitten in einem Kampf. Und Haß rann durch seine Adern. Haß brannte auch in seinen Augen, als er sich duckte und lauschte, wie der Mann unsicher die Stufen unter ihm wieder heraufkam. Der Mann tauchte auf.

Ming spannte sich zum Sprung an, stieß sich dann, so heftig er konnte, ab und landete mit allen vier Füßen auf dem rechten Arm des Mannes kurz unter dessen Schulter. Ming krallte sich im Stoff seines weißen Jacketts fest, doch sie fielen beide. Der Mann stöhnte. Doch Ming ließ nicht los. Zweige krachten. Ming wußte nicht, wo oben und unten war. Ming sprang von dem Mann herunter, erkannte zu spät die Richtung und den Boden und kam auf der Seite auf. Fast gleichzeitig hörte er den dumpfen Aufschlag, als der Mann zu Boden fiel und sein Körper noch ein wenig weiterrollte. Dann war Stille. Ming mußte solange mit offenem Mund schnell atmen, bis der Schmerz in seiner Brust verging. Aus der Richtung des Mannes konnte er Alkoholdunst, Zigarrenrauch und den scharfen Geruch der Angst riechen. Der Mann bewegte sich jedoch nicht.

Jetzt konnte Ming ganz gut sehen. Der Mond schien sogar ein wenig. Ming ging wieder zu den Stufen zurück und mußte einen langen Weg durch den Busch, über Steine und Sand zurücklegen, bis die Stufen begannen. Dann glitt er hinauf und erreichte die Terrasse wieder.

Eben trat Elaine auf die Terrasse.

„Teddie?" rief sie. Dann kehrte sie ins Schlafzimmer zurück und schaltete eine Lampe an. Sie ging in die Küche. Ming folgte ihr. Concha hatte das Licht angelassen, doch Concha war jetzt in ihrem Zimmer, in dem das Radio spielte.

Elaine öffnete die Haustür.

Der Wagen des Mannes stand noch in der Einfahrt, wie Ming sah. Jetzt fing Mings Hüfte an zu schmerzen, oder vielleicht spürte er den Schmerz erst jetzt. Er mußte ein wenig hinken. Elaine sah es, berührte seinen Rücken und fragte, was los sei. Ming schnurrte nur.

„Teddie? – Wo bist du?" rief Elaine.

Sie nahm eine Taschenlampe und leuchtete in den Garten hinunter, zwischen die großen Stämme der Avocadobäume, zwischen die Orchideen und die rosa Blüten der Bougainvillae. Ming saß sicher hinter ihr auf dem Terrassengeländer, folgte mit seinem Blick dem Lichtstrahl der Taschenlampe und schnurrte zufrieden. Hier unten war der Mann nicht, sondern unten rechts. Elaine ging vorsichtig zu den Terrassenstufen, weil es dort keinen Handlauf gab, sondern nur breite Stufen, und sie leuchtete mit dem Lichtstrahl nach unten. Ming sah gar nicht mehr hin. Er saß dort auf der Terrasse, wo die Stufen begannen.

„Teddie"! sagte sie. „*Teddie!*" Dann rannte sie die Stufen hinunter.

Ming folgte ihr noch immer nicht. Er hörte, wie sie nach Luft schnappte. Dann schrie sie: „*Concha!*"

Elaine rannte die Stufen wieder hinauf.

Concha kam aus ihrem Zimmer. Elaine sprach mit Concha. Dann regte Concha sich auf. Elaine ging zum Telefon und sprach kurz, dann gingen sie und Concha zusammen die Stufen hinunter. Ming ließ sich mit untergeschlagenen Pfoten auf der Terrasse nieder, die noch leicht erwärmt war von der Sonne des Tages. Ein Wagen kam. Elaine kam die Stufen hoch und öffnete die Haustür. Ming hielt sich in einer schattigen Ecke der Terrasse abseits, als drei oder vier fremde Männer auf die Terrasse kamen und die Stufen hinuntertrampelten. Dort unten gab es ein großes Palaver, Geräusche von Füßen, knackenden Büschen, und dann stieg ihrer aller Geruch die Stufen hinauf, Tabak, Schweiß und der vertraute Geruch von Blut. Blut des Mannes. Ming freute sich darüber so, wie er sich freute, wenn er einen Vogel getötet hatte und diesen Blutgeruch unter seinen eigenen Zähnen spürte. Das hier war eine große Beute. Unbemerkt von den anderen stand Ming zu voller Größe aufgerichtet da, als die Gruppe mit dem Leichnam vorbeiging, und er sog das Aroma seines Sieges mit erhobener Nase ein.

Dann war das Haus plötzlich leer. Alle waren fort, selbst Concha. Ming trank ein wenig Wasser aus seiner Schale in der Küche, dann ging er zum Bett seiner Herrin, rollte sich an der Schräge des Kissens zusammen und schlief fest ein. Er erwachte von dem rr-rr-r eines unbekannten Autos. Dann öffnete sich die Tür, und er erkannte erst Elaines Schritt und dann Conchas. Ming blieb, wo er war. Elaine und Concha unterhielten sich ein paar Minuten lang leise. Dann kam Elaine ins Schlafzimmer. Die Lampe brannte noch. Ming sah zu, wie sie langsam den Kasten auf ihrer Frisierkommode öffnete und die weiße Kette mit leisem Klirren hineinfallen ließ. Dann schloß sie den Kasten. Sie begann, ihr Hemd aufzuknöpfen, doch bevor sie damit fertig war, warf sie sich aufs Bett und streichelte über Mings Kopf, hob seine linke Pfote und drückte sie ganz sanft, bis die Krallen hervorkamen.

„Oh, Ming – Ming", sagte sie.

Ming erkannte die Klänge der Liebe.

Dick Bakers Katze

Mark Twain

Einer meiner Gefährten dort – auch ein Opfer von achtzehn Jahren unvergüteter Plackerei und zerstörter Hoffnungen – war einer der sanftesten Menschen, die jemals in beschwerlicher Verbannung still ihr Kreuz getragen haben; der ernste und einfache Dick Baker, Goldnestersucher von Dead-Horse Gulch. Er war sechsundvierzig, grau wie eine Ratte, aufrichtig, nachdenklich, dürftig ausgebildet, nachlässig gekleidet und lehmverschmiert, doch sein Herz war aus edlerem Metall als das Gold, das seine Schaufel jemals zutage gebracht hatte – ja sogar edler als alles Gold, das je gefördert oder zu Münzen geprägt wurde.

Immer wenn das Glück ihn verlassen hatte oder er ein wenig bedrückt war, begann er über den Verlust einer wunderbaren Katze zu klagen, die er einst besessen hatte (denn wenn sie keine Frauen und Kinder um sich haben, nehmen sich gutartige Männer gern Haustiere, weil sie irgend etwas lieben müssen). Und er berichtete immer von dem seltsamen Scharfsinn dieser Katze mit der Miene eines Mannes, der fest daran glaubte, daß sie etwas Menschliches an sich gehabt hatte – vielleicht sogar etwas Übernatürliches.

Einmal hörte ich ihn über dieses Tier sprechen. Er sagte:

„Meine Herren, ich hatt hier mal 'ne Katze mit Namen Tom Quarz, für die Se sich bestimmt int'ressiert hättn – die meistn hättn das. Ich hatt sie acht Jahre lang hier – un's war die tollste Katze, die mir je untergekommn is'. 'S war'n großer grauer Kater mit mehr Herz un Verstand als jeda im Camp – un'ne Würde, daß ihm nich mal d' Gouverneur von Kalifornien plump-vertraulich hätt kommn könnn. Nie in seinm Leben 'ne Ratte gefangn – stand er weit drüber. Hatt kein anners Int'resse als die Goldsuche. Wußte mehr übers

Goldsuchn als jeda annere, den ich kenn. *Ihm* konnte man nix übers Graben nach Seifenerz erzähln – für die Suche nach Goldnestern einfach geboren. Grub nach mir un' Jim, wenn wir auf'n Hügeln schürften, un trottete sogar fünf Meiln hinner uns her, wenn wir so weit gingn. Wußte auch am bestn über'n Boden Bescheid – na, sowas ham Se noch nich gesehn. Wenn wir midde Arbeit anfingn, warf er'n Blick in'e Runde, un wenn ihm nich gefiel, was er sah, sah er uns an, als wollt' er sagn: „Mich entschuldigt mal" – un ohne'n weitern Ton hat er die Nase in'e Luft gestreckt un is' nach Haus verschwundn. Doch wenn ihm d' Bodn gefiel, hat er so lang ruhig g'wartet, bis d' erste Pfanne gewaschn war. Dann kam anmarschiert un warf'n Blick drauf, un wenn er da sechs oder siebn Goldkörna sah, war er zufriedn – mehr wollt' er nich – un dann legt'r sich auf unsre Mäntel un schnarchte wie'n Dampfschiff, bis wir das Goldnest gefundn hattn. Dann stand er auf un überwachte alles. Da war er einsame Spitze drin.

Na, un dann gab's nach un nach ja dies Quarz-Fieber. Alle hattn's – jeda hackte un sprengte, statt weita Dreck am Hügel zu schaufeln – un jeda bohrte 'nen Schacht, statt weiter über Tage rumzukratz'n. Jim wollt' nich zurückstehn un es auch mal mit Adern versuchn, also machtn wir's. Wir ham dann 'nen Schacht gemacht, un Tom Quarz wunderte sich, was zum Teufel das bedeutn sollte. So'n Abbau hatt'r ja noch nie gesehn un war ehrlich ganz durcheinander, konnt nix davon verstehn – war wohl zu hoch für *ihn*. Er konnt's nicht leidn, drauf können Se wettn – er konnt's überhaupt nicht leidn – un hielt's bestimmt immer für'n größtn Blödsinn. Doch dieser Kater war ja schon *immer* gegn neumodischn Kram – irgendwie konnt' er den nich' ausstehn. *Se* wissen ja, wie's mit 'n altn Gewohnheitn is'. Doch mit der Zeit hat sich Tom Quarz doch 'n bißchen abgefundn damit, obwohl er nie ganz verstehn konnt, warum dauernd Schächte gegrabn un kein Auswaschn mehr gemacht wurde. Irgendwann is' er selbst in'n Schacht runtergegangn, um der Sache auf'n Grund zu kommn. Un wenn ihm mal de Petersilie verhagelt un er geknickt war un stinkig un wütend – weil er ja wußte, daß nix als Rechnung'n kamn un wir kein Cent kriegt'n, – dann hat sich in eine Ecke auf'n Jutesack verkrümelt un geschlafen. Als nun de Schacht eines Tags ungefähr vier Meter tief war, wurde der Fels so hart, daß wir sprengn mußtn – das erste Mal in Tom Quarz' Lebn. Un dann habn wir de Lunte angemacht, sin rausgekrochn un gut zwanzig Meter wech – un habn Tom Quarz vergessn un auf'm Jutesack fest schlafn lassn. Nach ungefähr 'ner Minute sehn wir 'ne Rauchwolke aus'm

Loch aufsteign, un dann ging alles mit 'nem schrecklichn Knall hoch, un ungefähr vier Million'n Tonn'n Gestein un Erde un Rauch un Splitter sind zwei, drei Kilometer in'e Luft geflogn, un, Mann, genau mittendrin der alte Tom Quarz! Der dreht sich wie'n verrückter Brummkreisel un prustete un nieste un schlug um sich, weil er was zum Festklammern suchte. Das hat alles nix gebracht, verstehn Se, es bracht alles nix. Un dann war er ungefähr zweieinhalb Minutn lang weg un dann hat's plötzlich Felsbrockn un Dreck gehagelt, un er kam zirka fünf Meter von uns entfernt runter. Na, un der sah ja wohl aus wie de schrecklichste Biest, das Se je gesehn ham. Das eine Ohr ans Genick gepreßt, den Schwanz verdreht un die Wimpern weggebrannt, un schwarz von Pulver un Rauch un über un über dreckig. Also, Sir, da half auch kein entschuldign – uns hat's die Sprache verschlagn. Mit so'm entsetzten Blick hat er sich angesehn, un dann uns – un es war, als hätt er sagn wolln: „Na, vielleicht findet *ihr's* ja komisch, sowas mit 'ner Katze zu machn, die nix vom Quarz versteht, aber da hab' ich meine *eigene* Meinung!" Un dann machte er kehrt un zog nach Hause ab, ohne noch was zu sagen.

So war er eben. Un Se werden's vielleicht nich glauben, aber seither war er so was von gegn'n Quarzabbau, das konnt sich sehen lassn. Un wie er dann nach un nach wieder in'n Schacht runter *is*, hätten Se über seine Schlauheit gestaunt. Kaum wollt'n wir 'ne Sprengung loslassn un die Lunte fing an zu zischn, sah er aus, als ob er sagn wollte: ‚*Mich* entschuldigt jetzt mal", un ist aus'm Loch geschossn un drauß'n auf'n Baum. Schlauheit! So kann man das nich nenn'n. Das war schon wie 'ne Erleuchtung!"

Ich sagte: „Nun, Mr. Baker, sein Vorurteil gegen den Quarzabbau war schon sehr erstaunlich, wenn man bedenkt, wie er dazu gekommen ist. Konnten Sie ihn denn nicht davon abbringen?"

„*Abbringn?* Nee! Wenn Tom mal gegn was war, dann blieb er für *immer* dagegn – un wenn Se'n dreimillionenmal in'e Luft gesprengt hättn, hättn Se sein verfluchtes Vorurteil gegn'n Quarzabbau nicht aus ihm rausgebracht."

Kater Calvin

Charles Dudley Warner

Calvin ist tot. Sein Leben, das für ihn lang, für uns andere jedoch kurz war, hat keine aufsehenerregenden Abenteuer aufzuweisen, doch sein Wesen war so ungewöhnlich und seine Fähigkeiten so nachahmenswert, daß mich diejenigen, die ihn persönlich kannten, gebeten haben, meine Erinnerungen an seinen Werdegang aufzuzeichnen.

Seine Herkunft und Abstammung blieben immer ein Geheimnis; selbst über sein Alter konnte man nur Mutmaßungen anstellen. Obwohl er eine Malteser-Katze war, habe ich doch Grund zu der Annahme, daß er ein gebürtiger Amerikaner war, der er sicherlich aus Sympathie auch war. Ich bekam Calvin vor acht Jahren von Mrs. Stowe, die auch nichts über sein Alter und seine Herkunft wußte. Er marschierte eines Tages einfach in ihr Haus und wurde sofort heimisch, als wäre er immer ein Freund der Familie gewesen. Er schien über künstlerischen und literarischen Geschmack zu verfügen, und es war fast so, als hätte er an der Tür angefragt, ob dort die Autorin von *Onkel Toms Hütte* wohnte, und als man das bejahte, beschlossen, sich dort niederzulassen. Das ist natürlich bei weitem übertrieben, da sein Vorleben völlig unbekannt war, doch zu seiner Zeit gab es ja kaum einen Haushalt, in dem er nicht über *Onkel Toms Hütte* hatte sprechen hören.

Als er zu Mrs. Stowe kam, war er so groß wie eh und je und offensichtlich auch so alt, wie er wurde. Und doch hatte er keine Alterserscheinungen. Er war im Vollbesitz all seiner Kräfte, und man hätte sogar sagen können, daß er das Geheimnis ewiger Jugend entdeckt hatte. Weder konnte man sich vorstellen, daß er jemals altern würde, noch daß er jemals jung gewesen war. Er hatte etwas geheimnisvoll Ewiges an sich.

Als Mrs. Stowe nach ein paar Jahren ihre Winter in Florida verbrachte, kam Calvin zu uns. Vom ersten Moment an paßte er sich den Gepflogenheiten des Haushalts an und erwarb sich eine beachtete Stellung in der Familie – beachtet deshalb, weil Besucher immer nach ihm fragten und er von anderen Mitgliedern der Familie in Briefen immer einen Gruß erhielt, sobald man ihn kennengelernt hatte. Obwohl er das unaufdringlichste Geschöpf war, war seine Einzigartigkeit doch immer spürbar.

Seine persönliche Erscheinung war entsprechend, denn er war von königlicher Gestalt und strahlte etwas Vornehmes aus. Er war groß, doch er hatte nicht die fette Plumpheit der berühmten Angora-Familie; obwohl er kräftig war, war er äußerst wohlproportioniert und so elegant in all seinen Bewegungen wie ein junger Leopard. Wenn er sich aufrichtete, um eine Tür zu öffnen – er öffnete alle Türen, die altmodische Riegel hatten –, war er ungeheuer groß, und wenn er sich auf dem Teppich vor dem Kamin ausstreckte, schien er überirdisch lang zu sein – was er ja auch war. Er hatte das feinste und weichste Fell, das ich je gesehen habe und das von einer ruhigen Malteser-Schattierung war; und vom Hals abwärts, über seine Unterseite und bis zu den weißen Spitzen seiner Füße trug er den weißesten und herrlichsten Hermelin; und niemand war jemals reinlicher als er. Seinem fein geformten Kopf sah man sein aristokratisches Wesen an; die Ohren waren klein und makellos geschnitten, seine Nasenlöcher hatten einen Hauch von rosa, sein Gesicht war hübsch und sein Ausdruck äußerst intelligent – ich würde ihn sogar süß nennen, wenn diese Bezeichnung nicht unvereinbar wäre mit seinem Ausdruck von Wachheit und Scharfsinn.

Es ist schwierig, eine angemessene Vorstellung von seiner Fröhlichkeit in Verbindung mit seiner Würde und Vornehmheit zu vermitteln, die sein Name schon ausdrückt. Da wir nichts von seiner Familie wissen, versteht es sich natürlich von selbst, daß Calvin sein Vorname war. Er hatte entspannte Zeiten extremer Spielfreude, in denen er sich an einem Wollknäuel erfreute, sportlich Bänder auffing, wenn seine Herrin ihre Toilette machte, und ausgelassen seinen Schwanz jagte, wenn sich nichts Besseres fand. Stundenweise konnte er sich selbst beschäftigen, und er machte sich nichts aus Kindern; vielleicht erinnerte er sich an etwas aus seiner Vergangenheit. Er besaß überhaupt keine schlechten Angewohnheiten und hatte ein perfektes Wesen. Nie erlebte ich ihn wirklich wütend, obwohl ich gesehen habe, daß sein Schwanz zu enormer Größe anwuchs, wenn eine fremde Katze auf seinem Rasen auftauchte. Er haßte Katzen, die er offensichtlich für falsch und hinterhältig hielt, und er pflegte keinen Umgang mit ihnen. Gelegentlich hörte man ein Nachtkonzert im Gebüsch. Calvin bat dann darum, daß man ihm die Tür öffnete, und dann konnte man ein Geschrei und ein „pestzt" hören, und das Konzert explodierte, und Calvin kam wieder ruhig herein und nahm seinen Platz am Kamin ein. Er zeigte keine Spur von Ärger, doch solche Sachen wollte er nicht in Hausnähe haben.

Er war von seltenem Großmut. Obwohl er feste Vorstellungen von seinen eigenen Rechten hatte und sie außergewöhnlich hartnäckig verteidigte, war er nie wütend über eine Zurückweisung; er beharrte so lange einfach und fest darauf, bis er bekam, was er wollte. Seine Nahrung war ein besonderer Punkt; er hielt es damit wie die Gelehrten mit den Lexika – er „wollte nur das Beste".

Wie jeder andere wußte er genau, was im Haus war, und lehnte Rindfleisch ab, wenn Truthahn zu haben war; und wenn Austern da waren, wartete er bei dem Truthahn erst einmal ab, um herauszufinden, ob die Austern nicht doch serviert wurden. Und dennoch war er kein großer Schlemmer; er aß auch Brot, wenn er sah, daß ich es aß, und das, obwohl man es ihm nicht aufdrängen konnte. Er hatte auch kultivierte Eßgewohnheiten; nie benutzte er ein Messer, und er hob die Hand und zog die Gabel so würdevoll zu seinem Mund herab wie ein Erwachsener. Wenn es nicht unbedingt nötig war, aß er nicht in der Küche, sondern bestand darauf, seine Mahlzeiten im Eßzimmer einzunehmen, und wartete geduldig, wenn kein Fremder anwesend war; denn dann bettelte er den Besucher in der Hoffnung an, daß der keine Ahnung von den Hausregeln hatte und ihm etwas gab. Sie behaupteten, daß er als Tischtuch auf dem Boden eine bestimmte, bekannte Kirchenzeitung bevorzugte; doch das wurde von einem Mitglied der Episkopalkirche behauptet.

Soweit ich weiß, hatte er keine religiösen Vorurteile, außer daß er mit Katholiken nichts zu tun haben wollte. Er tolerierte die Angestellten, weil sie zum Haus gehörten, und hielt sich auch manchmal in der Nähe des Küchenherds auf; doch sobald Besucher kamen, stand er auf, öffnete die Tür und marschierte in den Salon. Dennoch liebte er die Gesellschaft seinesgleichen und zog sich nie zurück, wieviele Besucher – die er als ebenbürtig erkannte – auch immer in den Salon kommen mochten. Calvin hatte gern Gesellschaft, doch er wollte sie sich selbst aussuchen; und ich habe keinen Zweifel daran, daß er eher ein aristokratisch anspruchsvolles Wesen hatte als ein gläubiges. So ist es ja mit den meisten Menschen.

Calvins Intelligenz war, gemessen an seinem Lebensstatus, geradezu phänomenal. Er entwickelte eine Methode, um seine Wünsche und sogar einige seiner Gefühle mitzuteilen; und er konnte sich bei vielen Dingen selbst helfen. Es gab einen Ofenschieber in einem abgelegenen Zimmer, in das er sich zurückzog, wenn er allein sein wollte, und den öffnete er immer, wenn er es wärmer haben wollte; doch er schloß ihn nie, genauso, wie er auch nicht die Tür hinter sich schloß. Er konnte fast alles außer Sprechen; und man hätte manchmal sagen können, daß man auf seinem intelligenten Gesicht ein mitleiderregendes Verlangen danach erkennen konnte. Ich habe nicht die Absicht, seine Fähigkeiten zu übertreiben, doch wenn es eine Sache bei ihm gab, die über alle anderen herausragte, dann war es seine Liebe zur Natur. Er konnte stundenlang zufrieden an einem niedrigen Fenster sitzen und auf den Hohlweg schauen und zu den großen Bäumen hinüber, wobei er dabei auch die kleinste Bewegung wahrnahm; vor allem liebte er es, mich durch den Garten zu begleiten, den Vögeln zu lauschen, den Duft der frischen Erde einzuatmen und sich an der Sonne zu erfreuen. Er folgte mir und machte Luftsprünge wie ein Hund, rollte sich auf dem Rasen herum und zeigte seine Freude auf hundertfache Weise. Wenn ich arbeitete, saß er neben mir und beobachtete mich, oder er sah über den Bach und horchte mit gespitzten Ohren auf das Zwitschern in den Kirschbäumen. Wenn es stürmte, saß er gern am Fenster und beobachtete genau den Regen oder Schnee, indem er hinaufsah und das Herabfallen verfolgte; und ein Wintergewitter entzückte ihn immer.

Ich glaube, er liebte Vögel aufrichtig, doch, so weit ich weiß, hat er sich normalerweise auf einen am Tag beschränkt; er tötete nicht, wie es manche Sportsmänner tun, um des Tötens willen, sondern nur so wie zivilisierte Menschen – aus Notwendigkeit. Mit den Flughörnchen, die in der Kastanie lebten, war er vertraut – zu vertraut, denn im Sommer brachte er fast jeden Tag eines mit hinein, bis er sie fast entmutigt hatte. Er war wirklich ein ganz vorzüglicher Jäger, und er wäre dabei ein wüster Jäger gewesen, wenn sein Hang zur Zerstörung nicht durch seinen Hang zur Mäßigkeit ausgeglichen worden wäre. Er hatte sehr wenig von der Brutalität der niederen Tiere in sich; ich glaube nicht, daß er Ratten um ihrer selbst mochte, doch er kannte seine Aufgabe, und in den ersten Monaten seines Aufenthalts bei uns führte er einen schrecklichen Feldzug gegen die Horde, und danach reichte seine bloße Anwesenheit schon, sie vom Grundstück fernzuhalten. Mäuse amüsierten ihn, doch normalerweise waren sie für ihn eine zu kleine Beute, als daß er sie ernstnehmen konnte; ich habe gesehen, wie er eine Stunde lang mit einer Maus spielte und sie dann mit königlicher Gönnerhaftigkeit ziehen ließ. In dieser ganzen Angelegenheit „sich den Unterhalt zu verdienen" unterschied sich Calvin sehr von der Habgier der Zeit, in der er lebte.

Ich zögere, von seiner Fähigkeit zu Freundschaft und Zärtlichkeit zu sprechen, da ich von seiner Zurückhaltung her weiß, daß ihm nicht sehr daran gelegen wäre, wenn man darüber viel Aufhebens machte. Wir verstanden uns perfekt, doch wir haben niemals viel Gewese darum gemacht; wenn ich seinen Namen aussprach und mit den Fingern schnipste, kam er zu mir; wenn ich nachts nach Hause kam, wartete er mit Sicherheit am Tor auf mich, erhob sich und schlenderte den Weg entlang, als sei er rein zufällig dort gewesen – soviel Hemmungen hatte er, seine Gefühle zu zeigen; und wenn ich die Tür öffnete, rannte er nicht wie eine Katze hinein, sondern trödelte und bummelte, als hätte er gar nicht die Absicht, hineinzugehen, sondern ließe sich nur dazu herab. Tatsache war jedoch, daß er genau wußte, daß das Abendessen fertig war und er dort sein mußte. Er hielt sich an die Routine des Abendessens. Während unserer Abwesenheit im Sommer geschah es manchmal, daß früh zu Abend gegessen wurde und Calvin, der auf dem Grundstück herumwanderte, es verpaßte und zu spät kam. Doch er machte einen Fehler nie am nächsten Tag noch einmal. Es gab etwas, was er auch nie tat – er sauste nie durch eine offene Tür. Nie vergaß er seine Würde. Wenn er sich die Tür hatte öffnen lassen und dringend hinauswollte, ging er immer gemächlich hinaus; ich sehe ihn noch auf der Schwelle stehen und zum Himmel hinaufschauen, als ob er sich fragte, ob man einen Schirm mitnehmen sollte, bis man ihm fast den Schwanz einklemmte.

Seine Freundschaft war eher beständig als demonstrativ. Als wir nach einer Abwesenheit von fast zwei Jahren zurückkehrten, begrüßte uns Calvin mit offenkundiger Freude, doch er zeigte seine Zufriedenheit mit ruhigem Glück, weniger mit überschäumender Begeisterung. Er konnte uns das Gefühl vermitteln, daß wir froh waren, nach Hause zu kommen. Seine Beständigkeit war so reizvoll. Er liebte Gesellschaft, doch er wollte nicht gehätschelt oder bemuttert werden oder auf jedermanns Schoß sitzen; immer entzog er sich derartiger Vertraulichkeit würdevoll und ohne viel Getue. Wenn schon gezärtelt werden sollte, dann übernahm er das lieber selbst. Oft saß er da und sah mich an, und dann kam er in einer Anwandlung von sanfter Zuneigung zu mir, zog an meiner Jacke und am Revers, bis er mein Gesicht mit seiner Nase berühren konnte. Dann ging er zufrieden davon. Er kam gewöhnlich morgens in mein Arbeitszimmer und saß stundenlang still neben mir oder auf dem Tisch und sah zu, wie die Schreibfeder über das Papier glitt, und schwang seinen Schwanz gelegentlich als Tintenlöscher herum und schlief dann mitten zwischen den Papieren neben dem Tintenfaß ein. Sehr viel seltener verfolgte er das Schreiben von dem Hochsitz auf meiner Schulter aus. Das Schreiben interessierte ihn immer, und als er es begriffen hatte, wollte er den Federhalter halten.

Er wahrte immer einen gewissen Abstand zu seinem Freund, als ob er sagten wollte: „Wir sollten uns gegenseitig respektieren, aber die Freundschaft nicht verderben." Wie Emerson erkannte er das Risiko, sie zu einer banalen Bequemlichkeit herabzuwürdigen. „Warum auf übereilten Freundschaften bestehen. Dieses ständige Anfassen und Knuddeln kann man doch unterlassen." Trotzdem möchte ich nicht einen unfairen Eindruck seiner Zurückhaltung und seines feinen Sinns für die Heiligkeit des Ich und des Nicht-Ichs erwecken. Und auf die Gefahr hin, daß man mir nicht glaubt, möchte ich von einem Vorfall berichten, der oft erzählt wurde. Calvin hatte die Angewohnheit, einen Teil der Nacht in stiller Betrachtung ihrer Schönheiten zu verbringen und danach, Sommers wie Winters, über das Dach des Wintergartens in unser Zimmer zu kommen und an meinem Fußende zu schlafen. Er machte es immer auf die gleiche Weise; nie jedoch blieb er im Zimmer, wenn wir ihn dazu zwangen, nach oben und durch die Tür zu gehen. Er hatte die Hartnäckigkeit von General Grant. Doch das nur nebenbei. Morgens machte er seine Toilette und ging dann hinunter, um mit dem Rest der Familie zu frühstücken. Wenn die Hausherrin nicht da war – und zu keiner anderen Zeit – kam Calvin, wenn der Wecker klingelte, zum Kopfende, hob die Füße und sah mir ins Gesicht, folgte mir, wenn ich aufstand, „half" mir beim Ankleiden und zeigte mir mit viel Geschnurre seine Zuneigung, als hätte er einfach gesagt: „Ich weiß, daß sie fort ist, aber ich bin ja hier." So war Calvin in seltenen Momenten.

Er hatte seine Grenzen. So sehr er die Natur liebte, so wenig empfänglich war er für die Kunst. Frémiet schickte ihm einmal einen schönen und sehr ausdrucksvollen Katzenkopf aus Bronze. Ich stellte ihn auf den Boden. Er betrachtete ihn eingehend, näherte sich ihm vorsichtig und geduckt, berührte ihn mit der Nase, erkannte den Schwindel, drehte sich abrupt weg und nahm nie wieder Notiz davon.

Insgesamt gesehen war sein Leben nicht nur sehr erfolgreich, sondern auch glücklich. Soweit ich weiß, fürchtete er nur eins: Er hatte eine schreckliche und verständliche Angst vor Installateuren. Nie blieb er im Haus, wenn einer da war. Kein gutes Zureden konnte ihn beruhigen. Natürlich teilte er nicht unsere Angst vor ihren Rechnungen, sondern muß eine schreckliche Erfahrung mit ihnen in dem uns verschlossenen Abschnitt seines Lebens gemacht haben. Ein Installateur war für ihn gleichbedeutend mit dem Teufel, und ich bin mir ganz sicher, daß ihm, seinem Verständnis nach, von Installateuren Gefahr drohte.

Was seinen Wert angeht, so habe ich nie daran gedacht, Calvin mit weltlichen Maßstäben zu bewerten. Ich weiß, daß es heute üblich ist, nach dem Wert eines Verstorbenen zu fragen, und daß eine Todesanzeige in der Zeitung ohne eine derartige Einschätzung nicht als vollständig angesehen wird. Die Installateure, die sich in unserem Haus aufhielten, hörte man eines Tages sagen, daß „Sie sagten, daß sie sagte, daß er sagte, daß er keine 100 Dollar für ihn nehmen würde." Ich muß nicht betonen, daß ich nie eine derartige Bemerkung gemacht habe und es bei Calvin nie um einen Kauf gegen Geld gegangen ist.

Wenn ich zurückblicke, dann scheint mir Calvins Leben deshalb glücklich gewesen zu sein, weil es natürlich und ungezwungen war. Er aß, wenn er hungrig war, schlief, wenn er müde war, und genoß sein Dasein bis zu den Spitzen seiner Zehen und bis zum Ende seines ausdrucksvollen und sich langsam bewegenden Schwanzes. Freudig durchforschte er den Garten, schlenderte zwischen den Bäumen umher und lag im grünen Gras, um des Sommers Süße zu genießen. Niemals konnte man ihm Faulheit vorwerfen, und doch kannte er das Geheimnis der Gelassenheit. Der Dichter, der so schön über ihn schrieb, daß sein kleines Leben mit einem Schlaf abgerundet worden sei, untertrieb das viele Glück, das sein Leben abrundete. Sein Gewissen schien nie seinen Schlummer zu beeinträchtigen. Er hatte wirklich ein gutes Benehmen und einen zufriedenen Geist. Ich sehe noch, wie er ins Arbeitszimmer kam, sich neben meinen Stuhl setzte, seinen Schwanz kunstvoll um die Füße schlang und mit dem Ausdruck unbeschreiblichem Glücks zu mir aufsah.

Ich glaubte oft, daß er die dumme Begrenzung spürte, die ihm die Sprachfähigkeit verwehrte. Doch da er nicht zu sprechen vermochte, verachtete er die unartikulierten Laute niedererer Tiere. Das vulgäre Miauen und Jaulen der Katzenspezies war unter seiner Würde; er stieß mitunter eine Art artikulierten und vornehmen Seufzer aus, wenn er die Aufmerksamkeit auf etwas lenken wollte, das er für bemerkenswert hielt, und auf etwas, das er wünschte, doch niemals jammerte er dabei. Er saß stundenlang ohne einen Muckser an einem geschlossenen Fenster, wenn er hereinwollte, und wenn es geöffnete wurde, gab er niemals zu, ungeduldig gewesen zu sein, indem er „hereinstürmte". Obwohl er nicht sprechen konnte und die unangenehmen Laute seiner Rasse nicht verwendete, konnte er doch mit einem kräftigen Schnurren seine unermeßliche Zufriedenheit über die angenehme Gesellschaft ausdrücken. Er verfügte über eine melodische Orgel mit Tönen verschiedenster Stärke und differenziertem Ausdruck, mit der er zweifellos Scarlattis berühmte Katzenfuge hätte spielen können.

Ob Calvin an Altersschwäche starb oder von einer der Krankheiten dahingerafft wurde, die im jugendlichen Alter auftreten, ist unmöglich zu sagen;

denn sein Hinscheiden war genauso mysteriös wie sein Auftauchen. Ich weiß nur, daß er sich uns Hinterbliebenen in perfekter Gestalt und Schönheit präsentierte, auch nachdem er sich – wie Lohengrin – zurückgezogen hatte. In seinem Kranksein gab es so wenig zu bedauern wie in seinem gesamten untadeligen Leben. Ich denke, daß es nie eine Krankheit mit mehr Würde und Süße und Resignation gab. Sie begann schleichend mit einer Art Apathie und

Appetitlosigkeit. Ein alarmierendes Zeichen war, daß er die Ofenwärme dem lebendigen Funkeln des offenen Feuers vorzog. An welchem Schmerz er auch immer leiden mochte, er ertrug ihn still und schien nur ängstlich bemüht zu sein, sich mit seiner Krankheit nicht aufzudrängen. Wir lockten ihn mit den Köstlichkeiten der Jahreszeit, doch er konnte bald nichts mehr essen, und zwei Wochen lang aß und trank er so gut wie nichts. Manchmal versuchte er, etwas zu nehmen, doch es war offensichtlich, daß er das nur uns zu Gefallen tat. Die Nachbarn – und ich bin davon überzeugt, daß der Rat von Nachbarn nie etwas taugt – rieten zu Katzenminze. Er konnte sie nicht einmal riechen. Wir wandten uns an einen Amateur-Arzt, der eigentlich Seelen kurierte, doch das führte zu nichts. Er nahm, was ihm gegeben wurde, doch mit der Miene dessen, dessen Zeit für Tabletten vorüber war. Er saß oder lag Tag für Tag fast bewegungslos da und hatte nie solche vulgären Krämpfe und Schmerzäußerungen, die so unangenehm für die Anwesenden sind. Sein Lieblingsplatz war auf dem hellsten Fleck eines Smyrna-Teppichs in der Nähe des Wintergartens, auf den das Sonnenlicht fiel, und von dem aus er das Geräusch des Springbrunnens hören konnte. Wenn wir zu ihm gingen und uns nach seinem Befinden erkundigten, schnurrte er immer als Dank für unser Mitgefühl. Und wenn ich ihn mit seinem Namen ansprach, dann schaute er mit einem Blick auf, der sagte: „Ich verstehe das, alter Freund, doch es hat keinen Sinn." Allen gegenüber, die ihn besuchten, war er ein Muster an Ruhe und kummervoller Geduld.

Am Schluß war ich nicht zuhause, doch ich erfuhr durch eine tägliche Postkarte von seinem sich verschlechternden Zustand; und ich sah ihn nicht mehr lebend. An einem sonnigen Morgen erhob er sich von seinem Teppich, ging in den Wintergarten (er war da schon sehr dünn), lief gemächlich herum und betrachtete alle Pflanzen, die er kannte. Dann ging er zu dem Erkerfenster im Eßzimmer und blieb dort lange stehen, während er über das kleine Feld schaute, das jetzt braun und kahl war, und zum Garten, in dem er vielleicht die glücklichsten Stunden seines Lebens verbracht hatte. Es war ein letzter Blick. Dann drehte er sich um und ging zurück, legte sich auf den hellen Fleck des Teppichs und starb ruhig.

Es ist nicht übertrieben, daß die Nachbarschaft einen kleinen Schock bekam, als bekannt wurde, daß Calvin tot war. So ausgeprägt war seine Eigenart. Und all seine Freunde besuchten ihn nacheinander. Es gab kein sentimentales Getue um die Trauerfeierlichkeiten; jedem war klar, daß er einen Trauerzug verabscheut hätte. John, der als Bestatter fungierte, bereitete eine Kerzenschachtel als Sarg für ihn vor und nahm dabei, wie ich glaube, auch eine professionelle Haltung an; doch darunter könnte die übliche Frivolität erhalten geblieben sein, denn ich hörte, daß er in der Küche anmerkte, daß es der „trockenste Leichenschmaus gewesen sei, an dem er je teilgenommen habe". Jeder war Calvin jedoch zugetan und betrachtete ihn mit einem gewissen Respekt. Zwischen ihm und Bertha bestand eine große Freundschaft, und sie erahnte seine Natur; sie sagte immer, daß sie sich manchmal vor ihm fürchtete, weil er sie so intelligent anschaute; sie war nie sicher, ob er das war, was er zu sein schien.

Als ich heimkehrte, hatten sie Calvin auf einen Tisch in einem der oberen Zimmern ans offene Fenster gelegt. Es war Februar. Er ruhte in der Kerzenschachtel, deren Seiten mit Immergrün eingefaßt war, und an dem Kopfende stand ein kleines Weinglas mit Blumen darin. Er umfaßte seinen Kopf mit den Armen – eine seiner liebsten Stellungen vor dem Kamin – als ob er in der Behaglichkeit seines weichen und erlesenen Fells schlief. Alle, die ihn sahen, riefen unwillkürlich aus: „Wie natürlich er aussieht!" Ich jedoch sagte nichts. John begrub ihn unter den beiden Hagedornbäumen – der eine weiß und der andere rosa – an der Stelle, an der Calvin gern gelegen und dem Gesumme der Sommerinsekten und dem Gezwitscher der Vögel gelauscht hatte.

Vielleicht ist es mir nicht gelungen, die Einzigartigkeit seines Wesens so deutlich werden zu lassen, wie sie allen war, die ihn kannten. Auf jeden Fall habe ich über ihn nur die reine Wahrheit berichtet. Er war immer ein Geheimnis. Ich wußte nicht, woher er kam; ich weiß nicht, wohin er ging. Und ich habe auch nicht den kleinsten Zweig der Unwahrheit in den Kranz gebunden, den ich ihm auf sein Grab legte.

Die Glückskatze

Charlotte Wallace

Gegen zwei Uhr nachts kehrte Gerald Fawnsley unglücklich und ein wenig betrunken in seine Wohnung zurück. Er zog seine Jacke aus, die so glatt und schwarz war wie Basils Fell. „Ach, alter Junge", sagte er, nahm die Katze auf den Arm und rieb seine Wange an ihrem Fell, „ich habe mich heute nacht zum Narren gemacht. Du erinnerst dich doch an das Mädchen, das gesagt hat, daß sie von dir Asthma bekommt und daß du als erstes rausfliegen wirst, wenn sie mich heiratet. Sie hat gerade gesagt, daß sie mich bis zu ihrem Lebensende nicht mehr sehen will. Sie stellte mich vor die Wahl: sie oder ‚diese verdammte Katze'. Ich weiß nicht warum, doch mir war in diesem Moment klar, daß das keine Frage ist, und ich habe mich für dich entschieden. Sie brach in Tränen aus und sagte, daß sie mich haßt, und das war es dann."

Basil konnte das nicht verstehen. Er wußte, daß man von ihm erwartete, daß er Glück brachte, weil er so schwarz war, doch wann immer Gerald scharf auf ein Mädchen war, schien er unabsichtlich diese Beziehung zu zerstören. Da war zum Beispiel das französische Mädchen Marie-Claire, die so gut kochte, daß Gerald fett zu werden begann und Basil von den Resten so rund wurde, daß er kaum noch aufs Sofa springen konnte. Eines Abends – es muß im dritten Monat des Zusammenseins der jungen Liebenden gewesen sein – vertraute Marie-Claire Basil beim Kochen an, daß sie Gerald dazu bringen würde, sie zu fragen, ob sie ihn heiraten wolle.

Als Gerald von der Arbeit heimkehrte, wurde er von Marie-Claire mit liebevollem Kuß begrüßt und hatte eigentlich glücklich mit ihr ins Bett taumeln wollen. Ihn verließ der Mut, als er den von Kerzen beleuchteten Tisch sah, die einzelne Rose, das schimmernde Silber. Offensichtlich stand ihm ein ganz besonderes Essen bevor, und obwohl er gutes Essen liebte, hatte er in letzter Zeit furchtbar viel gegessen und hatte zufälligerweise auch noch ein paar Kunden zum Mittagessen ausführen müssen. Das Currygericht, das er drei Stunden zuvor mit so viel Genuß zu sich genommen hatte, war noch immer an Ort und Stelle, doch er hatte den Verdacht, daß es nicht mehr lange dort bleiben würde.

Dennoch setzte er sich gehorsam vor das Lachsmousse. Basil hatte Lachsmousse noch nie widerstehen können und schon gar nicht Marie-Claires köstlichem. Er wollte auf Geralds Schoß springen, doch da er weit weniger beweglich war, als er dachte, verfehlte er Gerald und mußte sich an das Tischtuch krallen. Das Tischtuch, das Lachsmousse, der Weißwein, die Rose und das Silber stürzten mit Basil zu Boden. Es bedurfte nicht Marie-Claires Schreie, um Basil klarzumachen, daß er sich gerade sehr unbeliebt gemacht hatte. Er stand auf und ging zur Tür, doch er war noch immer in das Tischtuch eingewickelt. Wie sehr er auch zerrte, er konnte sich nicht befreien. Als er es endlich schaffte, den Kopf hervorzuschieben, sah er, daß Gerald vor Lachen fast platzte und Marie-Claire vor Wut weinte. Sie nahm die Kasserolle vom Herd, warf sie nach Basil und verfehlte ihn meilenweit. Leider hatte sie vergessen, daß noch Soße in der Kasserolle gewesen war, und die ergoß sich über Geralds Charvet-Krawatte und seine Hose. Geralds Lachen ging in Wut über, und der Stimmungswandel kam so plötzlich, daß sein Magen revoltierte; er spuckte das gesamte Currygericht in hohem Bogen über seinen schon mit rosafarbener Soße garnierten Anzug.

„Sie hat keinen Humor", vertraute Gerald Basil später an. „Ich hätte sie sowieso nie heiraten können, weil ich dann spätestens mit vierzig einen Herzinfarkt bekommen hätte."

Dennoch war Basil ein wenig schuldbewußt gewesen. Ein halbes Dutzend anderer vielversprechender Romanzen folgten, von denen keine einzige Basils Hilfsbereitschaft, Höflichkeit und Freundlichkeit überlebte. Er wollte wirklich, daß sein Herr heiratete und glücklich wurde.

Schließlich kam er auf die Idee, sich auf die Suche nach jemanden zu machen, der zu seinem Herrn paßte. Da es sonnenklar war, daß Gerald keine passende Gefährtin für sich finden konnte, mußten seine Freunde das für ihn übernehmen. Er nahm seine Suche ernst und blieb zu Geralds großer Sorge nächtelang von zu Hause weg. „Wo bist du gewesen, Basil?" schrie er aufgeregt, als die Katze von einem solchen Ausflug zerkratzt und müde mit verdrecktem und stumpfem Fell zurückkehrte. Natürlich konnte Basil das nicht erklären, doch er sah seinen Herrn so bekümmert an, daß dieser ihn mißverstand und sagte: „Mach dir keine Sorgen, Junge, ich werde dich nie verlassen. Wir bleiben zwei rauhe Junggesellen, und zum Teufel mit den Frauen. Aber ich glaube, ich werde dir doch ein Halsband mit der Adresse umbinden, falls du mal wieder verloren gehst."

Obwohl er das munter sagte, glaubte Basil, ein leichtes Zittern aus seiner Stimme herauszuhören. Er sah, daß sein Herr fast genauso verwahrlost aussah wie er selbst. Sein Anzug war zerknittert. Er hatte sich die Haare nicht gekämmt, und seine Augen waren ziemlich glasig. Er hatte ein Glas Whisky in der Hand, das er viel zu oft wieder füllte. Basil hatte Whisky einmal gekostet, weil er dachte, es wäre Wasser, und so wußte er, das es Gift war. „Ich kann es nicht ertragen, wenn du nicht da bist, wenn ich heimkomme, Basil. Wenn ich dich verliere und vielleicht auch noch meinen Job, was durchaus drin sein kann, werde ich mich wahrscheinlich umbringen."

Basil war ernstlich besorgt. Auf seinen Ausflügen hatte er niemanden gesehen, der ihm auch nur annähernd gefiel. Menschen waren sowieso nicht sehr attraktiv.

Traurig schlich Basil aus der Wohnung und geradewegs einem rennenden Mädchen vor die Füße. Sie stolperte über ihn und stürzte schwer. Der Lärm lockte Gerald auf den Treppenabsatz hinaus. „Basil!" schrie er. „Was hast du getan?" Er eilte zu der jungen Frau und nahm sie sanft in die Arme. Sie war vorübergehend wie betäubt gewesen, doch nun öffnete sie die Augen. Als Gerald ihren Blick erwiderte, verliebte er sich Hals über Kopf hoffnungslos in sie.

Als sie aufzustehen versuchte, schrie sie vor Schmerz auf. „Oh, mein Knöchel!" japste sie und hielt sich an Gerald fest. „Ich glaube, der ist gebrochen."

„Kommen Sie, ich bringe Sie in meine Wohnung und rufe einen Arzt", schlug Gerald fürsorglich vor.

„Oh, ich bin schon spät dran. Ich muß gehen."

„Ich fürchte, daß Sie durch Basils Schuld nirgends mehr hingehen können", sagte Gerald mit fester Stimme und versank in der Schönheit dieser jungen Göttin, die ihm wie ein Geschenk des Himmels in die Arme gefallen war. „Ich bin Gerald Fawnsley. Zum wem wollten Sie denn, Miss ... Miss ... Ich werde dort anrufen und alles erklären."

„Autsch!" stieß das Mädchen hervor und bekräftigte damit Geralds Worte. „Ich wollte mich mit meinem Vater treffen. Er haßt es, wenn ich zu spät komme. Er ist so beschäftigt, und wenn er sich schon die Zeit nimmt, mich zu sehen, dann halte ich es für meine Pflicht ..."

„Bitte, machen Sie sich keine Sorgen", sagte Gerald unglücklich, als das Mädchen zu weinen begann. „Haben Sie seine Telefonnummer?"

„Oh, ja. In meinem Notizbuch. Aber ... wo ist denn meine Handtasche?" jammerte sie.

Dann folgte eine wilde Jagd nach der Tasche, die Gerald schließlich zwei Treppen tiefer fand. Sie war aufgegangen, und ein Teil ihres, nach Geralds Empfinden, unglaublich großen Inhalts hatte sich noch eine Treppe tiefer verstreut. Endlich war jedoch alles aufgesammelt und das Notizbuch auch gefunden.

„730 234", las sie Gerald vor.

„Wen soll ich verlangen?" fragte er, während er wählte.

„Meinen Vater, natürlich!" erwiderte sie heftig.

„Verzeihen Sie", sagte Gerald zögernd, „aber ich weiß Ihren Namen ja nicht."

„Oh, Entschuldigung, ja ... ich habe ganz vergessen, daß wir ja noch gar nichts voneinander wissen." Sie warf ihm ein solch strahlendes Lächeln zu, daß sein Herz ein paar Purzelbäume schlug. „Ich bin Caroline Spry, und mein Vater ist Sir Godfrey Spry", sagte sie.

Er konnte seine Überraschung nicht verbergen. Der Vater dieser Göttin war einer der bekanntesten Industriellen Englands. Das entmutigte Gerald etwas. Sie war bestimmt eine reiche Erbin, und ihr Vater würde für sie etwas Besseres als Schwiegersohn haben wollen als einen nicht sehr erfolgreichen Börsenmakler. Oh, Gott!, rief er sich selbst zur Ordnung. Da hatte er es wieder. Er preschte mal wieder vor, denn jetzt schon stellte er sich vor, daß er Sir Godfrey um die Hand seiner Tochter bat, und dabei kannte er sie gerade mal fünf Minuten.

„Oh, ja", sagte das Mädchen trocken, „jeder kennt meinen Vater – außer mir, denke ich manchmal. Das sollte ich einem völlig Fremden zwar nicht sagen, doch ich kenne meinen Vater wirklich kaum. Deshalb bin ich ja auch so darauf bedacht, meine Verabredungen mit ihm pünktlich einzuhalten."

Mittlerweile war Gerald am Telefon zu der scharfen Stimme einer Dame vorgedrungen, die ihn darüber informierte, daß sie Miss Walmsley sei, Sir

Godfreys persönliche Assistentin. Als Gerald Carolines Mißgeschick geschildert hatte, blieb es am anderen Ende still.

„Hallo? Sind Sie noch da?" fragte Gerald. „Oh, ja", erwiderte die Frau, „ich bin hier, doch Sir Godfrey leider nicht. Er ist in Genf. Er mußte ziemlich plötzlich abreisen und scheint leider seine Verabredung zum Essen mit Miss Caroline vergessen zu haben. Sie ist bei Ihnen, nicht wahr?"

„Ja", sagte Gerald unbehaglich.

„Es wäre vielleicht besser", sagte Miss Walmsley, „wenn Sie ihr nicht sagten, daß ihr Vater sie vergessen hat."

„Kann ich Daddy sprechen?" fragte Caroline von ihrem Platz aus.

„Ich weiß nicht ... ich meine ...", stammelte Gerald. Das Mädchen wurde plötzlich resolut, hüpfte durch das Zimmer und nahm ihm den Hörer aus der Hand. „Miss Walmsley? Hier ist Caroline Spry. Kann ich meinen Vater sprechen?" Gerald konnte nicht hören, was Miss Walmsley erwiderte, doch das Mädchen schien plötzlich zu schrumpfen. Sanft nahm Gerald ihr den Hörer ab und brachte sie zum Stuhl zurück. „Er hat mich vergessen", flüsterte sie. Und plötzlich bedeckte sie ihr Gesicht theatralisch mit den Händen und begann wild zu schluchzen.

„Bitte, Miss ... bitte, Caroline ...", sagte Gerald und kniete sich vor sie hin. „Bitte nicht weinen. Ich kann ja Ihre Mutter anrufen."

Caroline schluckte ihre Schluchzer herunter und versuchte, sich zu fassen. „Es tut mir leid, Mr. Fawnsley." Und selbst in diesem Augenblick konnte sich Gerald nur darüber freuen, daß sie sich an seinen Namen erinnerte. „Sie müssen mich für verrückt halten. Ich weiß gar nicht, warum ich weine. Vielleicht ist das noch der Schock. Ich habe leider keine Mutter mehr. Sie starb, als ich fünf war, aber es geht mir gut, ehrlich."

„Nein, bitte, Miss Spry ... Caroline, Basil und ich werden uns um Sie kümmern. Sie haben einen schrecklichen Schock erlitten, und das war alles meine Schuld oder eher Basils." Er sah die Katze finster an, doch Basil spürte, daß er ihm nicht böse war. „Wir bringen Sie in Ihre Wohnung und versorgen Sie. Sie wohnen in der Wohnung über uns, nicht wahr?"

„Ja, in Nummer 5. Ich wohne erst seit einer Woche hier, und sie sind der erste Hausbewohner, den ich zu sehen bekomme. Hoffentlich sind die anderen nicht genauso gefährlich wie Sie", sagte sie lächelnd. „Vielleicht sollte ich eine Krankenversicherung abschließen!"

Basil und Gerald brachten sie in ihre Wohnung, und als Caroline sich im Spiegel sah, rief sie aus: „Du liebe Güte! Ich sehe ja aus, als hätte mich die Katze hereingeschleppt." Dann sah sie Basil an und fügte schnell hinzu: „Tut mir leid, Basil, ich habe nur einen Scherz gemacht. Ich liebe Katzen, und ich glaube, daß wir dicke Freunde werden."

Basil schnurrte erfreut. Er mochte das Mädchen. Sie saß in einem großen Sessel und hatte ihr Bein auf einen Stuhl gelegt, und Basil saß auf ihrem Schoß, und sie streichelte ihn. Gerald stand an der Tür und war eifersüchtig.

Mehrere Wochen vergingen. Auf seiner Arbeit schien es langsam besser zu laufen, und Gerald war gerade dafür gelobt worden, daß er ein besonders kniffliges Problem hatte lösen können, das sich bei dem Auslandsfonds eines

Kunden ergeben hatte. Er war so stark beschäftigt, daß er oft erst nach neun Uhr abends nach Hause kam. Basil verbrachte den größten Teil seiner Zeit mit Caroline. Sie konnte sich jetzt wieder bewegen, doch sie ging tagsüber nicht oft aus dem Haus. Gerald hatte sich angewöhnt, bei Caroline anzuklopfen, vielleicht einen Drink zu nehmen und dann mit Basil nach unten zu gehen, wo sie gemeinsam zu Abend aßen, wenn Caroline keine Verabredung hatte. Zu Geralds Leidwesen verbrachte sie die Wochenenden im Kreise ihre wohl recht zahlreichen Freunde.

Als er ungefähr zwei Monate nach dem Unfall eines Montags heimkam, ging Gerald wie üblich Basil abholen. Er war ziemlich außer sich, als er Caroline mit einem Glas Wein in der Hand und in den Armen eines gutaussehenden jungen Mannes antraf, dessen Gesicht nach Geralds Empfinden von dessen selbstgefälligem Lächeln geradezu entstellt wurde. „Ich bin nur gekommen, um Basil abzuholen", sagte Gerald unsicher.

„Oh, Gerald", trillerte Caroline, als Basil ihm auf den Arm sprang, „darf ich dich mit meinem Verlobten bekanntmachen."

Gerald konnte sich später nur noch daran erinnern, daß der Mann, den er wie nichts anderes haßte, Monty Braggot hieß. Carolines Verlobter! Diese Vorstellung drehte ihm fast den Magen um. Oh, Gott! Warum hatte er ihr nie gesagt, daß er sie liebte? Jetzt war es zu spät. Man konnte einem Mädchen, das einen gerade unbekümmert mit seinem Verlobten bekanntgemacht hatte, doch nicht seine Liebe gestehen. Aber das war ja auch vorher schon unmöglich gewesen. Natürlich hatte er das Mädchen von dem Moment an geliebt, als es halb betäubt am Boden lag, doch aus unerfindlichen Gründen hatte sich ihre Beziehung trotz der vorteilhaften Umstände ihres ersten Treffens nicht weiterentwickelt. Soweit Gerald wußte, sah sie in ihm nur den freundlichen Nachbarn mit einer Katze, über die man stolperte.

Je mehr Zeit verstrich, desto mehr Sorgen machte Basil sich um seinen Herrn, der von Selbstmitleid in eine Depression abglitt. Die Hochzeit, zu der Gerald eingeladen worden war, war für Anfang März geplant, und als dieser Tag näherrückte, ging es mit Gerald nur noch mehr bergab. Caroline war kaum mehr zuhause, weil sie mit den Vorbereitungen für ihren großen Tag vollauf beschäftigt war. Und so saß Gerald Abend für Abend in seinem Sessel, starrte niedergeschlagen ins Leere und hielt Basil fest umarmt. Er aß nichts, wusch sich nicht und konnte nicht einmal mehr schlafen.

Nachdem Gerald zwei oder drei Tage vor der Hochzeit eines Abends leicht eingedöst war, schlüpfte Basil aus der Wohnung. Er wollte nur ein bißchen Luft schnappen und sich vielleicht ein wenig Nahrung suchen. In seinem Kummer hatte Gerald vergessen, ihn zu füttern. Zwei Straßen weiter gab es einen besonders leckeren Mülleimer, den er schon oft aufgesucht hatte. Er wollte gerade hochspringen und den Deckel öffnen, um nachzusehen, was es Gutes gab – er glaubte, Sardinen zu riechen – als er bemerkte, daß der Mann, der zu seiner Empörung die Zuneigung seiner heißgeliebten Caroline gewonnen hatte, ins Nachbarhaus ging. Er wußte, daß Caroline von seinem Herrn angebetet wurde und daß dieser Mann der Grund für seine Traurigkeit war.

Spontan verließ er den Mülleimer und ging zu der Tür hinüber, durch die er den Feind seines Herrn, und damit auch seinen eigenen, hatte verschwinden sehen. Die Tür war fest geschlossen, doch mit einem Blick sah er, daß eine so wendige Katze wie er problemlos durch ein halb geöffnetes Fenster im ersten Stock hereinkommen konnte. Nachdem er ein paar Minuten darüber nachgedacht hatte, sprang er leichtfüßig auf ein Abflußrohr und von dort durchs Fenster. Das Zimmer, in das er eingedrungen war, war ein Schlafzimmer, und in dem Bett lagen zwei Menschen. Sie waren so in die Decken verwickelt, daß er nur einen nackten Arm, ein wohlgeformtes Bein und einen Wust blonder Locken sehen konnte. Kurz darauf hörte das Mädchen auf, mit den Bettdecken zu kämpfen, sah zum Fenster und entdeckte Basil. „Mensch, Monty!" schrie sie. „Da ist ja eine schwarze Glückskatze. Sie muß durchs Fenster hereingekommen sein." Der andere Mensch im Bett hob zögernd den Kopf von der Brust des Mädchens. Sein Blick traf Basils, und er lief brennend rot an. „Monty, Liebling", sagte das Mädchen, „warum wirst du denn so rot? Kennst du die Katze?"

„Natürlich nicht", sagte Monty mürrisch. „Und ich werde auch nicht rot."

„Doch", beharrte das Mädchen. „Du kennst diese Katze, da bin ich ganz sicher. Was stört dich an ihr?"

„Hör zu", sagte der unglückliche Monty, während er sich vom Bett erhob. „Ich habe diese verdammte Katze noch nie in meinem Leben gesehen, und ich werde sie jetzt rauswerfen."

„Nein, das wirst du nicht tun", sagte das Mädchen und sprang auf. In ihrer Nacktheit sah sie hinreißend schön aus, und einen Augenblick lang sah Basil das, was auch Monty sah. Er ließ zu, daß das Mädchen ihn hochnahm und den Anhänger an seinem Halsbald las. „Er wohnt gleich um die Ecke. Wenn du fort bist, werde ich ihn zurückbringen."

„Um Himmels willen, Sukie", schrie Monty ungeduldig, „kümmer dich doch nicht um die Katze. Es ist doch nicht nötig, daß du sie zurückbringst. Sei lieb und komm zurück ins Bett! Ich muß doch in fünf Minuten wieder gehen."

„Na schön", sagte das Mädchen erbost, „dann kannst du dich ja fünf Minuten lang selbst beschäftigen. Auf die Schnelle läuft bei mir gar nichts, mein Freund."

„Na komm schon, Sukie. So hab ich das doch nicht gemeint", sagte er schmeichelnd. „Ich meinte doch nur, daß wir nicht so viel Zeit haben und ... Ach, zum Teufel damit."

Als ihm klar wurde, daß er das Mädchen nicht ins Bett zurücklocken konnte, stand er auf und begann sich anzuziehen. Als er sich die Krawatte umband, sagte er munter: „Gib mir die Katze. Ich werde sie zurückbringen."

„Nein", sagte das noch immer nackte Mädchen und drückte die Katze an ihre Brust, „ich trau dir nicht, Monty. Geh nur in dein Büro zurück. Unser ‚Treffen' ist ja jetzt sowieso zuende, oder nicht? Und wir wollen uns doch nicht streiten?"

Ein wenig später trug das Mädchen teure Jeans und ein Männerhemd, das genau das hervorzuheben schien, was es vielleicht hätte verbergen sollen. Sie drückte auf Geralds Klingelknopf. Gerald war zur Arbeit gegangen, doch Caroline kam zufälligerweise gerade die Treppe herunter. „Wollten Sie zu Mr. Fawnsley?" fragte sie. „Ach, da ist ja Basil."

„Kennen Sie die Katze?" fragte Sukie. „Sie war in meiner Wohnung, und ich wollte sie zurückbringen."

„Wie nett von Ihnen", sagte Caroline. „Er gehört meinem Nachbarn Gerald Fawnsley. Er – ich meine Basil, nicht Gerald – stromert immer herum. Gerald wird froh darüber sein, daß er wieder da ist. Möchten Sie ihn nicht bei mir lassen? Und vielleicht haben Sie ja auch noch Zeit für eine Tasse Kaffee."

Die beiden Mädchen, die sich über Basil hinweg angurrten, gingen in Carolines Wohnung, und Caroline setzte in der Küche den Wasserkessel auf. Währenddessen betrachtete Sukie die Fotos auf dem Kaminsims. Sie entdeckte sofort das Foto von Monty, auf dem er Caroline gerade küßte. Es war Carolines Lieblingsfoto. Als Caroline ins Zimmer zurückkehrte, sagte Sukie: „Die Welt ist wirklich klein! Wie ich sehe, kennen Sie Monty. Wann wurde denn das Foto aufgenommen?"

„Ach, vor einem Monat. Kennen Sie denn meinen Verlobten auch?"

„Ihren Verlobten?" rief Sukie aus. „Das muß ein Irrtum sein! Monty und ich sind schon seit einem Jahr zusammen und wollen im August heiraten."

Caroline ließ den Kaffee fallen.

Ben Jussefs Treppe

„Von allem, was eine kluge Katze tut, um Sie zu bezwingen, ist das Geschenk einer erbeuteten Maus das Klügste und Anrührendste."

Mein Chef, die Katze

Noahs Katzen, 1995

„Die Gattung Katze hat niemals ganz die Arroganz überwunden, die s darauf gründet, daß die alten Ägypter sie als Gottheit verehrten."

Websters Geschichte

Der Essaouira-Vogel

„Ich glaube, er liebte Vögel aufrichtig, doch, soweit ich weiß, hat er sich normalerweise auf einen am Tag beschränkt."

Kater Calvin

Der Frosch

„Er war ebenfalls zahm und ließ sich am Bart ziehen."
Die Katzen meiner Kindheit

Basil überließ es ihnen, das zu klären, und sie merkten gar nicht, daß er wegging. „Noch eine Menschenbeziehung, die ich beendet habe", sagte er knurrend zu sich selbst. „Ich kann überhaupt gar keine Glückskatze sein."

„Er war nur hinter meinem Geld her", sagte Caroline, während sie sich an Geralds Schulter schmiegte. „Das ist mir jetzt völlig klar."

Sechs Monate waren seither vergangen, und sie verbrachten ihre Flitterwochen am Gardasee. Schließlich war alles ganz einfach gewesen. Als Gerald nach Hause kam, saß Caroline zusammengekauert und weinend auf der Treppe vor seiner Wohnung. Er hatte sie in die Arme genommen und getröstet. Sie hatte ihm erzählt, was Basil getan hatte, und Gerald hatte gesagt, daß er den Blick des Mannes, dessen Namen er nicht einmal aussprechen konnte, nie gemocht hätte. Gerald sog ihren Duft wie Nektar ein und wußte genau, daß es nicht richtig von ihm wäre, ihren Kummer auszunutzen. So sagte er ihr, daß er sie liebte und daß sie ihn doch statt dessen heiraten sollte. Sie mußte einfach wissen, daß er sie liebte, immer schon geliebt hatte und auch immer lieben würde. Er sagte noch viel mehr, doch Basil konnte sich das alles nur sehr verlegen anhören.

Sie erwiderte, daß sie ihn auch schon immer geliebt hätte, doch nie vermutet hatte ... Und dann unterbrach er sie mit seinen Küssen.

Und nun waren sie hier: verheiratet und glückselig. „Dein Vater hat es ja schließlich auch ganz gut aufgenommen", murmelte Gerald mit der Großzügigkeit des Siegers. „Er hätte ja schließlich auch grob werden können."

„Ach", sagte Caroline mit schwacher Stimme, „ich glaube, daß es ihm egal ist, wenn er mich nur los ist."

Gerald hörte ihr kaum zu. „Was wohl Basil ohne uns macht", sagte er und ließ die Hand über ihren flachen Bauch gleiten. „Wahrscheinlich macht er gerade wieder jemandem die Liebesbeziehung kaputt."

Sie drehte sich um und schmiegte sich noch enger an seine Brust. „Er hat uns zusammengebracht", fuhr sie wohlig fort. „Für uns jedenfalls ist und bleibt er eine Glückskatze."

Die Slumkatze

Ernest Thompson Seton

1. Leben

Das kleine Slumkätzchen war noch nicht einmal sechs Wochen alt, als es schon ganz allein auf dem alten Schuttplatz war. Seine Mutter war in der vorigen Nacht zu den Mülleimern auf Nahrungssuche gegangen und nicht zurückgekehrt. Als der zweite Abend dann anbrach, war es sehr hungrig. Ein tief verwurzelter Instinkt trieb es von der alten Kekskiste fort, um sich etwas zu essen zu suchen. Es tastete sich leise zwischen dem Abfall hindurch, beschnupperte alles, was eßbar erschien, fand jedoch keinerlei Nahrung. Schließlich erreichte es die Holztreppe, die hinunter zu Jap Malees unterirdischem Vogelgeschäft am hintersten Ende des Schuttplatzes führte. Die Tür stand einen kleinen Spalt weit offen, und es marschierte hinein. Ein Neger saß untätig auf einer Kiste und beobachtete es neugierig. Es wanderte an ein paar Hasen vorbei; sie schenkten ihm keine Beachtung. Dann kam es zu einem Käfig mit weit auseinanderstehenden Stäben, in dem sich ein Fuchs befand. Er duckte sich, und seine Augen glühten. Das Kätzchen ging schnuppernd zu den Stäben, schob den Kopf dazwischen, schnupperte wieder, sprang dann geradeaus zum Futternapf und wurde blitzartig von dem geduckten Fuchs gefangen. Sie gab ein ängstliches „miau" von sich, und der Neger sprang vorwärts und spuckte dem Fuchs derart heftig ins Gesicht, daß der das Kätzchen fallenließ, sich in die Ecke verzog und sich dort in störrischer Furcht blinzelnd niederließ.

Der Neger zog das Kätzchen heraus. Es torkelte ein paarmal im Kreis herum, erholte sich dann, und als Jap Malee ein paar Minuten später zurückkam, lag es schnurrend und offensichtlich unversehrt auf dem Schoß des Negers.

Jap war kein Orientale; er war ein Vollblut-Cockney; doch seine Augen standen zufälligerweise als kleine Schlitze so schräg in einem runden, flachen Gesicht, daß sein Vorname über dem sehr treffenden Spitznamen ‚Jap' ganz in Vergessenheit geraten war. Er war nicht ausgesprochen unfreundlich zu den Vögeln und den anderen Tieren, die bei ihm lebten, doch das Slumkätzchen wollte er nicht haben.

Der Neger gab ihm soviel zu essen, wie es verkraften konnte, und nahm es dann zu einem entfernten Häuserblock mit und setzte es bei einem Schrottplatz ab. Hier lebte es und fand auch irgendwie genug Essen, um zu wachsen, bis es ein paar Wochen später durch eine ausgedehnte Erforschung zu seinem alten Schuttplatz zurückfand. Glücklich, wieder daheim zu sein, ließ es sich sofort häuslich nieder.

Kitty war jetzt ausgewachsen. Sie war eine auffallend gezeichnete Tigerkatze mit schwarzen Streifen auf einem blassen Grau, und die vier weißen Schönheitsflecken auf Nase, Ohren und Schwanzspitze gaben ihr etwas Besonderes. Sie konnte sich jetzt sehr gut selbst versorgen, obwohl sie noch ein paar Hungertage erleiden mußte und es ihr bisher noch nicht gelungen war, einen Spatz zu fangen. Sie war recht einsam, doch schon bald sollte ihr Leben eine neue Wendung erfahren.

An einem Septembertag lag sie in der Sonne, als ein großer schwarze Kater auf der Brüstung einer Mauer entlanglief und direkt auf sie zukam. An seinem zerrissenen Ohr erkannte sie ihn sofort als alten Feind wieder. Sie versteckte sich in ihrer Kiste. Er ging schwungvoll weiter und sprang leichtfüßig auf einen Schuppen, der sich am Ende des Platzes befand. Gerade als er das Dach überquerte, erhob sich eine gelbe Katze. Der schwarze Kater erstarrte und knurrte; und der gelbe Kater tat es ihm gleich. Ihre Schwänze schlugen hin und her. Aus kräftigen Hälsen knurrte und jaulte es. Sie kamen sich mit angelegten Ohren und angespannten Muskeln näher.

„Jau – jau – au", sagte der Schwarze.

„Wau – u – u -", kam die etwas tiefere Antwort.

„Ja – wau – wau – wau -", sagte der Schwarze und rückte zwei Zentimeter näher.

„Jau – u – u -", war die gelbe Antwort, während sich der blonde Kater zu voller Größe aufrichtete und mit ungeheurer Würde ebenfalls zwei Zentimeter vorwärtsging. „Jau – u", und er kam noch einmal zwei Zentimeter vor, während sein Schwanz hin und her schlug.

„Ja – wau – jau – u", schrie der Schwarze mit erhobener Stimme und wich ein paar Millimeter zurück, nachdem er seine Spuren auf dem breiten, unerschrockenen Tier vor ihm hinterlassen hatte.

Rundherum öffneten sich Fenster, Menschenstimmen waren zu hören, doch das Katzentheater ging weiter.

„Jau – jau – au", polterte die gelbe Gefahr, dessen Stimme sich im gleichen Maß senkte wie die Stimme des anderen sich hob. „Jau", und er machte einen weiteren Schritt.

Jetzt waren die beiden Nasen nur noch sieben Zentimeter voneinander entfernt; sie standen seitlich zueinander und waren beide bereit, in den Clinch zu gehen, doch jeder wartete darauf, daß der andere anfing. Sie starrten sich drei Minuten lang schweigend an – fast statuengleich, wenn sich ihre Schwanzspitzen nicht gekrümmt hätten.

Der Gelbe begann wieder mit tiefer Stimme: „Jau – au – au".

„Ja-a-a-a-a", schrie der Schwarze heftig angsterregend, doch er zog sich weitere Millimeter zurück. Der Gelbe rückte um ganze zwei Zentimeter vor; ihrer beider Schnurrbarthaare trafen sich jetzt; ein Schritt weiter, und ihre Nasen würden sich fast berühren.

„Ja – u – u", sagte Gelb mit tiefem Stöhnen.

„Ja-a-a-a-a", schrie Schwarz, doch zog sich um den Bruchteil eines Zentimeters weiter zurück, und der gelbe Krieger rückte auf und klammerte wie ein Teufel.

Oh, wie sie rollten und bissen und zerrten – besonders der Gelbe!

Wie sie zulangten und kämpften und sich umklammerten – aber besonders der Gelbe!

Rundherum und rundherum, manchmal der eine oben, manchmal der andere, doch meist der Gelbe, und weiter rollten sie, bis sie unter dem Jubel aus allen Fenstern vom Dach fielen. Sie hörten keine Sekunde auf, als sie auf den Schuttplatz hinunterfielen; sie zerrten und schlugen die ganze Zeit, doch besonders der Gelbe; und als sie noch immer kämpfend auf dem Boden landeten, war fast immer der Gelbe oben; und noch ehe sie sich von einander lösten, hatten beide soviel abbekommen, wie sie wollten, besonders der Schwarze! Er kletterte auf die Mauer und verschwand blutend und knurrend, während die Nachricht von Fenster zu Fenster lief, daß Cayleys ‚Nig' von ‚Orange Billy' verdroschen worden war.

Entweder war der gelbe Kater sehr gewitzt im Suchen, oder Slum-Kitty hatte sich nicht gut genug versteckt, denn er entdeckte sie zwischen den Kisten, und sie machte keinen Fluchtversuch, vielleicht weil sie den Kampf beobachtet hatte. Nichts gewinnt das Herz einer Frau leichter als ein Kriegsgewinn, und danach wurden der gelbe Kater und Kitty sehr gute Freunde, die zwar nicht Leben oder Futter miteinander teilten – Katzen tun das nicht oft – sich jedoch gegenseitig besondere freundschaftliche Privilegien zugestanden.

Als die kürzeren Oktobertage anbrachen, geschah etwas in der alten Kekskiste. Wenn ‚Orange Billy' vorbeigekommen wäre, hätte er fünf kleine Kätzchen sehen können, die zusammengerollt in der Umarmung ihrer Mutter, der kleinen Slum-Kitty, lagen. Das war etwas Wunderbares für sie. Sie empfand all den Stolz, den eine Tiermutter empfinden kann – all die Freude –, während sie sie zärtlich liebte und leckte.

Obwohl sie sich in ihrem freudlosen Leben eine Freude gemacht hatte, bedeutete dies für sie auch eine schwere Bürde. Sie mußte mit aller Kraft auf Nahrungssuche gehen. Und eines Tages wurde sie von einem verführerischen Geruch angezogen und marschierte in den Vogelkeller und in einen offenen Käfig hinein. Alles war still, dort vorne war Fleisch, und sie streckte sich danach; die Käfigtür schnappte zu, und sie war gefangen. In dieser Nacht machte der Neger den Kätzchen den Garaus, und er wollte das auch schon mit der Mutter tun, als der Vogelmann beschloß, sie wegen ihrer ungewöhnlichen Zeichnung zu behalten.

2. LEBEN

Jap Malee war der berüchtigste kleine Cockney-Zwerg, der jemals billige Kanarienvögel in einem Keller verkauft hatte. Er war ungeheuer arm, und der Neger lebte bei ihm, weil der ‚Hengländer' bereit war, Kost und Logis mit ihm zu teilen. Jap hielt sich selbst für absolut ehrlich, obwohl kein Zweifel daran bestand, daß seine Haupteinnahmen aus der Aufbewahrung gestohlener Hunde und Katzen stammten. Der Fuchs und das halbe Dutzend Kanarienvögel waren nur Tarnung. Nur die Spalten ‚Verloren – Gefunden' interessierten Jap in den Zeitungen, doch er entdeckte und bewahrte auch einen Ausschnitt über Pelztierzucht. Der hing an der Wand seiner Höhle und war der Grund dafür, daß er mit der Slumkatze ein Experiment wagen wollte. Als erstes tränkte er ihr schmutziges Fell mit einem Zeug, um die zwei oder drei Schädlinge zu töten. Danach wusch er sie gründlich. Kitty war erst ungeheuer empört, doch dann hüllte eine schöne, beglückende Wärme sie ein, als sie in einem Käfig in der Nähe des Ofens trocknete und ihr Fell sich herrlich weich und weiß aufplusterte. Jap und sein Assistent waren sehr erfreut. Doch das war nur die Vorbereitung. ‚Nichts ist besser für die Fellentwicklung als stark ölhaltiges Futter und ein ständiger Aufenthalt in kaltem Wetter', riet der Zeitungsausschnitt. Da der Winter kurz bevorstand, brachte Jap Malee Kittys Käfig in den Hof hinaus, schützte ihn nur vor Regen und direktem Wind und fütterte sie mit so vielen Ölkuchen und Fischköpfen, wie sie essen konnte. Die Wirkung zeigte sich schon nach einer Woche. Sie wurde schnell fett. Sie hatte nichts anderes zu tun, als fett zu werden und ihr Fell zu entwickeln. Ihr Käfig wurde saubergehalten, und die Natur sorgte dafür, daß das kalte Wetter und das fette Futter Kittys Fell von Tag zu Tag dicker und glänzender machte. Um Weihnachten herum war sie eine außergewöhnlich schöne Katze mit dem dicksten und feinsten Fell geworden, dessen Zeichnung sie zu einer Rarität machte.

Warum sollte man die Slumkatze nicht bei der bevorstehenden Schau ausstellen?

„Weißte, Sammy, wir könn se nich als Trampkatze melden, verstehste", bemerkte Jap zu seinem Helfer, „aber wir könn das hinkriegen, damit die Knickerbockers glücklich sind. Nix geht über nen guten Namen, verstehste. Weißte, das sollte irgendwie was mit ‚Royal' drin sein – den Knickerbockers geht ja nix über ‚Royal'. Wie is'n ‚Royal Dick' oder ‚Royal Sam', hm? Nee, wart mal: Das sind ja alles Katernamen. Sach mal, Sammy, wie heiß'n diese Insel, wo du herkommst?"

„Analostan, Sir, war meine Heimat, Sir."

„Also, ne, das ist gut, weißte. ‚Royal Analostan', Himmel noch mal. Die einzigste reinrassige Royal Analostan inne ganze Schau, weißte. Da is Geld drin, was?" Und sie kicherten miteinander.

„Aber ein Stammbaum muß her, weißte." Also wurde ein sehr langer Stammbaum nach den anerkannten Richtlinien gefälscht.

Eines Nachmittags lieferte Sam, der einen geliehenen Seidenhut trug, die Katze und den Stammbaum an der Tür zur Katzenausstellung ab. Er war Friseur gewesen, und konnte sich in fünf Minuten pompöser herrichten als Jap Malee in seinem ganzen Leben, und das war zweifellos einer der Gründe, warum die Royal Analostan bei der Katzenausstellung so höflich aufgenommen wurde.

Jap hatte die typische Ehrfurcht eines Cockney vor der Oberschicht. Er war stolz darauf, ein Aussteller zu sein, doch als er am Eröffnungstag zur Tür kam, war er überwältigt von dem Aufgebot an Kutschen und Seidenhüten. Der Türwächter sah ihn scharf an, ließ ihn jedoch aufgrund seiner Karte ein und hielt ihn wohl für den Stallknecht eines Ausstellers. In der Halle lagen Samtteppiche vor den langen Käfigreihen. Jap schlich sich durch die Seitenreihe, betrachtete die verschiedenen Katzen, bemerkte die blauen und roten Bänder, schaute nur und traute sich nicht, nach seinem eigenen Ausstellungstier zu fragen, weil er innerlich bei dem Gedanken davor zitterte, was die prächtige und feine Gesellschaft sagen würde, wenn sie dahinter kam, daß er sie ausgetrickst hatte. Doch er sah keine Spur von Slum-Kitty.

Im Zentrum des Mittelgangs befanden sich die hochklassigen Katzen. Dort herrschte ein großes Gedränge. Der Durchgang war mit Seilen abgesperrt, und zwei Polizisten sorgten dafür, daß sich die Menge vorwärts bewegte. Jap mischte sich unter sie. Er war zu klein, um über sie hinwegsehen zu können, doch aus ihren Bemerkungen hörte er heraus, daß sich dort auch das Prachtstück der Schau befand.

„Oh, ist sie nicht eine Schönheit!" sagte eine große Frau.

„Ah, was für eine Würde!" wurde ihr erwidert.

„Das ist eben eine Ausstrahlung, die von jahrhundertelangem feinsten Umfeld zeugt."

„Ach, wie gern ich dieses herrliche Tier hätte!"

Jap schob sich nahe genug heran, um einen Blick auf den Käfig werfen und ein Plakat lesen zu können, das verkündete, daß „das Blaue Band und die Goldmedaille der Knickerbocker High Society Katzen- und Haustier-Schau der reinrassigen Zuchtkatze Royal Analostan verliehen wird, die von dem bekannten Katzenliebhaber J. Malee importiert und ausgestellt wurde. Nicht zu verkaufen." Jap hielt den Atem an; er starrte; ja, dort saß tatsächlich – in einem goldenen Käfig, auf einem Samtkissen, von zwei Polizisten bewacht, mit glänzend schwarzem und hellgrauem Fell und halb geschlossenen bläulichen Augen – seine Slum-Kitty, die aussah, als langweilte sie sich zu Tode.

Jap Malee lungerte stundenlang um diesen Käfig herum und sog einen Ruhm ein, den er nie zuvor gekannt hatte. Doch er wußte, daß er besser unerkannt blieb; sein ‚Butler' mußte sich um alles kümmern.

Die Ausstellung hatte ihren Erfolg nur Slum-Kitty zu verdanken. In den Augen ihres Besitzers stieg ihr Wert täglich. Er wußte nicht, welche Preise für Katzen bezahlt wurden, und er glaubte, daß er einen Rekordpreis verlangte, als sein ‚Butler' dem Direktor die Genehmigung gab, die Katze für 100 Dollar zu verkaufen.

So kam es, daß die Slumkatze in ein Haus in der Fifth Avenue gebracht wurde. Sie legte eine unerklärliche Wildheit und andere Eigenheiten an den Tag. Daß sie vor dem Schoßhund mitten auf den Eßtisch sprang, wurde ihr als tiefverwurzelter, jedoch mißverstandener Versuch ausgelegt, beschmutzende Berührungen zu vermeiden. Ihre aristokratische Art, den Deckel von einer Milchdose zu entfernen, wurde besonders beklatscht, und ihr häufiges Herumwühlen im Abfallkübel verstand man als Zeichen einer kleinen verzeihlichen Marotte der Hochwohlgeborenen. Sie wurde gefüttert und gehätschelt, vorgezeigt und gepriesen, doch sie war nicht glücklich. Sie riß mit ihren Krallen solange an dem blauen Band an ihrem Hals herum, bis sie es entfernt hatte; sie sprang gegen die Glasscheibe, weil das der Weg nach draußen zu sein schien; und sie saß still da und betrachtete die Dächer und Hintergärten jenseits des Fensters und wünschte, sie könnte zur Abwechslung dort sein.

Sie wurde streng bewacht und nie herausgelassen, daher erlebte sie alle glücklichen Mülleimer-Momente im Haus, weil diese Freudenbehälter eben drinnen waren. Doch eines Nachts im März wurden sie alle draußen für die frühe Müllabfuhr aufgereiht, und die Royal Analostan erkannte die Chance, schlüpfte aus der Tür und war verschwunden.

Natürlich gab es einen großen Aufruhr, doch das wußte und interessierte die Mieze natürlich nicht. Ihr einziger Gedanke war, nach Hause zurückzukehren. Ein rauher Ostwind hatte sich erhoben und gab ihr einen besonders schönen Hinweis. Die Menschen hätten es Hafengestank genannt, doch für die Mieze war es ein willkommener Gruß ihrer Heimat. Sie trottete die lange Straße gen Osten hinunter, schlängelte sich an Vorgärten vorbei, hielt wie erstarrt einen Moment inne oder überquerte die Straße, um auf die dunkelere Seite zu gelangen. Schließlich kam sie zu den Docks und zum Wasser, doch der Ort war ihr fremd. Sie konnte nach Norden oder Süden gehen. Etwas lenkte sie nach Süden, und sie wich Docks und Hunden, Karren und Katzen, Seitenarmen der Bucht und Bretterzäunen aus. Nach ein oder zwei Stunden kam sie in vertraute Gegenden und Gerüche, und noch vor Sonnenaufgang krabbelte sie müde und mit wunden Füßen durch das gleiche alte Loch im gleichen alten Zaun und über eine Mauer hinweg auf ihren Schuttplatz hinter dem Vogelkeller, ja, und sogar in genau die Kekskiste zurück, in der sie geboren worden war.

Nach einer langen Ruhepause ging sie gelassen von der Kekskiste aus zu den Stufen, die in den Keller führten, und machte sich wieder auf die altbekannte Nahrungssuche. Die Tür öffnete sich, und vor ihr stand der Neger. Er schrie dem Vogelmann im Laden zu: „Sir, Boss, komm her! Wenn diese Royal Ankalostan mal nich zurückgekomm is!"

Jap sah die Katze gerade noch über die Mauer springen. Die Royal Analostan war ein unverhoffter Glücksfall für ihn gewesen. Ihr war es zu verdanken, daß er den Keller besser hatte ausstatten können und etliche neue Gefangene in seinen Käfigen saßen. Daher war es jetzt von größter Wichtigkeit, Ihre Majestät wieder einzufangen. Alte Fischköpfe und andere unwiderstehliche Lockmittel wurden so lange ausgelegt, bis man die Mieze so weit hatte, daß sie an einem großen Fischkopf in einer Fallenkiste herumkaute. Der wachsame Neger zog an der Schnur, die den Deckel zufallen ließ, und eine Minute später saß die Analostan wieder in einem Käfig im Keller. In der Zwischenzeit hatte Jap die ‚Verloren-Gefunden'-Spalte durchgesehen. Da war es: „Fünfundzwanzig Dollar Belohnung", usw. In jener Nacht suchte Mr. Malees ‚Butler' mit der vermißten Katze das Haus in der Fifth Avenue auf. „Mit Mr. Malees Empfehlungen, Sir." Natürlich wollte Mr. Malee keine Belohnung haben, doch der ‚Butler' war offensichtlich jedem Angebot gegenüber aufgeschlossen.

Kitty wurde danach sorgfältig bewacht, doch sie war weit entfernt davon, ihr Hungerleben zu hassen und sich über die Fürsorge zu freuen, und wurde immer wilder und unzufriedener.

Jetzt war es Frühling, und die Fifth Avenue Familie erinnerte sich an ihr Landhaus. Sie packten, schlossen das Haus und zogen in ihr ungefähr achtzig Kilometer entferntes Sommerhaus um, und die Mieze begleitete sie in einem Korb.

Der Korb wurde auf den Rücksitz einer Kutsche gestellt. Neue Geräusche und vorüberfliegende Gerüche kamen und gingen. Dann gab es laute Geräusche von vielen Füßen, weiteres Schaukeln des Korbs, einiges Schnalzen und Knallen, ein langes schrilles Pfeifen, das Klingeln an einer sehr großen Eingangstür, ein Poltern, ein Pfeifen, einen unangenehmen Geruch; dann kam eine Serie von Gerüttel, lauten Geräuschen, Gekreische, Geschnalze, Geklapper, Gerüchen, Gehopse, Geschüttel, weiteren Gerüchen, noch mehr Geschüttel, großem Geschüttel, kleinem Geschüttel, Gasgeruch, Rauch, Geschrei, Türglockengeläut, Gezitter; Gebrüll, Gedonnere und einigen neuen Gerüchen, Gepoche, Geklopfe, Geschleudere, Gerumpel und weiteren Gerüchen. Als das schließlich alles aufhörte, schien die Sonne durch den Deckel des Korbes hindurch. Die Königliche Katze wurde in eine andere Kutsche gehoben, und die bog von ihrer vorigen Strecke ab. Sehr bald bog die Kutsche mit knirschenden und ratternden Rädern wieder ab, dann kam etwas Neues und Schreckliches hinzu – das Bellen großer und kleiner Hunden aus entsetzlicher Nähe. Der Korb wurde angehoben, und Slum-Kitty hatte ihr Landhaus erreicht.

Alle waren übertrieben freundlich. Alle wollten die Königliche Katze erfreuen, doch das gelang irgendwie niemandem, außer vielleicht der großen fetten Köchin, die Kitty entdeckte, als sie in die Küche ging. Diese schmierige Frau roch mehr nach den Slums als alles, was ihr seit Monaten begegnet war, und die Royal Analostan war von ihr entsprechend angetan. Als die Köchin von den Befürchtungen hörte, die Katze wolle nicht bleiben, sagte sie: „Klar will sie weg; aber sobald eine Katze ihre Pfoten leckt, fühlt sie sich zuhause." Geschickt fing sie daraufhin die unnahbare Hoheit in ihrer Schürze ein und beging ein schreckliches Sakrileg, indem sie der Katze die Unterseiten der Pfoten mit Fett einrieb. Selbstverständlich verübelte Kitty ihr dies, wie sie auch alles andere an diesem Ort ablehnte; doch als sie heruntergesetzt wurde, begann sie, ihre Pfoten zu putzen, und fand offensichtlich Gefallen an dem Fett. Über eine Stunde lang putzte sie an ihren vier Füßen herum, und die Köchin verkündete triumphierend, daß „sie jetzt sicher bleibt"; und sie blieb, doch sie legte eine höchst erstaunliche und widerliche Vorliebe für die Küche, die Köchin und die Müllkübel an den Tag.

Obwohl diese hochwohlgeborene Marotte die Familie beunruhigte, war diese doch froh, daß die Royal Analostan zufriedener und zugänglicher war. Sie schützten sie vor jeder Gefahr. Man lehrte die Hunde, sie zu respektieren; kein Mann oder Junge dort hätte sich einfallen lassen, einen Stein nach der reinrassigen berühmten Katze zu werfen, und sie bekam auch jedes Futter, das sie wollte, und war dennoch nicht glücklich. Sie sehnte sich nach vielen Dingen, von denen sie gar keine Ahnung hatte. Obwohl sie alles hatte, sehnte sie sich dennoch nach etwas anderem. Sie hatte im Überfluß zu essen und zu trinken – doch Milch, die man in Mengen aus einer Schüssel trinken kann, schmeckt nicht gut; man muß sie aus einem Blecheimer stehlen, wenn man völlig ausgehungert ist, sonst hat sie nicht den richtigen Geschmack – sonst ist sie einfach keine Milch.

Wie die Mieze das alles haßte! Ja, es gab einen einzigen wohlriechenden Busch an diesem ganzen schrecklichen Ort – einen, an dem sie gern knabberte und sich rieb; er war der einzige Lichtblick in ihrem Landleben.

Nach einem unbefriedigenden Sommer ereignete sich eines Tages eine Folge von Dingen, die die Sluminstinkte der königlichen Gefangenen erneut belebten. Ein großes Stoffbündel war von den Docks zum Landhaus gebracht worden. Was es enthielt, war von wenig Belang, doch es duftete nach äußerst pikanten Slumgerüchen. Erinnerungen werden sicherlich von der Nase belebt, und Miezes Vergangenheit wurde gefährlich stark heraufbeschworen. Am nächsten Tag hatte die Köchin einiges auszustehen. An jenem Abend hatte der kleinste Junge im Haus, ein schrecklicher kleiner Amerikaner, der kein angemessenes Verständnis für die Fürstlichkeit besaß, sicherlich aufgrund eines altruistischen Plans eine Dose am Schwanz der Blaublütigen befestigt, was die Mieze mit einem Hieb übelnahm, der für diesen Zweck mit fünf großen Fischhaken bewehrt war. Das Heulen des geschlagenen Amerikas rief Amerikas Mutter herbei; dem geschickten und weiblichen Schlag mit dem Buch konnte Mieze wundersamerweise ausweichen, und sie ergriff die Flucht natürlich nach oben. Eine gejagte Ratte rennt nach unten, ein gejagter Hund bleibt auf gleicher Höhe und eine gejagte Katze rennt nach oben. Sie verbarg sich im Dachgeschoß und wartete auf die Nacht. Dann glitt sie nach unten, prüfte die Gittertüren, fand eine angelehnt und entkam in die schwarze Augustnacht hinaus. Was für das menschliche Auge pechschwarz ist, war für sie nur einfach grau, und sie glitt durch die gräßlichen Büsche und Blumenbeete, knabberte noch einmal an dem einen kleinen Busch, der sie im Garten so angezogen hatte, und ging mutig den Weg zurück, den sie im Frühling gekommen war.

Wie konnte sie einen Weg zurückfinden, den sie nie gesehen hatte? Jedes Tier hat einen gewissen Orientierungssinn. Beim Menschen bleibt er schwach, bei Pferden stark, doch bei Katzen ist er eine große Gabe. Und dieser geheimnisvolle Führer dirigierte sie westwärts, zwar nicht klar und eindeutig, sondern nur als allgemeine Richtung, was dadurch unterstützt wurde, daß man auf einer Straße am besten vorankommt. Nach einer Stunde hatte sie den Hudson Fluß erreicht. Ihre Nase hatte ihr mehrmals bestätigt, daß die Richtung stimmte. Einen Duft nach dem anderen erkannte sie wieder.

Am Fluß war die Eisenbahn. Sie konnte nicht über das Wasser laufen, sondern mußte entweder nach Norden oder nach Süden gehen. Hier irrte sich ihr Orientierungssinn nicht: „Geh nach Süden", sagte er, und Kitty trottete den Fußweg zwischen Eisenschienen und einen Zaun entlang.

3. LEBEN

Katzen können sehr schnell auf einen Baum und über eine Mauer klettern, doch bei einem langen, ausdauernden Marsch, der sich Kilometer um Kilometer und Stunde um Stunde hinzieht, kommt es nicht auf das Hüpfen der Katze, sondern auf den Gang des Hundes an. Sie wurde müde und leicht fußkrank. Als sie gerade daran dachte, sich ein wenig auszuruhen, kam ein Hund auf den Zaun neben ihr zugerannt und begann so schrecklich zu bellen, daß die Mieze vor Schreck hochsprang. So schnell sie konnte, rannte sie den Weg hinunter. Das Bellen schien sich in ein tiefes Rumpeln zu verwandeln – ein lauter werdendes Gerumpel und Brüllen – ein erschreckendes Donnern. Ein Licht leuchtete; Kitty wandte sich nicht nach dem Hund um, sondern nach einem riesigen schwarzen Ding mit einem lodernden Auge, das sich heulend näherte und wie ein Hof voller Kater fauchte. Sie bot alle Kräfte auf und rannte so schnell wie noch nie zuvor, doch sie wagte nicht, über den Zaun zu springen. Sie rannte wie ein Hund – flog fast, doch es war alles umsonst: Der monströse Verfolger holte sie ein, verfehlte sie jedoch in der Dunkelheit und eilte in die Nacht davon, während Kitty sich setzte und nach Luft schnappte.

Das war ihre erste Begegnung mit den seltsamen Monstern – seltsam für sie – ihre Nase schien sie zu kennen und ihr zu sagen, daß sie ein weitere Orientierung auf ihrem Heimweg waren. Doch die Mieze stellte bald fest, daß sie sehr dumm waren und sie nicht erwischten, wenn sie unter einen Zaun kroch und dort still liegenblieb. Bis zum Morgengrauen waren ihr viele begegnet, doch sie war ihnen allen unversehrt entkommen.

Bei Sonnenaufgang kam sie in eine nette kleine schmutzige Gasse und fand glücklicherweise in einem Aschenhaufen etwas Eßbares, das nicht keimfrei gemacht worden war. Den Tag verbrachte sie in der Nähe eines Stalls. Hier war es fast wie zuhause, doch sie wollte nicht bleiben. Sie wurde von einem inneren Drang getrieben, der nichts mit Hunger oder Angst zu tun hatte, und am nächsten Abend brach sie wieder auf. Sie hatte den ganzen Tag die ‚einäugigen Donnerwalzen' vorbeifahren sehen und sich an sie gewöhnt. Diese

Nacht war ähnlich wie die erste. Die Tage vergingen damit, daß sie sich in Schuppen verdrückte, sich vor Hunden und kleinen Jungen versteckte, und die Nächte damit, daß sie mit wunden Füßen weiterhumpelte. Weiter und weiter ging sie, Kilometer um Kilometer, südwärts, immer südwärts – Hunde, Jungen, Gedonnere, Hunger – Hunde, Jungen, Gedonnere, Hunger – doch sie ging Tag um Tag mit wachsender Müdigkeit weiter, und von Zeit zu Zeit machte ihr ihre Nase die Freude, ihr mitzuteilen: „Das ist ganz sicher ein Geruch, an dem wir im letzten Frühling vorbeigekommen sind."

So verging eine Woche nach der anderen, und dann erreichte die schmutzige, fußkranke und müde Mieze – ohne ihr Band um den Hals – die Harlem-Brücke. Obwohl die köstlichsten Gerüche sie umgaben, konnte sie den Anblick der Brücke nicht leiden. Die halbe Nacht über wanderte sie am Ufer auf und ab, ohne herauszufinden, wie sie nach Süden gehen konnte, ohne die Brücke zu überqueren. Doch sie kam immer wieder hierher zurück. Außer den vertrauten Gerüchen wurde sie noch von dem seltsam rumpelnden Getöse an die Frühlingsfahrt erinnert, wenn von Zeit zu Zeit ein ‚Ein-Auge' über die Brücke fuhr. Sie sprang auf die Holzstringer und glitt hinaus über das Wasser. Als sie kaum ein Drittel des Weges zurückgelegt hatte, kam ihr ein ‚Donnerndes Ein-Auge' brüllend entgegen. Sie ängstigte sich sehr, doch da sie um dessen Blindheit wußte, hüpfte sie auf einen niedrigeren Balken und kauerte sich dahinter. Natürlich verfehlte das dumme Monster sie und glitt vorbei, und alles wäre gut gewesen, wenn es nicht zurückgekommen wäre, oder ein ähnliches, das plötzlich hinter ihr aufbrüllte. Die Mieze sprang auf das Gleis und lief dem heimatlichen Ufer entgegen. Sie hätte es auch erreicht, wenn nicht eine dritte rotäugige Gefahr ihr auf diesem Gleis donnernd entgegengekommen wäre. Sie rannte wie wild, doch sie wurde zwischen den beiden Feinden gefangen. Ihr blieb nichts anderes übrig, als verzweifelt von dem Balken – sie wußte nicht wohin – zu springen. Runter – runter – runter – plumps! Klatsch! Plansch – ins tiefe Wasser, daß im August nicht kalt war, aber oh! so schrecklich. Sie spuckte und hustete und streckte sich in Richtung Ufer. Sie hatte nie schwimmen gelernt, und doch schwamm sie aus dem einfachen Grund, weil eine Katze so schwimmt, wie sie läuft. Sie war in etwas gefallen, was sie nicht leiden konnte; natürlich versuchte sie, hinauszurennen – und das Ergebnis war, daß sie zum Ufer schwamm. Welches Ufer? Sie irrte sich nicht – das südliche – das Ufer, das nahe ihrem Zuhause war. Sie krabbelte tropfnaß heraus, das schlammige Ufer hinauf und über Kohlenberge und Staubhügel und sah so schwarz, schmutzig und unfürstlich aus, wie eine Katze nur aussehen kann.

Ihre Nase, ihre Erinnerung und ihr Orientierungssinn rieten ihr, wieder auf die Gleise zurückzugehen, doch die waren ja von den großen Donnerwalzen verseucht, und so riet ihr ihre Vernunft, sich seitlich zu halten und dem Flußufer mit seinen nach Moschus riechenden Gedächtnisstützen zu folgen.

Mehr als zwei Tage lang lernte sie die endlosen Gefahren und die Vielfalt der East River Docks kennen und erreichte endlich in der dritten Nacht vertrautes Terrain, den Ort, an dem sie in der Nacht ihrer ersten Flucht vorbeigekommen war. Vor da aus fand sie den Weg sicher und schnell. Sie wußte einfach, wohin sie wollte und wie sie dorthin kam. Sie kannte sogar die wichtigsten Merkmale in dieser elenden Gegend. Schneller und glücklicher lief sie weiter. Sehr bald würde sie sich auf dem alten Schuttplatz zusammenrollen können. Noch eine Kurve und der Häuserblock tauchte auf –

Doch – was war das? – er war verschwunden. Kitty traute ihren Augen nicht. Dort, wo die Häuser des Blocks gestanden, gelehnt, gehangen oder sich hingezogen hatten, war nur noch eine große zerstörte Wildnis aus Steinen, Holz und Bodenlöchern.

Kitty lief rundherum. Sie erkannte an der Richtung und der Farbe des Pflasters, daß sie zuhause war; daß dort der Vogelmann gelebt hatte und dort der alte Schuttplatz gewesen war; doch alles war verschwunden, völlig verschwunden und hatte die vertrauten Gerüche mitgenommen; und die Mieze war todunglücklich über die hoffnungslose Lage. Ihre Heimatliebe war ihre Grundstimmung gewesen. Sie hatte alles aufgegeben, um zu einem Zuhause zurückzukehren, das es nicht mehr gab, und zum ersten Mal war ihre kleine tapfere Seele niedergeschlagen. Sie wanderte über die stillen Schuttberge und fand dort weder Trost noch etwas Eßbares. Die Zerstörung hatte mehrere Häuserblöcke getroffen und reichte bis zum Wasser hinunter. Das war kein Feuer gewesen. Kitty hatte das schon mal gesehen. Die Mieze wußte nichts von der großen Brücke, die sich genau an dieser Stelle erheben sollte.

Als die Sonne aufging, suchte Kitty nach einem Unterschlupf. Ein benachbarter Häuserblock stand noch fast unverändert da, und die Royal Analostan ließ sich dort nieder. Sie kannte einige der Wege, doch als sie dort ankam, war sie unangenehm überrascht, daß es dort vor Katzen nur so wimmelte, die auch alle aus ihren alten Gefilden vertrieben worden waren, und als die Mülleimer herausgestellt wurden, kamen mehrere Katze auf einen. Das bedeutete eine Hungersnot im Land, und die Mieze hielt es ein paar Tage aus und machte sich dann auf den Weg zu ihrem anderen Heim in der Fifth Avenue. Als sie dort ankam, fand sie es verschlossen und verlassen vor, und so kehrte sie in der nächsten Nacht zu den überfüllten Slums zurück.

September und Oktober gingen vorüber. Viele Katzen verhungerten oder waren zu schwach, um ihren natürlichen Feinden zu entkommen. Doch die junge und kräftige Kitty lebte noch.

Große Veränderungen gingen bei den zerstörten Häuserblöcken vor sich. Obwohl es über Nacht ruhig war, wimmelte es dort den ganzen Tag über vor lärmenden Arbeitern. Ein hohes Gebäude war Ende Oktober fertiggestellt worden, und Kitty trieb der Hunger zu einer Tonne, die ein Neger nach draußen gestellt hatte. Doch leider war das kein Abfalleimer, sondern etwas Neues in der Gegend, ein Putzeimer – eine herbe Enttäuschung zwar, doch er hatte eine Art Trost zu bieten: die Spur eines vertrauten Geruchs auf dem Griff. Während sie ihn noch betrachtete, kam der schwarze Liftboy wieder heraus. Trotz seiner blauen Kleidung hatte er den gleichen Geruch wie der Eimergriff. Kitty hatte die Straße schon wieder überquert. Er sah sie an.

„Wenn die nich aussieht wie die Royal Ankalostan – he, miez – miez – miez – miiiiez, komm, miiiiiez, he! Ich glaub, die is hungrig."

Hungrig! Sie hatte schon seit einem Monat nichts Richtiges mehr gegessen. Der Neger ging in die Halle und kehrte mit einem Teil seines eigenen Essens zurück.

„He, miez, miez – miez – miez." Schließlich legte er das Fleisch auf das Pflaster und kehrte zur Tür zurück. Slum-Kitty kam, fand es angenehm, schnupperte an dem Fleisch, packte es und floh wie eine kleine Tigerin, um ihre Beute ungestört verzehren zu können.

4. Leben

Damit begann ein neues Zeitalter. Die Mieze kam an die Tür des Hauses, wenn sie ausgehungert war, und ihre guten Gefühle für den Neger wuchsen. Sie hatte den Mann vorher nie verstanden. Doch jetzt war er ihr Freund, der einzige, den sie hatte.

Einmal fing die Mieze eine Ratte. Sie überquerte die Straße vor dem neuen

Haus, als ihr Freund einem gutgekleideten Mann die Tür zum Hinausgehen öffnete.

„Verdammt, sieh dir diese Katze an", sagte der Mann.

„Ja, Sir", erwiderte der Neger, „se gehört mir, Sir; sie is ganz wild auf Ratten, Sir. Hat sie schon fast alle gemacht. Darum is se so dünn."

„Laß sie mal nicht verhungern", sagte der Mann mit der Miene eines Hauseigentümers. „Kannst du sie nicht füttern?"

„Der Fleischmann kommt regelmäßig, Sir. Viertel Dollar die Woche, Sir", sagte der Neger, dem klar war, daß er für ‚den Einfall' ein Recht auf die fünfzehn zusätzlichen Cents hatte.

„Das geht in Ordnung. Ich werde dafür geradestehen."

Seitdem hat der Neger sie schon etliche Male mit absolut reinem Gewissen verkauft, weil er genau weiß, daß es nur eine Frage von ein paar Tagen ist, bis die Royal Analostan zurückkommt. Sie hat gelernt, den Fahrstuhl zu akzeptieren, und fährt sogar in ihm hinauf und hinunter. Der Neger behauptet steif und fest, daß sie es einmal schaffte, den Fahrstuhl zu rufen, um sich von ihm herunterbringen zu lassen, als sie vom obersten Stockwerk aus den Fleischmann hörte.

Sie ist wieder schlank und schön. Sie gehört nicht nur zu den 400 Katzen, die den inneren Kreis um den Karren des Fleischmanns bilden, sondern wird auch als der Star der Kostgänger angesehen.

Doch trotz ihres Wohlstands, ihrer sozialen Stellung, ihres königlichen Namens und ihres gefälschten Stammbaums besteht ihr größtes Vergnügen darin, in der Abenddämmerung durch die Slums zu wandern. Denn wie in ihren früheren Leben ist sie tief in ihrem Herzen auch jetzt noch und auch weiterhin nur eine schmutzige kleine Slumkatze.

Die weißen und die schwarzen Herrscher

Théophile Gautier

Die Katze, die von Mademoiselle Anïta de la Penuela aus Havanna mitgebracht wurde, einer jungen spanischen Künstlerin, deren Studien von weißen Angorakatzen wahrscheinlich noch immer die Fenster des Graphikhändlers zieren, brachte das niedlichste kleine Kätzchen zur Welt, das man sich nur vorstellen kann. Es sah wie eine Puderquaste aus Schwandaunen aus, und weil es so makellos weiß war, wurde es Pierrot genannt. Als es groß war, wurde dieser Name zu Don Pierrot de Navarre verlängert, weil das viel grandioser und majestätischer klang.

Wie alle Tiere, die verwöhnt werden und um die viel Getue gemacht wird, entwickelte auch Don Pierrot einen Charakter von charmanter Liebenswürdigkeit. Er teilte das Leben seiner Menschen mit all der Freude, die Katzen für die Intimität des heimischen Herds empfinden. Wenn er wie immer auf seinem Platz in der Nähe des Feuers saß, schien er wirklich zu verstehen, was gesprochen wurde, und auch ein Interesse daran zu haben.

Seine Augen wanderten zwischen den Sprechenden hin und her, und von Zeit zu Zeit gab er leise Töne von sich, als wollte auch er ein paar Bemerkungen machen und seine Meinung über Literatur von sich geben, die unser übliches Gesprächsthema war. Er liebte Bücher sehr, und wenn er eins aufgeschlagen auf einem Tisch fand, legte er sich darauf, betrachtete die Seite aufmerksam und blätterte mit der Pfote weiter; das endete damit, daß er einschlief, was jedoch für alle so aussah, als lese er einen modernen Roman.

Sobald ich einen Federhalter nahm, sprang er auf mein Schreibpult und beobachtete mit großer Aufmerksamkeit, wie die Stahlspitze schwarze Spinnenbeine über das weiße Papier zog, und sein Kopf drehte sich jedesmal, wenn ich eine neue Zeile begann. Manchmal wollte er sich wohl an dem Werk beteiligen und versuchte, mir den Federhalter aus der Hand zu nehmen, weil er ohne Zweifel selbst schreiben wollte, denn er war, wie Hoffmanns Murr, eine ästhetische Katze. Ich hatte den starken Verdacht, daß er seine Memoiren nachts im Schein seiner phosphoreszierenden Augen auf irgendein Hausdach geschrieben hat. Leider sind diese gelehrten Abhandlungen verloren gegangen.

Don Pierrot ging nie zu Bett, bevor ich heimkam. Er wartete hinter der Tür auf mich, und wenn ich die Halle betrat, rieb er sich an meinen Beinen, machte einen Buckel und schnurrte die ganze Zeit über vor Freude. Dann ging er wie ein Page vor mir her, und wenn ich ihn darum gebeten hätte, hätte er sicherlich die Kerze für mich getragen. So begleitete er mich in mein Zimmer und wartete, bis ich mich ausgekleidet hatte; dann sprang er aufs Bett, legte mir die Pfoten um den Hals, machte Nase-Nase mit mir und leckte mich mit seiner rauhen kleinen rosa Zunge, während er sanfte unartikulierte Schreie ausstieß, mit denen er deutlich machte, wie sehr er sich freute, mich wiederzusehen. Wenn dann seine Liebesbezeugungen abflauten und es Zeit zum Schlafen war, balancierte er sich auf der Querstange des Bettgestells aus und schlief dort wie ein Vogel auf einem Ast. Wenn ich des Morgens aufwachte, kam er zu mir und legte sich an meine Seite, bis es Zeit zum Aufstehen war. Um zwölf Uhr kam ich gewöhnlich herunter, und Pierrot zeigte bei dieser Gelegenheit stets alle Anzeichen eines Concierges.

Zu dieser Zeit hatten wir mit ein paar Freunden kleine abendliche Zusammenkünfte eingeführt und eine private Gesellschaft gegründet, die wir den Vier-Kerzen-Club nannten, da das Zimmer, in dem wir uns trafen, von vier Kerzen in silbernen Leuchtern erhellt wurde, die an den Ecken des Tisches standen.

Manchmal wurde die Unterhaltung so lebhaft, daß ich die Zeit vergaß und damit das Risiko einging, daß währenddessen – wie bei Cinderella – sich meine Kutsche in einen Kürbis und mein Kutscher in eine Ratte verwandelt hatte.

Mehrmals wartete Pierrot bis zwei Uhr morgens auf mich, doch schließlich ärgerte ihn mein Verhalten so sehr, daß er ohne mich zu Bett ging. Dieser stumme Protest gegen meine unschuldige Ausschweifung rührte mich so sehr, daß ich danach immer pünktlich um Mitternacht nach Hause kam. Doch es dauerte lange, ehe Pierrot mir vergab. Er wollte sicher sein, daß das nicht nur eine vorgetäuschte Reue war; doch nachdem er sich von der Ernsthaftigkeit meiner Bekehrung überzeugt hatte, nahm er mich gnädig wieder auf und bezog wieder seinen nächtlichen Posten in der Eingangshalle.

Die Freundschaft einer Katze zu erwerben, ist keine einfache Sache. Sie ist ein philosophisches, beherrschtes, ruhiges Wesen und ein Gewohnheitstier, das Ordnung und Sauberkeit liebt. Es verschenkt seine Gefühle nicht wahllos. Sie wird dein Freund werden, wenn du dich dieser Ehre würdig erweist, doch sie wird nie dein Sklave sein. Bei aller Zuneigung bewahrt sie sich ihre Entscheidungsfreiheit, und sie wird nur das für dich tun, was sie für vernünftig hält; doch wenn sie einmal ihre Liebe gegeben hat – was für ein absolutes Vertrauen, was für eine treue Liebe. Sie ist der Gefährte deiner Arbeitsstunden, deiner Einsamkeit oder Traurigkeit. Sie liegt den ganzen Abend in schnurrendem Glück auf deinen Knien und zieht dich dem Zusammensein mit ihren Artgenossen vor. Das Gejaule hallt vergeblich von den Dächern herunter, mit dem zu einer dieser nächtlichen Katzenparties eingeladen wird, bei denen der Geruch von Bückling den Tee ersetzt. Sie wird sich nicht verführen lassen, sondern weiter mit dir die Nacht durchwachen. Wenn du sie niedersetzt, wird sie mit einer Art summendem Geräusch, das wie ein sanfter Tadel klingt, schnell wieder hinaufklettern. Wenn sie sich manchmal vor dich hinsetzt, sieht sie dich mit so weichen, schmachtenden Augen an, so menschlichen und zärtlichen Blicken, daß du fast eingeschüchtert bist, weil es unmöglich scheint, daß das grundlos geschieht.

Don Pierrot hatte eine Gefährtin der gleichen Rasse, die nicht weniger weiß war als er. Alle nur denkbaren Vergleiche mit Schnee würden nicht ausreichen, dieses makellose Fell zu beschreiben, das einen Hermelin gelb hätte aussehen lassen.

In Erinnerung an Balzacs swedenborgische Romanze nannte ich sie Seraphita, nach der Heldin dieser wunderbaren Geschichte, die nie zuvor weißer strahlte, als zu dem Zeitpunkt, da sie mit Minna die schneebedeckten Gipfel des Falbergs bestieg.

Seraphita hatte ein verträumtes und nachdenkliches Wesen. Sie konnte stundenlang reglos auf einem Kissen liegen, nicht schlafend, sondern in aufmerksamer Betrachtung dessen, das dem Normalsterblichen verborgen bleibt.

Zärtlichkeiten waren ihr angenehm, doch sie nahm sie sehr reserviert entgegen, und das auch nur von den Menschen, die sich ihrer Wertschätzung erfreuten, die nicht einfach zu erlangen war. Sie liebte den Luxus, und sie saß immer im neuesten Sessel oder war stets auf dem Möbelstück zu finden, das ihre schwanengleiche Schönheit am besten zur Geltung brachte. Ihre Toilette nahm ungeheuer viel Zeit in Anspruch. Sie glättete jeden Morgen sorgfältig ihr gesamtes Fell und wusch sich das Gesicht mit der Pfote. Jedes Haar an ihrem Körper schimmerte wie Neusilber, wenn sie es mit ihrer rosa Zunge gebürstet hatte. Wenn jemand sie anfaßte, entfernte sie sofort die Spuren dieser Berührung, denn sie konnte es nicht ertragen, zerzaust auszusehen. Ihre Eleganz und Vornehmheit erinnerte an eine aristokratische Herkunft, und unter ihresgleichen muß sie mindestens eine Herzogin gewesen sein. Sie liebte Düfte. Sie tauchte ihre Nase in Blumenbouquets und knabbert mit kleinen Freudenausbrüchen an parfümierten Taschentüchern. Sie wanderte über die Frisierkommode und schnüffelte an den Stöpseln der Parfumflaschen, und sie hätte sicherlich auch gern den Veilchen-Puder benutzt, wenn man ihr das gestattet hätte.

So war Seraphita, und niemals war eine Katze eines poetischen Namens würdiger.

Don Pierrot de Navarre, der aus Havanna stammte, brauchte eine Treibhaustemperatur. Die hatte er im Haus, doch das Haus war von großen Gärten umgeben, die mit Zäunen unterteilt waren, durch die eine Katze mit Leichtigkeit schlüpfen konnte, und mit Bäumen bepflanzt, in denen eine Unmenge von Vögeln zwitscherten und sangen. Und manchmal nutzte Pierrot eine offene Tür, um nachts auf die Jagd zu gehen und durch mit Tau bedecktes Gras und durch die Blumen zu laufen. Dann mußte er bis zum Morgen warten, daß er hereingelassen wurde, denn wenn er auch vielleicht unter den Fenstern miaute, weckte er die im Haus Schlafenden nicht immer mit seiner Bitte.

Er hatte eine empfindliche Lunge, und in einer Nacht, die kälter als üblich war, zog er sich eine Erkältung zu, die sich schon bald zur Schwindsucht entwickelte. Nach einem Jahr Husten war der arme Pierrot schwach und dünn geworden, und sein Fell, das zuvor schneeweiß geglänzt hatte, sah jetzt aus wie ein glanzloses weißes Totenhemd. Seine großen, durchsichtigen Augen waren jetzt riesig in seinem abgemagerten Gesicht. Seine rosa Nase war blaß geworden, und er ging langsam auf der sonnenbeschienenen Mauer entlang und schaute zu, wie die gelben Herbstblätter spiralförmig herabwirbelten. Er sah aus, als rezitierte er Millevoyes Klagelied.

Nichts ist anrührender als ein krankes Tier; es unterwirft sich dem Leiden mit sanfter, pathetischer Ergebenheit.

Alles wurde getan, um Pierrot zu retten. Er hatte einen sehr klugen Doktor, der ihn abhorchte und ihm den Puls fühlte. Er verordnete Eselsmilch, die das arme Tier bereitwillig genug aus seiner kleinen chinesischen Schüssel trank. Stundenlang lag er wie der Geist einer Sphinx auf meinen Knien, und ich konnte die Wirbel seines Rückgrats wie die Perlen eines Rosenkranzes unter meinen Fingern fühlen. Er versuchte, meine Zärtlichkeiten mit einem schwachen Schnurren zu beantworten, das wie ein Todesröcheln klang.

Als er starb, lag er keuchend auf der Seite, doch mit äußerster Mühe erhob er sich und kam mit aufgerissenen Augen zu mir, in denen ein Ausdruck intensiven Flehens stand. Der Blick schien sagen zu wollen: „Kannst du mich nicht retten? Du bist doch ein Mensch." Dann taumelte er ein kleines Stück und stürzte mit solch jämmerlichem Schrei, so viel Verzweiflung und Pein, daß ich von einem stillen Grauen erfüllt wurde.

Er wurde im unteren Garten unter einem weißen Rosenbusch begraben, der noch immer sein Grab ziert.

Seraphita starb zwei oder drei Jahre später an Diphtherie, die keine Wissenschaft heilen konnte.

Sie ruht nicht weit von Pierrot entfernt. Mit ihrem Tod erlosch die weiße Herrschaft, doch nicht die Familie. Diesem schneeweißen Paar waren drei Kätzchen geboren worden, die schwarz wie Tinte waren.

Dieses Rätsel soll erklären, wer kann.

Zu jener Zeit war Victor Hugos *Misérables* groß in Mode, und jedermann kannte die Namen der handelnden Personen des Romans genau. Ich nannte die beiden männlichen Kätzchen Enjolras und Gavroche, und das kleine Mädchen erhielt den Namen Eponine.

Sie waren über alle Maßen entzückende Kleine. Ich brachte ihnen bei, wie ein Hund einen Papierball zu apportieren, den ich ihnen zuwarf. Mit der Zeit lernten sie, ihn von Regalen herunter- und hinter Kommoden hervorzuholen und aus hohen Vasen, aus denen sie ihn sehr geschickt mit ihren Pfoten herausangelten. Als sie erwachsen waren, verabscheuten sie derart frivole Spiele und entwickelten das ruhige, philosophische Temperament, das der wahren Natur einer Katze zu eigen ist.

Für Menschen, die in Amerika in eine Sklavenkolonie geraten, sind alle Neger Neger und nicht voneinander zu unterscheiden. Für den oberflächlichen Blick sind auch drei schwarze Katzen nur drei schwarze Katzen; doch aufmerksamen Beobachtern unterläuft dieser Fehler nicht. Das Aussehen der Tiere ist genauso unterschiedlich wie das der Menschen, und ich konnte ihre Gesichter einwandfrei unterscheiden, obwohl sie alle drei so schwarz waren wie Harlekinsmasken, die von golden schillernden Smaragdscheiben aufgehellt werden.

Enjolras war mit Abstand der hübscheste der drei. Auffallend waren sein großer Löwenkopf und eine dicke Halskrause, seine kräftigen Schultern, sein langgestreckter Rücken und sein herrlicher federnartiger Schwanz. Er hatte etwas Theatralisches und warf sich immer wie ein beliebter Schauspieler, der weiß, daß er bewundert wird, in Positur. Er bewegte sich langsam, wogend und majestätisch. Er setzte jeden Fuß mit soviel Umsicht nieder, als liefe er über einen Tisch voll chinesischer Nippsachen oder venetianischem Glas. Sein Wesen war alles andere als stoisch, und er aß mit einer Leidenschaft, die sein rechtschaffender, sachlicher junger Namensvetter sicherlich mißbilligt hätte. Enjolras hätte ihm zweifellos das gesagt, was auch der Engel zu Swedenborg sagte: „Du ißt zuviel."

Ich ließ seine Gefräßigkeit zu, weil sie so amüsant war, und Enjolras hatte schließlich eine Größe und ein Gewicht, die selten von einer Hauskatze erreicht werden. Dann kam ich auf die Idee, ihn wie einen Pudel scheren zu lassen, um seine Löwenähnlichkeit perfekt zu machen.

Wir ließen ihm seine Mähne und eine große Quaste am Schwanzende, und ich schwöre, daß wir ihm auf dem Hinterteil einen Bart in Hammelkotelett-Form verpaßten, wie Munito ihn trug. Zugegebenermaßen sah er so herausgeputzt mehr wie ein japanisches Monster als wie ein afrikanischer Löwe aus. Nie zuvor wurde ein verrückterer Einfall von einem lebenden Tier so verkörpert. Seine rasierte Haut hatte eine seltsam blaue Färbung, die in merkwürdigem Kontrast zu seiner schwarzen Mähne stand.

Als ob Gavroche an seinen Namensvetter im Roman erinnern wollte, hatte er einen leicht verrückten Gesichtsausdruck. Er war kleiner als Enjolras, und seine Bewegungen waren sonderbar schnell und brüsk. Bei ihm entsprachen seine absurden Luftsprünge und drolligen Körperhaltungen den Scherzen und der Sprache der Pariser Gassenjungen. Ich muß zugeben, daß Gavroche einen Hang zum Vulgären hatte. Er nutzte jede Gelegenheit, um den Salon zu verlassen und sich im Hinterhof und sogar auf der Straße mit streunenden Katzen zu treffen,

‚De naissance quelconque et de sang peu prouvé'

in deren zweifelhafter Gesellschaft er völlig seine Würde vergaß – als Katze aus Havanna, Sohn des Don Pierrot de Navarre, Grande erster Klasse von Spanien, und der aristokratischen und hochmütigen Doña Seraphita.

Bei seiner Herumstromerei las er manchmal ausgemergelte, verhungerte Kameraden auf und brachte sie zu seinem Teller, um sie in seiner gutmütigen und großzügigen Art zu bewirten. Die armen Teufel verschlangen mit angelegten Ohren und wachsamen Seitenblicken gleich zwei-, drei- und vierfach große Brocken aus Angst, daß sie bei ihrer kostenlosen Mahlzeit vom Besen des Hausmädchens unterbrochen werden könnten. Und wie der berühmte Hund Siete-Aguas (Sieben Wässer) spanischer posadas (Gaststätten) leckten sie den Teller so sauber, als wäre er von einer von Gerard Dows oder Mieris' holländischen Hausfrauen gespült und poliert worden.

Doch das bewies nur, wie großherzig Gavroche war, denn er hätte das Futter mit Leichtigkeit selbst essen können.

Die Katze, die nach der Eponine benannt war, war kleiner und schlanker als ihre Brüder. Ihre Nase war ziemlich lang, und ihre Augen leicht schräg und so grün wie die von Pallas Athene, der Homer immer den Beinamen *γλαυκωπις* gab. Ihre Nase war aus samtigem Schwarz, das sich wie eine feine Périgord-Trüffel anfühlte; ihre Barthaare vibrierten ständig aufgeregt, und das alles gab ihr ein besonders ausdrucksvolles Aussehen. Ihr herrliches schwarzes Fell schien durch das Changieren ihrer dunkleren Zeichnung ebenfalls in unausgesetzter Bewegung zu sein. Kein anderes Tier war empfindsamer, nervöser und elektrisierter als sie. Wenn man sie im Dunkeln zwei- oder dreimal streichelte, stiegen blaue Blitze knisternd von ihrem Fell auf.

Wie die Eponine im Roman sich dem Marius anschloß, so tat Eponine dies auch mit mir, doch da ich von Cosette weniger in Anspruch genommen wurde als dieser hübsche junge Mann, konnte ich die Zuneigung dieser sanften und ergebenen Katze annehmen, die noch immer die Freuden meiner ländlichen Abgeschiedenheit teilt und mir eine unzertrennliche Gefährtin in meinen Arbeitstunden ist.

Sie rennt herbei, wenn sie die Türklingel hört, empfängt die Besucher, geleitet sie in den Salon und spricht mit ihnen – ja, sie spricht mit ihnen – mit leisen zwitschernden Tönen, die ganz und gar nicht der Sprache ähneln, in der sich Katzen miteinander unterhalten, sondern die die artikulierte Sprache der Menschen nachahmen. Was sie sagt? Sie sagt klar und deutlich: „Bitte warten Sie, bis Monsieur herunterkommt. Bitte schauen Sie sich die Bilder an oder unterhalten sich in der Zwischenzeit mit mir, wenn Ihnen das Spaß macht." Wenn ich hereinkomme, zieht sie sich so diskret in einen Sessel oder zu einer Ecke des Pianos zurück, wie ein gut erzogenes Tier, das weiß, wie man sich in guter Gesellschaft benimmt. Die hübsche kleine Eponine hat so oft ihre Intelligenz, ihre gute Veranlagung und Geselligkeit unter Beweis gestellt, daß sie mit Zustimmung aller in den Stand einer Person erhoben wurde, weil es ganz offensichtlich war, daß sie eher von Vernunft geprägt war als lediglich vom Instinkt. Dieses hohe Ansehen verschaffte ihr das Privileg, wie ein Mensch am Tisch statt wie ein Tier aus einer Schüssel in einer Ecke des Zimmers zu essen.

Also saß Eponine beim Frühstück und Mittagessen auf dem Stuhl neben mir, doch weil sie so klein war, durfte sie ihre beiden Vorderpfoten auf der Tischkante abstützen. Ihr Platz war zwar nicht mit Löffel oder Gabel gedeckt, doch sie hatte ihr eigenes Glas. Sie aß sich Gericht für Gericht durch das ganze Essen, von der Suppe bis zum Dessert, wartete solange, bis man sie bediente und legte solch korrekte und angenehme Manieren an den Tag, die man gern bei vielen Kindern sehen würde. Sie erschien mit dem ersten Ton der Glocke, und wenn man das Eßzimmer betrat, saß sie schon aufrecht und mit auf der Kante des Tischtuchs abgestützten Pfoten auf ihrem Platz und schien ihre kleines Gesicht für einen Kuß darzubieten, wie ein gut erzogenes kleines Mädchen, das ihren Eltern und älteren Menschen gegenüber von liebevoller Höflichkeit ist.

So wie man Risse in Diamanten findet, Flecken auf der Sonne und Schatten sogar in der Perfektion, muß ich zugeben, daß auch Eponine eine Leidenschaft für Fisch hatte. Diese Liebe teilte sie mit allen anderen Katzen. Im Gegensatz zu dem lateinischen Sprichwort,

‚Catus amat pieces, sed non vult tingere plantas',

hätte sie liebend gern ihre Pfote ins Wasser getaucht, wenn sie dadurch eine Forelle oder einen jungen Karpfen hätte herausziehen können. Bei Fisch wurde sie fast verrückt und wie ein Kind, das begierig auf den Nachtisch wartet, wies sie gelegentlich die Suppe zurück, wenn sie wußte (von vorherigen Nachforschungen in der Küche), daß es Fisch gab. Wenn das geschah, war sie außer Rand und Band, und ich sagte kalt zu ihr: „Mademoiselle, jemand, der keinen Appetit auf Suppe hat, kann auch keinen Appetit auf Fisch haben", und das Gericht wurde ihr mitleidlos unter der Nase fortgenommen. Da sie das davon überzeugte, daß die Sache ernst war, schlang Eponine die Suppe bis zum letzten Tropfen gierig und hastig herunter und putzte auch noch den letzten Krümel Brot oder Makkaroni weg. Anschließend wandte sie sich mir so stolz zu wie jemand, der seine Pflicht gewissenhaft erfüllt hat. Dann wurde ihr ihre Portion gereicht, die sie mit großer Zufriedenheit verzehrte, und nachdem sie von jedem Gericht gekostet hatte, beendete sie das Essen damit, daß sie ein Drittel Glas Wasser trank.

Wenn ich Freunde zum Mittagessen erwarte, weiß Eponine schon, daß es eine Party geben wird, noch ehe sie die Gäste zu Gesicht bekommen hat. Sie schaut auf ihren Platz, und wenn sie dort ein Messer und eine Gabel neben ihrem Teller entdeckt, verschwindet sie sofort und setzt sich auf einen Klavierstuhl, der bei diesen Gelegenheiten ihr Zufluchtsort ist.

Wenn sie können, sollen doch diejenigen, die einem Tier die Denkfähigkeit absprechen, diesen kleinen Umstand erklären, der zwar sehr simpel erscheint, jedoch eine Serie von Schlußfolgerungen beinhaltet. Aus der Tatsache, daß neben ihrem Teller Geräte liegen, die nur ein Mensch benutzen kann, schließt diese aufmerksame und nachdenkliche Katze, daß sie für diesen Tag ihren Platz einem Gast überlassen muß, und verhält sich auch prompt so. Sie macht nie einen Fehler; doch wenn sie den Besucher gut kennt, klettert sie auf sein Knie und versucht auf ihre hübsche, zärtliche Art, ihm ein Bröckchen abzuschmeicheln.

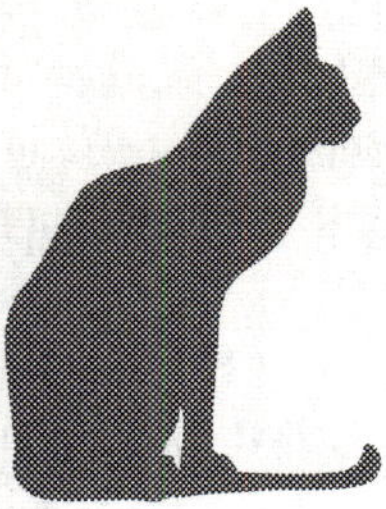

Die Katze, die alleine ging

Rudyard Kipling

Dies geschah und ereignete sich und wurde und war, O meine Allerliebste, als die zahmen Tier wild waren. Der Hund war wild, und das Pferd war wild, und die Kuh war wild, und das Schaf war wild, und das Schwein war wild – so wild sie nur konnten – und sie wanderten in dem nassen wilden Wald wie wild herum, doch das wildeste aller wilden Tiere war die Katze. Sie ging allein, und alle Orte waren ihr gleich.

Der Mann war natürlich auch wild. Er war schrecklich wild. Er wurde erst ein wenig zahm, als er die Frau traf und sie nicht nach seiner wilden Art leben wollte. Sie fand eine nette trockene Höhle, in die sie sich lieber legen wollte als in einen Berg nasser Blätter, und sie streute sauberen Sand auf den Boden, und sie zündete ein nettes Holzfeuer hinten in der Höhle an, und sie hängte eine getrocknete Wildpferdhaut mit dem Schwanz nach unten vor die Öffnung der Höhle, und sie sagte: „Putz deine Füße ab, ehe du reinkommst, und ab jetzt werden wir das Haus hüten."

An diesem Abend, Allerliebste, aßen sie Wildes Schaf, gebraten auf heißen Steinen und gewürzt mit wildem Knoblauch und wildem Pfeffer, und Wilde Ente, gefüllt mit wildem Reis und wildem Bockshornklee und wildem Koriander; und Markknochen vom Wilden Ochsen; und wilde Kirschen und wilde Grenadillen. Dann legte sich der Mann vor dem Feuer schlafen, glücklich wie er war, aber die Frau blieb auf und kämmte sich. Sie nahm den Schafsschulterkochen, diesen großen, flachen Schulterblattknochen, und betrachtete die wunderbaren Muster darauf, und sie legte mehr Holz ins Feuer und begann, einen Zauber zu machen. Sie machte den ersten Gesungenen Zauber der Welt.

Draußen im nassen wilden Wald versammelten sich alle wilden Tiere dort, von wo aus sie das Licht des Feuers von weitem sehen konnten, und sie fragten sich, was es wohl bedeuten könne. Dann stampfte Wildes Pferd mit dem Fuß auf und sagte: „O meine Freunde und meine Feinde, warum haben der Mann und die Frau dieses große Licht in dieser großen Höhle gemacht, und wie wird es uns schaden?"

Wilder Hund hob die Nase und roch den Duft des gebratenen Schafs und sagte: „Ich werde hingehen und sehen und schauen und bleiben: Denn ich glaube, es ist gut. Katze, komm mit mir mit."

„Niemals", sagte die Katze. „Ich bin die Katze, die alleine geht, und alle Orte sind mir gleich. Ich werde nicht mitkommen."

„Dann werden wir nie wieder Freunde sein", sagte Wilder Hund und trottete zur Höhle davon.

Doch als er ein kleines Stück gegangen war, sagte die Katze zu sich selbst: „Alle Orte sind mir gleich. Warum sollte ich nicht auch gehen und sehen und schauen und weggehen?" So schlich sie sachte, sehr sachte hinter Wildem Hund her und verbarg sich dort, wo sie alles hören konnte.

Als Wilder Hund den Eingang der Höhle erreichte, hob er mit der Nase die getrocknete Pferdehaut ein wenig an und erschnüffelte den herrlichen Geruch des gebratenen Schafs, und die Frau hörte ihn und lachte und sagte: „Da ist ja das erste wilde Ding aus dem wilden Wald. Was willst du?"

Wilder Hund sagte: „O meine Feindin und Frau meines Feindes, was riecht denn so gut im wilden Wald?"

Da nahm die Frau einen gebratenen Schafsknochen und warf ihm Wildem Hund zu und sagte: „Wildes Ding aus dem wilden Wald, koste und versuche." Wilder Hund nagte den Knochen, und er schmeckte köstlicher als alles, was er je gekostet hatte, und er sagte: „O meine Feindin und Frau meines Feindes, gib mir noch einen."

Die Frau sagte: „Wildes Ding aus dem wilden Wald, hilf meinem Mann bei Tag beim Jagen, und bewach bei Nacht diese Höhle, und ich werde dir so viele gebratene Knochen geben, wie du brauchst."

„Ah!" sagte die lauschende Katze, „Das ist eine sehr schlaue Frau, doch sie ist nicht so schlau wie ich."

Wilder Hund krabbelte in die Höhle und legte den Kopf in den Schoß der Frau und sagte: „O meine Freundin und Frau meines Freundes, ich werde deinem Mann bei Tag bei der Jagd helfen und bei Nacht eure Höhle bewachen."

„Ah!" sagte die lauschende Katze, „Das ist ein sehr dummer Hund." Und sie ging zurück durch den nassen wilden Wald mit wedelndem Schwanz und ganz für sich allein. Doch sie erzählte es keinem.

Als der Mann aufwachte, sagte er: „Was macht Wilder Hund denn hier?" Und die Frau sagte: „Sein Name ist nicht mehr Wilder Hund, sondern Erster Freund, weil er für immer und immer und immer unser Freund sein wird. Nimm ihn mit, wenn du zum Jagen gehst."

Am nächsten Abend schnitt die Frau Arme voll langem grünen frischen Gras in den Wasserwiesen und trocknete es vor dem Feuer, so daß es wie frisch gemähtes Heu duftete, und sie setzte sich in den Eingang der Höhle und flocht ein Halfter aus Pferdehaut, und sie betrachtete den Schafsschulterknochen – den großen breiten Schulterblattknochen – und sie machte einen Zauber. Sie machte den zweiten Gesungenen Zauber der Welt.

Draußen im wilden Wald fragten sich alle wilden Tiere, was aus Wilder Hund geworden war, und schließlich stampfte Wildes Pferd mit dem Fuß auf und sagte: „Ich werde hingehen und sehen, warum Wilder Hund nicht zurückgekehrt ist. Katze, komm mit mir mit."

„Niemals", sagte die Katze. „Ich bin die Katze, die alleine geht, und alle Orte sind mir gleich. Ich werde nicht mitkommen." Doch trotzdem folgte sie Wildem Pferd sachte, sehr sachte, und verbarg sich dort, wo sie alles hören konnte.

Als die Frau Wildes Pferd trippeln und über seine lange Mähne stolpern hörte, lachte sie und sagte: „Da ist ja das zweite wilde Ding aus dem wilden Wald. Was willst du?"

Wildes Pferd sagte: „O meine Feindin und Frau meines Feindes, wo ist Wilder Hund?"

Die Frau lachte und nahm den Schulterblattknochen auf und sah ihn an und sagte: „Wildes Ding aus dem wilden Wald, du bist nicht Wilden Hundes wegen hergekommen, sondern dieses guten Grases wegen."

Und Wildes Pferd, das trippelte und über seine lange Mähne stolperte, sagte: „Das stimmt. Gib es mir zu essen."

Die Frau sagte: „Wildes Ding aus dem wilden Wald, neige deinen wilden Kopf und trage, was ich dir gebe, und du wirst dreimal am Tag das herrliche Gras essen."

„Ah", sagte die lauschende Katze, „das ist eine schlaue Frau, aber sie ist nicht so schlau wie ich."

Wildes Pferd neigte seinen wilden Kopf, und die Frau streifte ihm das versteckt gehaltene Halfter über, und Wildes Pferd hauchte über die Füße der Frau und sagte: „O meine Herrin und Frau meines Herrn, für das herrliche Gras werde ich euer Diener sein."

„Ah", sagte die lauschende Katze, „das ist ein sehr dummes Pferd." Und sie ging zurück durch den nassen wilden Wald mit wedelndem wilden Schwanz und ganz für sich allein.

Als der Mann und der Hund vom Jagen zurückkamen, sagte der Mann: „Was macht Wildes Pferd hier?" Und die Frau sagte: „Sein Name ist nicht mehr Wildes Pferd, sondern Erster Diener, denn er wird uns für immer und immer und immer von Ort zu Ort tragen. Nimm ihn mit, wenn du zum Jagen gehst."

Am nächsten Tag kam Wilde Kuh zur Höhle, den wilden Kopf erhoben, damit sich ihre wilden Hörner nicht in den wilden Bäumen verfingen, und die Katze folgte und versteckte sich wie zuvor; und alles geschah wie zuvor; und die Katze sagte das gleiche wie zuvor, und als Wilde Kuh versprochen hatte, der Frau jeden Tag ihre Milch im Austausch für das herrliche Gras zu geben, ging die Katze zurück durch den nassen wilden Wald, ganz für sich und wie zuvor.

Und als der Mann und das Pferd und der Hund vom Jagen nach Hause zurückkamen und die gleichen Fragen stellten wie zuvor, sagte die Frau: „Ihr Name ist nicht mehr Wilde Kuh, sondern Geberin Guter Dinge. Sie wird uns die warme weiße Milch für immer und immer und immer geben, und ich werde auf sie aufpassen, wenn ihr drei zur Jagd geht."

Am nächsten Tag wartete die Katze ab, ob ein anderes wildes Ding zur Höhle gehen würde, doch keines regte sich. Deshalb ging die Katze selbst hin, und sie sah die Frau die Kuh melken, und sie sah das Feuer in der Höhle, und sie roch den Geruch der warmen weißen Milch.

Die Katze sagte: „O meine Feindin und Frau meines Feindes, wo ist Wilde Kuh geblieben?"

Die Frau lachte und sagte: „Wildes Ding aus dem wilden Wald, geh wieder zurück in den Wald, denn ich habe mein Haar geflochten und den Schulterblattknochen weggelegt, und wir brauchen keine Freunde oder Diener mehr in unserer Höhle."

Die Katze sagte: „Ich bin kein Freund, und ich bin kein Diener. Ich bin die Katze, die alleine geht, und ich möchte in deine Höhle kommen."

Die Frau sagte: „Warum bist du dann nicht in der ersten Nacht mit Erstem Freund gekommen?"

Die Katze wurde sehr wütend und sagte: „Hat Wilder Hund Geschichten über mich erzählt?"

Da lachte die Frau und sagte: „Du bist die Katze, die alleine geht, und dir sind alle Orte gleich. Du bist weder Freund noch Diener. Geh weg, und geh allein zu allen gleichen Orten."

Da tat die Katze so, als ob sie traurig sei, und sagte: „Darf ich nie in die Höhle kommen? Darf ich nie am warmen Feuer sitzen? Darf ich nie die warme weiße Milch trinken? Du bist sehr schlau und sehr schön. Du solltest nicht einmal zu einer Katze grausam sein."

Da sagte die Frau: „Ich weiß, daß ich schlau bin, aber ich habe nicht gewußt, daß ich schön bin. Also werde ich mit dir einen Handel schließen. Wenn ich dich einmal lobe, darfst du in die Höhle kommen."

„Und wenn du mich zweimal lobst?" sagte die Katze.

„Das werde ich nie tun", sagte die Frau, „aber wenn ich dich zweimal lobe, darfst du am Feuer in der Höhle sitzen."

„Und wenn du dreimal lobst?" sagte die Katze.

„Das werde ich nie tun", sagte die Frau, „doch wenn ich es tue, darfst du dreimal am Tag für immer und immer und immer die warme weiße Milch trinken."

Da machte die Katze einen Buckel und sagte: „Jetzt sollen der Vorhang am Eingang der Höhle und das Feuer hinten in der Höhle und die Milchtöpfe neben dem Feuer sich an das erinnern, was meine Feindin und die Frau meines Feindes gesagt hat." Und sie ging durch den wilden Wald weg mit wedelndem wilden Schwanz und ganz für sich allein.

Als der Mann und das Pferd und der Hund an diesem Abend vom Jagen nach Hause zurückkehrten, erzählte die Frau ihnen nichts von dem Handel, den sie geschlossen hatte, weil sie fürchtete, daß es ihnen nicht gefallen könnte.

Die Katze ging weit, weit fort und versteckte sich im nassen wilden Wald, ganz für sich allein und so lange, bis die Frau sie ganz vergessen hatte. Nur die Fledermaus – die kleine umgedrehte Fledermaus –, die in der Höhle hing, wußte, wo sich die Katze versteckte, und jeden Abend flog sie mit allen Neuigkeiten zur Katze.

Eines Abends sagte die Fledermaus: „Ein Baby ist in der Höhle. Es ist neu und rosa und fett und klein, und die Frau liebt es sehr."

„Ah", sagte die lauschende Katze, „doch was liebt das Baby?"

„Es liebt alle Dinge, die weich sind und kitzeln", sagte die Fledermaus. „Es liebt alle warmen Dinge, die es in den Arm nehmen kann, wenn es einschläft. Es liebt es sehr, wenn mit ihm gespielt wird. All diese Dinge liebt es."

„Ach", sagte die Katze, „jetzt ist meine Zeit gekommen."

In der nächsten Nacht ging die Katze durch den nassen wilden Wald und verbarg sich ganz dicht bei der Höhle, bis der Morgen dämmerte. Die Frau war mit Kochen beschäftigt, und das Baby weinte und störte sie. Deshalb trug sie es vor die Höhle und gab ihm eine Handvoll Kiesel zum Spielen. Doch das Baby weinte noch immer.

Da streckte die Katze ihre weiche Pfote aus und tupfte dem Baby gegen die Wange, und es gurrte. Und die Katze rieb sich an seinen fetten Knien und kitzelte es mit ihrem Schwanz unter seinem fetten Kinn. Und das Baby lachte; und die Frau hörte es und lächelte. Da sagte die Fledermaus – die kleine umgedrehte Fledermaus –, die im Eingang der Höhle hing: „O meine Wirtin und Frau meines Wirts und Mutter meines Wirts, ein wildes Ding aus dem wilden Wald spielt ganz wunderbar mit deinem Baby."

„Einen Segen über das wilde Ding, wer immer es auch sei", sagte die Frau und richtete sich auf, „weil ich heute morgen so beschäftigt war und es mir einen Dienst erwiesen hat."

In derselben Minute und Sekunde, Allerliebste, fiel der getrocknete Pferdehautvorhang am Eingang der Höhle herunter – *ploff!* –, weil er sich an den Handel erinnerte, und als die Frau ihn aufheben ging – sieh an! –, da saß die Katze ganz gemütlich in der Höhle.

„O meine Feindin und Frau meines Feindes und Mutter meines Feindes", sagte die Katze, „ich bin's, weil du mich einmal gelobt hast, und nun kann ich in der Höhle für immer und immer und immer sitzen. Doch ich bleibe die Katze, die alleine geht, und alle Orte sind mir gleich."

Die Frau war sehr ärgerlich und preßte die Lippen fest zusammen und nahm ihr Spinnrad und begann zu spinnen.

Doch das Baby weinte, weil die Katze fortgegangen war, und die Frau

konnte es nicht beruhigen, weil es strampelte und zappelte und schwarz im Gesicht wurde.

„O meine Feindin und Frau meines Feindes und Mutter meines Feindes", sagte die Katze, „nimm einen Strang von dem Garn, das du spinnst, und binde ihn an den Spinnwirtel, und zieh ihn über den Boden, und ich werde dir einen Zauber zeigen, bei dem dein Baby so laut lacht, wie es jetzt weint."

„Das werde ich tun", sagte die Frau, „weil ich mit meiner Weisheit am Ende bin, doch ich werde dir nicht dafür danken."

Sie band das Garn an den kleinen tönernen Spinnwirtel und zog es über den Boden, und die Katze rannte ihm nach und schlug mit den Tatzen danach und machte Purzelbaum darüber und warf es über die Schulter und jagte es zwischen ihren Hinterbeinen und tat so, als verlöre sie es, und warf sich wieder darauf, bis das Baby so laut lachte, wie es geweint hatte. Es krabbelte hinter der Katze her und tollte durch die Höhle, bis es müde wurde und sich schlafen legte, mit der Katze in den Armen.

„Jetzt", sagte die Katze, „werde ich dem Baby ein Lied vorsingen, das es eine Stunde lang schlafen lassen wird." Und sie begann zu schnurren, laut und leise, leise und laut, bis das Baby fest schlief. Die Frau lächelte, als sie auf die beiden herabsah und sagte: „Das hast du wunderbar gemacht. Du bist wirklich sehr schlau, O Katze."

In derselben Minute und Sekunde, Allerliebste, kam dicker Rauch vom Feuer hinten in der Höhle das Dach herab, weil er sich an den Handel erinnerte, und als er sich verzogen hatte – sieh an! –, da saß die Katze ganz gemütlich dicht beim Feuer.

„O meine Feindin und Frau meines Feindes und Mutter meines Feindes", sagte die Katze, „ich bin's, weil du mich zum zweiten Mal gelobt hast, und nun kann ich für immer und immer und immer am warmen Feuer hinten in der Höhle sitzen. Doch ich bleibe die Katze, die alleine geht, und alle Plätze sind mir gleich."

Da wurde die Frau sehr, sehr wütend und ließ ihr Haar herab und legte mehr Holz ins Feuer und holte den breiten Schulterblattknochen vom Schaf herbei und begann einen Zauber zu machen, der sie davor bewahren sollte, die Katze zum dritten Mal zu loben. Es war kein Gesungener Zauber, Allerliebste, es war ein Stiller Zauber; und nach und nach wurde es in der Höhle so still, daß eine winzig kleine Maus aus einer Ecke kroch und über den Boden rannte.

„O meine Feindin und Frau meines Feindes und Mutter meines Feindes", sagte die Katze, „gehört diese kleine Maus zu deinem Zauber?"

„Nein", sagte die Frau und ließ den Blattknochen fallen und sprang auf einen Schemel vor dem Feuer und nahm sehr schnell ihr Haar hoch aus Angst, die Maus könnte daran hochlaufen.

„Ah", sagte die lauschende Katze, „dann wird die Maus mir nicht schaden, wenn ich sie esse?"

„Nein", sagte die Frau und hielt weiter ihr Haar hoch, „iß sie schnell, und ich werde dir immer dankbar sein."

Die Katze machte einen Satz und fing die kleine Maus, und die Frau sagte: „Hundertfachen Dank an dich, O Katze. Nicht einmal Erster Freund war schnell genug, um kleine Mäuse so zu fangen wie du. Du mußt sehr schlau sein."

In derselben Minute und Sekunde, O Allerliebste, brach der Milchtopf, der am Feuer stand, in zwei Teile – *plumps!* –, weil er sich an den Handel erinnerte, und als die Frau von dem Schemel sprang – sieh an! –, da leckte die Katze die warme weiße Milch aus einem der zerbrochenen Teile auf.

„O meine Feindin und Frau meines Feindes und Mutter meines Feindes", sagte die Katze, „ich bin's, weil du mich zum dritten Mal gelobt hast, und nun kann ich für immer und immer und immer dreimal am Tag die warme weiße Milch trinken. Doch ich *bleibe* die Katze, die alleine geht, und alle Orte sind mir gleich."

Da lachte die Frau und stellte ihr eine Schale mit warmer weißer Milch hin und sagte: „O Katze, du bist so schlau wie ein Mensch, doch bedenke, daß der Handel nicht mit dem Mann oder dem Hund geschlossen wurde, und ich weiß nicht, was sie tun werden, wenn sie nach Hause kommen."

„Was kümmert mich das?" sagte die Katze. „Wenn ich meinen Platz am Feuer habe und dreimal am Tag meine Milch, dann ist mir egal, was der Mann oder der Hund tun werden."

Als an diesem Abend der Mann und der Hund in die Höhle kamen, erzählte die Frau ihnen die Geschichte von dem Handel, und der Mann sagte: „Ja, aber sie hat keinen Handel mit mir oder allen anständigen Männern nach mir geschlossen." Und er zog seine beiden Lederstiefel aus und legte seine Steinaxt ab (das macht drei), und er nahm ein Stück Holz und ein Beil (das macht insgesamt fünf) und reihte sie auf und sagte: „Nun werden wir einen Handel schließen. Wenn du nicht für immer und immer und immer Mäuse fängst, wenn du in der Höhle bist, werde ich diese fünf Dinge nach dir werfen, wann immer ich dich sehe, und das werden auch alle anständigen Männer nach mir tun."

„Ah", sagte die lauschende Frau. „Das ist eine sehr schlaue Katze, doch sie ist nicht so schlau wie mein Mann."

Die Katze zählte die fünf Dinge (und sie sahen sehr knorrig aus), und sie sagte: „Wenn ich in der Höhle bin, werde ich für immer und immer und immer

Mäuse fangen: Doch ich bleibe die Katze, die alleine geht, und alle Orte sind mir gleich."

„Nicht wenn ich in der Nähe bin", sagte der Mann. „Wenn du das eben nicht gesagt hättest, hätte ich all diese Dinge weggelegt (für immer und immer und immer), doch nun werde ich meine Stiefel und meine kleine Steinaxt (das macht drei) nach dir werfen, wann immer ich dich sehe, und genauso werden es alle anständigen Männer nach mir tun."

Dann sagte der Hund: „Warte einen Augenblick. Sie hat keinen Handel mit mir geschlossen." Und er setzte sich und knurrte schrecklich und fletsche die Zähne und sagte: „Wenn du nicht für immer und immer und immer freundlich zu dem Baby bist, wenn ich in der Höhle bin, werde ich dich jagen, bis ich dich gefangen habe, und wenn ich dich gefangen habe, werde ich dich beißen, und so werden es alle anständigen Hunde nach mir tun."

„Ah", sagte die lauschende Frau. „Das ist eine sehr schlaue Katze, aber sie ist nicht so schlau wie der Hund."

Die Katze zählte die Zähne des Hundes (und die sahen sehr spitz aus), und sie sagte: „Ich werde für immer und immer und immer freundlich zu dem Baby sein, wenn ich in der Höhle bin, wenn es mich nicht zu sehr am Schwanz zieht. Doch ich bleibe die Katze, die alleine geht, und alle Orte sind mir gleich."

„Nicht wenn ich in der Nähe bin", sagte der Hund. „Wenn du das eben nicht gesagt hättest, hätte ich für immer und immer und immer den Mund gehalten, doch nun werde ich dich auf einen Baum jagen, wann immer ich dich sehe, und so werden es alle anständigen Hunde nach mir tun."

Dann warf der Mann seine beiden Stiefel und seine kleine Steinaxt (das macht drei) nach der Katze, und die Katze rannte aus der Höhle, und der Hund jagte sie auf einen Baum, und von diesem Tag an, Allerliebste, werfen drei von fünf anständigen Männern immer Dinge nach einer Katze, wenn sie ihr begegnen, und alle anständigen Hunde jagen sie auf einen Baum. Doch die Katze hält ihre Seite des Handels auch ein. Sie wird Mäuse fangen und nett zu Babys sein, wenn sie im Haus ist, wenn die sie nicht zu sehr am Schwanz ziehen. Doch wenn sie das getan hat und zwischendurch, ist sie die Katze, die alleine geht, und alle Orte sind ihr gleich, und wenn du des nachts hinausschaust, kannst du sehen, wie sie mit ihrem wilden Schwanz wedelt und ganz für sich geht – genau wie zuvor.

Amarillos Totem

Emma-Lindsay Squier

Vielleicht haben Sie mich schon mal über Amarillo erzählen hören. Er war eine gelbe Katze, die aus dem Wald zu uns kam, als Bruder und ich noch in dem kleinen Blockhaus am Strand des Puget-Sunds lebten. Und damals war er unser besonderer Freund. Seine Ankunft in unserem Haus war höchst aufsehenerregend, und sein Abschied war ähnlich dramatisch.

Von den Menschen, die in seinen letzten Jahren für ihn sorgten, erfuhr ich von dem großen Finale seines Lebens, und das war so seltsam und melodramatisch, daß ich befürchte, daß manche es anzweifeln werden. Ich kann den Wahrheitsgehalt nur dadurch bekräftigen, daß Amarillo immer schon eine höchst ungewöhnliche Katze war. Und der Beweis dafür ist, daß er für immer im Dorf Old Man House auf einem geschnitzten und bemalten Totempfahl verewigt wurde. Nur die wirklich Großen werden vom Stamm der Skokomish auf diese Weise geehrt.

Ich glaube, daß Amarillo, der Gelbe, im Wald geboren wurde. Und weiterhin glaube ich, daß nur eine kurze Generation zwischen ihm und völliger Wildheit lag. Denn seine Ohren zeigten die gleichen Büschel wie bei einem Rotluchs, und er hatte schräge bernsteinfarbene Augen, so daß er in Augenblicken völliger Ruhe wie ein tief in Gedanken versunkener chinesischer Mandarin aussah.

Er wuchs in einer Umgebung auf, in der das Gesetz des Stärkeren galt. Er hatte viele Kämpfe ausgefochten und gewonnen und war zu einer für eine normale Katze unglaublichen Größe herangewachsen. Das ist ein weiterer starker Hinweis auf eine Herkunft, die nichts mit Häuslichkeit und stillen Stunden am Kamin zu tun hat.

Dennoch besaß er einen Instinkt dafür, sich Menschen anzuschließen. Denn als er zum ersten Mal zu uns kam, war sein herrliches Fell verschmutzt und blutbefleckt, und er war schwer verletzt und zog ein zerfetztes und mit Wunden bedecktes Bein nach. Obwohl er erbärmlich miauend zu uns kroch, fürchtete er sich vor unserer Berührung und sprang giftig fauchend zurück. Doch der Instinkt, der ihn aus dem Wald zu uns in die kleine Hütte getrieben hatte, weil er wußte, daß er hier Hilfe für seine Verletzung finden würde, erlaubte ihm schließlich doch, uns zu akzeptieren. Er ließ uns das verletzte Bein untersuchen und ertrug es, daß wir es badeten und mit Salbe behandelten. Und da er nicht jagen oder für sich selbst sorgen konnte, nahm er die Gastfreundschaft unseres Heims an. Er war gekommen, uns zu lieben, und adoptierte uns, und als es ihm wieder gut ging, blieb er bei uns und wurde unser Freund.

Bruder und ich liebten Amarillo, die gelbe Katze, so sehr, daß wir seine Schwächen gar nicht wahrnahmen; und als die Erwachsenen uns darauf aufmerksam machten, fanden wir Entschuldigungen dafür und behaupteten, daß sie keine Rolle spielten. Denn er war tagsüber unser ständiger Begleiter, und wenn ich nachts draußen auf dem Feldbett schlief, hörte ich manchmal sein leises ‚Prr-t', das ankündigte, daß er zu mir heraufspringen wollte, und dann fühlte ich den Aufschlag seines weichen schweren Körpers, als er sprang. Doch die Erwachsenen teilten unsere bedingungslose Annahme von Amarillo und seinem Wesen nicht. Da er ja nie mit der Zivilisation zu tun hatte, wußte er nicht, daß er Hühner in Ruhe lassen mußte und sie nicht jagen und verschlingen durfte, wann immer er hungrig war. Auch konnte man ihm das nicht beibringen. Er durfte sich auch nicht an die Tauben heranmachen, zu ihren Nestern hinaufklettern und ihre Jungen töten. Nachdem also alle Überredungskunst und viele Disziplinierungsversuche nichts gefruchtet hatten, wurde verfügt, daß Amarillo gehen mußte. Und Bruder und ich waren sehr traurig darüber.

Es war nicht schwer, ein neues Heim für ihn zu finden. Er wurde von allen, die ihn sahen, bewundert, und wir hatten viele Plätze zur Auswahl. Doch es wurde für das beste gehalten, daß er in die freundliche Fürsorge eines befreundeten Fischers gegeben wurde. Er war ein großer dunkler Mann mit freundlich lächelnden Augen, dessen Vorfahren indianisches und spanisches Blut hatten, und dessen Frau und deren Verwandte dem Stamm der Skokomish angehörten. Sie lebten in dem weit entfernten Dorf Old Man House, das die Indianer Suquamish nannten.

Wir wußten, daß sie gut zu Amarillo sein würden. Sie hatten keine Hühner oder Tauben, die er unrechtmäßig töten könnte, und es gab Ratten und viel kleines Wild in den Wäldern, die seine Jagdinstinkte befriedigen würden.

An dem Tag, der für seinen Weggang festgesetzt worden war, brachten wir unseren Freund, den Gelben, zu dem Fischerboot hinunter, das an der schwimmenden Landungsbrücke ankerte und stellten ihm schweren Herzens eine Schale Milch aufs Deck. Wir hofften, daß das Essen ihn ablenken würde und er erst merkte, daß er von uns wegging, wenn es zu spät war. Der indianische Fischer stieß das Boot sehr sanft vom Kai ab und ließ den Motor an, als das Boot schon mehr als dreihundert Meter dahingetrieben war. Doch als das Surren des Schwungrads Amarillo aufschreckte und der Propeller das Wasser zu weißen und grünen Strudeln aufwühlte, wußte er, daß er ohne seine Zustimmung und ohne sein Wissen fortgebracht werden sollte.

Er sprang auf das Dollbord und sah mit entsetzt aufgerissenen schrägen Bernsteinaugen einen Moment lang zu uns herüber. Der indianische Fischer sprach ihm gut zu und näherte sich ihm mit freundlich ausgestreckter Hand. Doch es war zu spät. Denn Amarillo war ohne zu zögern gesprungen. Wir sahen den Blitz seines gelben Körpers, als er sprang, und das Aufspritzen des Wassers, als er versank. Wir schrien auf, weil wir dachten, daß er ertrinken würde. Doch er hatte nicht die Absicht, so unrühmlich zu enden. Im nächsten Augenblick schwamm er leicht und kraftvoll auf uns zu. Seine büscheligen Ohren lagen flach am Kopf, und sein Körper war ein geschmeidiger gelber Strich im blauen Wasser. Als er die Anlegestelle erreichte, kletterte er hinauf, setzte sich völlig gelassen hin und begann, sich mit großer Ernsthaftigkeit und Ruhe zu putzen. Er schien sich überhaupt nichts von dem Bad zu denken, daß er hinter sich hatte. Und auf unsere Bitten hin durfte er an diesem Tag noch bei uns bleiben.

Wir wußten jedoch, daß das nur ein vorübergehender Aufschub war. Am nächsten Tag verabschiedeten wir uns noch einmal von unserem Freund. Diesmal wurde der Gelbe in einen Sack gesperrt, und als das Boot sich tuckernd zur blauen Bai entfernte, sahen wir die verrückten Verrenkungen in dem Jutesack und hörten schwaches Protestgejaule über das Hämmern des Bootsmotors hinweg. Traurig sahen wir dem Fischerboot nach, bis es nur noch ein schwarzes Pünktchen in dem überhängenden Laub der Landspitze war. Dann war es unseren Blicken entschwunden, und wir wußten, daß Amarillo für immer von uns gegangen war.

In den folgenden Jahren hörten wir von Zeit zu Zeit von unserem Freund. Einmal tuckerte der indianische Fischer nur deshalb um die Landspitze herum und in unsere kleine Bucht hinein, um uns Neuigkeiten über ihn mitzuteilen. Und einmal kehrte der alte Fischer, der bei uns lebte, in das Dorf Suquamish zurück, um aus erster Hand etwas über Amarillos Wohlergehen zu erfahren. Jedesmal wurde uns versichert, daß der Gelbe wohlauf und glücklich sei und aus den unbedeutenderen Katzen des Dorfs ein Königreich gemacht habe, in dem niemand ihm seine Autorität streitig machte. Doch die Einzelheiten seines stürmischen Lebens erfuhr ich erst, als ich schon erwachsen war und viele Jahren fern des Landes der grauen Gewässer und singenden Pinien gelebt hatte und zu den Wäldern und Gewässern des Puget-Sunds zurückkehrte. In Suquamisch fand ich unseren geliebten alten Fischer, auf dessen rosigen Wangen und in dessen klaren verschmitzten Augen die Zeit keine Spuren hinterlassen hatte. Ich fand auch den indianischen Fischer und seine Frau, die Amarillo Zuflucht gewährt hatten. Und von ihm und dem blinden Jungen, der ihr Sohn war, hörte ich die Geschichte über den tragischen und siegreichen Werdegang des Gelben.

Der blinde Junge war jetzt ein Totem-Schnitzer. Und in seiner großen Dunkelheit, in dem es kein Licht gab, fand er Trost darin, die seltsamen und fast vergessenen Geschichten der Indianer am Sund zu bewahren. Er ließ sie als Symbole wieder auferstehen, die er geschickt in Pinienstämme schnitzte, die er dann unter den aufmerksamen Blicken derer, die sehen konnten, sorgsam bemalte. Auf dem freien Platz im Dorf steht heute ein Totempfahl, den der blinde Junge hergestellt hat. Auf ihm wird die Geschichte dargestellt, wie Teet' Motl mit seiner Liebsten Hoo Han Hoo auf einem Delphin zu jenem fernen Land zurückritt, in dem der Große Geist ihnen Ruhe und Wohlstand versprach. Ihre Reise wurde von einem Schwarm Grindwale aufgehalten, jenen Tigern des Wasser, die die Indianer ‚Mörder' nennen. Doch nach aufmunternden Worten von seinen Reitern tauchte der mutige Delphin in die Tiefen der See hinab und kratzte Achate mit seinem Maul ab. Dann kam ein großer Sturm, und Teet' Motl und Hoo Han Hoo krabbelten in das sichere Maul des Delphins. Dort fanden sie die schimmernden Achate, die der riesige Fisch abgekratzt hatte. Und als der Sturm schließlich nachließ, hatte der Delphin sie wirklich sicher zu einem schönen Land gebracht, in dem es grüne Bäume und jede Menge Beeren gab. Die Indianer, die in diesem Land lebten, verwendeten schimmernde Achate als Zahlungsmittel. Und da Teet' Motl und Hoo Han

Hoo sehr viele davon besaßen, waren sie reich und für immer glücklich. Bis zum heutigen Tag, sagte der blinde Junge, wird sich ein Sturm erheben, wenn die Mörder kommen. Und so stellte er Teet' Motl und seine Liebste im sicheren Bauch des Delphins auf dem Totem dar.

Noch während der blinde Junge die Geschichte in das Totem schnitzte, wurde Amarillo ins Haus gebracht. Und seltsamerweise gab der Gelbe all seine Liebe und unverbrüchliche Treue dem Kind, das in der Dunkelheit lebte. Doch er mochte auch den indianischen Fischer und seine Frau, die zum Stamm der Skokomish gehörten. Gefällig fing er die Ratten, die sich vorher unter der Hütte getummelt hatten, und einmal gab er mitten in der Nacht Feueralarm, das durch einen Funken entstanden war, indem er miaute und seine kalte Nase am Gesicht des indianischen Fischers rieb. Er vergalt ihnen ihre Gastfreundschaft mit einer unerschütterlichen und treuen Freundschaft. Doch er liebte nur den blinden Jungen – und ich glaube und möchte Sie auch davon überzeugen, daß er ihn liebte, weil er um die Dunkelheit wußte, in der der blinde Junge lebte, und weil er auch wußte, daß sein Freund in mancher Hinsicht hilflos war.

Doch gerade weil er den kleinen blinden Jungen so sehr liebte, war Amarillo eifersüchtig auf alles, dem der Junge seine Aufmerksamkeit schenkte. Wenn der blinde Junge an langen Abenden an dem Totempfahl schnitzte, saß der Gelbe auf dem Tisch neben ihm und sah mit schrägen Bernsteinaugen zu, wie die empfindsamen Hände über den langen Pinienstamm glitten und mit einem scharfen Messer die Konturen des Delphins, des mörderischen Grindwals und der groben Figuren von Teet' Motl und seiner Liebsten heraushob. Wenn Amarillo der Ansicht war, daß sein Freund sich mit der Schnitzerei zu lange beschäftigt hatte, streckte er eine gepolsterte gelbe Pfote aus und patschte dem blinden Jungen damit auf die Hand. Wenn er keine Reaktion bekam, gähnte er ausgiebig, stand auf, streckte sich und rieb seinen breiten Rücken an dem Gesicht des blinden Jungen, während er ganz bewußt auf dem Pfahl entlanglief, damit dieser nicht weiterschnitzen konnte. Wenn sein Freund dann immer noch mit seiner Arbeit weitermachte, miaute Amarillo mit einem leisen wütenden Ton, der in einem Knurren endete. Er peitschte heftig mit dem Schwanz, sprang mit lautem Plumps vom Tisch, verschwand schmollend unter dem Ofen und weigerte sich, trotz befehlender oder lockender Worte wieder darunter hervorzukommen.

Amarillo war nicht der einzige vierbeinige Gast im Haushalt des indianischen Fischers und seiner Frau. Sie boten die Gastfreundschaft ihrer kleinen Hütte jedem Lebewesen an, das Schutz oder Hilfe benötigte, und es gab kaum eine Zeit, da sie nicht einen Kostgänger betreuten, der verletzt aus dem Wald gekommen war. Einmal fanden sie ein Fasanennest, neben dem die Mutter, von Kugeln durchsiebt, tot dalag und deren kleine braune Küken gerade erst aus den Eiern geschlüpft waren. Sie nahmen die Kleinen mit in ihre Hütte und fütterten sie so sorgsam, daß alle überlebten. Und sie hätten vielleicht auch erwachsen werden können, wenn es Amarillo nicht gegeben hätte.

Anfangs war es nicht schwierig, die kleinen braunen Fasanenküken von ihm fernzuhalten. Sie lernten sehr bald, schnell zur Tür ihres Drahtstalls zu rennen, wenn sie Schritte hörten, und sie waren so freundlich, als hätten ihre Eltern nie in der Wildnis gelebt. Amarillo beobachtete sie mit verdrossenem bernsteinfarbenem Blick, während sein Schwanz sich kaum bewegte und seine Schultermuskeln sich nur leicht anspannten, wenn er sah, wie die Babyfasane in der Sicherheit ihres Drahtkäfigs hin- und herrannten. Doch nie versuchte er, sich ihnen zu nähern. Selbst als sie so groß geworden waren, daß der Käfig ihnen nicht mehr genügend Platz bot, und man sie frei herumlaufen ließ, versuchte er nicht, sich auf sie zu stürzen – weil er sich vielleicht an die Strafe erinnerte, die er an dem Tag in unserer Hütte einstecken mußte, als er versuchte, die Hühner zu töten.

Doch als der kleine blinde Junge eines Tages zu der Drahtumzäunung ging, die Fasanen rief und diese angerannt kamen und ihm die Krumen aus der Hand pickten, die er ihnen entgegenstreckte – an diesem Tag erklärte Amarillo den braunen Eindringlingen den Krieg. Nie erwischten ihn der indianische Fischer oder seine Frau dabei, daß er den Fasanen-Kostgängern Gewalt antat, doch eins nach dem anderen verschwand, und nur ein Büschel Federn zeugte von ihrem Verschwinden. Und eines Tages kam der Gelbe in die Hütte, und eine winzige Feder hing noch in seinen Barthaaren – er hatte vergessen, das Beweisstück zu entfernen. Es war die letzte Feder des letzten Fasans. Also versohlten sie ihn kräftig, und er knurrte und fauchte und rannte in den Wald und blieb zwei Tage fort, in denen ihn der blinde Junge bitterlich vermißte. Als er zurückkehrte, kam er mit zögernden, patschenden Schritten und verstohlenen Blicken aus seinen Bernsteinaugen, als wäre er nicht sicher, ob man ihn willkommen heißen würde. Doch die Familie vergab ihm die Fasane und machte viel Gewese um ihn, und der blinde Junge drückte die gelbe Katze weinend an seine Wange. Also schnurrte Amarillo so tief wie eine Orgel und drückte seine Zehen fest auf die Schultern des Freundes, und in jener Nacht schlief er ungestört auf dem Bett des blinden Jungen. Eine Woche lang ließ er das Kind nicht aus den Augen, folgte ihm wie ein Hund und saß jeden Abend neben ihm, wenn er an dem Totempfahl schnitzte.

Kurz nach dem Vorfall mit den Fasanen kam ein anderer Waldbewohner in die freundliche Pflege des indianischen Fischers und seiner Frau. Eines Tages entdeckte der indianische Fischer in dem Wald nahe dem Dorf Suquamish eine kleine Waschbärdame, die in einer der Fallen saß, wie man sie im Land des Puget-Sunds für Waschbären aufstellt. Dafür bohrte man ein Loch in einen dünnen Stamm und schob eine Honigwabe tief hinein. Dann wurden Nägel so angebracht, daß eine Waschbärhand, die nach der Honigwabe griff, nicht mehr zurückgezogen werden konnte, ohne die gesamte Haut herunterzureißen. Der indianische Fischer fand also die Waschbärdame mit einem Arm in dem Loch, und ihre strahlenden Augen schauten besorgt aus den schwarzen Streifen hervor, die über ihr ganzes Gesicht wie die Maske eines Straßenräubers liefen. Sie war wirklich sehr dumm, daß sie die Honigwabe noch immer festhielt, denn wenn sie sie losgelassen und ihre kleine schwarze Hand zusammengepreßt hätte, hätte sie diese ohne Verletzung durch die Nagelbarriere herausziehen können. Doch sie wollte die Honigwabe haben, und daher hielt sie sie umklammert und machte sich selbst weiter zur Gefangenen – was natürlich diejenigen, die die Falle aufgestellt hatten, genau wußten.

Doch der indianische Fischer konnte den Anblick der so gefangenen kleinen Waschbärdame nicht ertragen. Denn sie würde bald Babys haben. Also zog er die Nägel sehr vorsichtig heraus, während sie stillhielt und alles aufmerksam beobachtete, was er tat, und weigerte sich trotzdem hartnäckig, die Süßigkeit im Loch loszulassen. Er stülpte seinen Hut über sie, und in ihrem plötzlichen Schreck zog sie ihre über und über klebrige Hand heraus, und der indianische Fischer brachte das zappelnde und quietschende Tier zur Hütte.

Er sorgte dafür, daß sie einen bequemen Käfig bekam, und die ganze Familie kümmerte sich um sie. Als ihre winzigen Kinder geboren wurden, war sie in ihrer neuen Umgebung schon recht heimisch und nahm all die kleinen Aufmerksamkeiten, mit denen man sie bedachte, mit philosophischer Gelassenheit entgegen.

Sie nannten sie Betty, und ihre Kinder wurden in einer Kiste hinter dem

Küchenherd geboren. Und bald danach wurde sie in einem bequemen Käfig im Holzschuppen untergebracht. Doch eines Tages befreite sie sich aus dem Käfig und kam ins Haus. Ihre drei Babys folgten ihr im Gänsemarsch und trugen ihre Schwänze hoch über dem Rücken geringelt, als hätte man ihnen beigebracht, wie sie sie korrekt zu tragen hätten, und auf jedem winzigen Gesicht saß eine schwarze Maske, durch die sie mit strahlenden Augen und freundlicher Neugierde die neue Welt betrachteten, in der sie sich wiederfanden.

Amarillo beäugte diese seltsame Prozession jedoch mit einer Mischung aus Erstaunen und Unruhe. Er hatte im Wald gejagt, als Betty in die Hütte gebracht wurde, und der indianische Fischer hatte sorgsam darauf geachtet, daß er keinen Zugang zu ihrem Käfig oder ihrer Kiste hinter dem Küchenofen bekam. Mit Sicherheit hatte er noch nie ein Waschbärbaby mit schwarzer Maske auf dem Gesicht und ordentlich zusammengekringelten Schwanz auf dem Rücken gesehen. Er sprang auf einen Stuhl und fauchte energisch, als die kleine Prozession über den Küchenboden zu einer Schale Milch hinter dem Ofen marschierte. Betty nahm keine Notiz von ihm und behielt ihren geraden Kurs bei, und ihre drei Babys folgten ihr, wie aufgereiht, eines dicht hinter dem anderen.

Amarillo beugte sich über die Stuhlkante und knurrte fürchterlich. Betty sah hinter ihrer Straßenräuber-Maske zu ihm auf, und ihre Augen glitzerten ihn an. Sie fletschte eine Reihe weißer drohender Zähne. Der Gelbe knurrte weiter tief in seiner Kehle, rührte sich aber nicht, sondern setzte sich auf sein Hinterteil und beobachtete und dachte nach. Wenn Betty und ihre Babys draußen im Freien gewesen wären, hätte er sich ohne jedes Zögern auf sie gestürzt. Doch ihre Anwesenheit in der Küche verstörte ihn und machte ihn ziemlich unsicher, weil er nicht wußte, welchen Rang sie einnahmen. Immerhin war er ja schon oft dafür bestraft worden, wenn er sich Hausfreunden gegenüber Freiheiten herausgenommen hatte. Er leckte sich seine Hinterbacken und knurrte weiter.

Dann überwältigte ihn seine Wut – er sprang. Der indianische Fischer wollte die Waschbärdame beschützen, weil er sie in Gefahr glaubte. Doch Betty konnte sich und ihre Familie gut verteidigen. Obwohl sie die gelbe Katze offenbar nicht beachtet hatte, war sie auf den Angriff vorbereitet. Sie gab einen schrillen Schrei von sich und schoß so schnell zur Seite, daß selbst Amarillo mit seiner eigenen Schnelligkeit nicht mithalten konnte. Noch ehe der gelbe Kater wußte, wie ihm geschah, war sie schon über ihm, packte ihn mit ihren kleinen schwarzen Händen im Nacken und grub ihre scharfen Zähne durch sein dickes Fell hindurch in die Haut darunter. Amarillo knurrte und jaulte vor Schmerz. Er rollte sich in dem vergeblichen Versuch herum und herum, seine Krallen in den wachsamen, schnellen Körper der Waschbärdame zu schlagen. Die Waschbärbabys sausten unter den Herd und schauten von dort aus mit grellen, neugierigen Blicken auf den sich rollenden und raufenden Wirbelwind aus Fell – gelbes Fell und braunes. Amarillo schrie plötzlich in diesem ungleichen Kampf: „Genug!" Da seine Autorität seit so langer Zeit nicht angetastet worden war, machte das seine Kapitulation um so schlimmer.

Er schoß zur offenen Tür hinaus und jaulte entsetzt, während Betty wie ein Jockey auf seinem Rücken saß, sich mit den Händen fest an sein dickes Fell krallte und ihre Augen mit bösartigem Hohn durch ihre schwarze Straßenräubermaske blitzten.

Amarillo befreite sich schließlich von seinem verhaßten Reiter, indem er sich mit verzweifelter Kraft rollte. Danach kletterte er, bei jeder Bewegung fauchend, auf einen Baum und fand auf einem sehr hohen Ast Schutz, wo er sich knurrend und zischend seine Wunden leckte und sich bittere und wütende Gedanken über Waschbären und die Welt im allgemeinen machte.

Betty jedoch nahm ihren Sieg mit bescheidener Gelassenheit hin. Sie kringelte ihren Schwanz hoch über ihren Kopf und marschierte ruhig in die Küche zu ihren Babys zurück. Und nachdem sie einen erfrischenden Schluck Milch zu sich genommen hatte, fütterte sie ihre Kinder weiter und ordnete dabei ihr zerzaustes Fell, entfernte kleine Zweige und Fellbüschel, die sich dort während des Kampfes festgesetzt hatten.

Amarillo verschwand wie immer, wenn man ihn beleidigt hatte, im Wald und blieb so lange fort, daß die Familie schon fürchtete, er hätte für immer die Nase voll. Er kehrte schließlich doch zurück, war sehr mürrisch und schlecht gelaunt, bis er merkte, daß er wirklich willkommen war, ganz besonders bei dem blinden Jungen, der ihn schmerzlich vermißt hatte. Also schnurrte er und rollte sich auf dem Boden wie ein Kätzchen und schlief nachts auf dem Bett des kleinen Jungen. Die Waschbärfamilie, die jetzt unter dem Haus lebte, ließ er in Frieden. Betty und ihre Kinder kamen, wann immer sie wollten, in die Küche und in den angrenzenden Raum und nahmen sogar Futter aus der Hand des blinden Jungen entgegen – und Amarillo machte keine Anstalten, sie daran zu hindern. Manchmal grollte und fauchte er leise, doch wenn Betty ihn durch ihre drohende Maske hindurch scharf anschaute, blinzelte er und schaute fort und tat so, als hätte er kein einziges Wort von sich gegeben.

Die Waschbären waren ein sehr sauberes Völkchen. Auf der hinteren Veranda stand immer ein großer Wassertrog für sie, und dort tauchten sie jeden Krümel Futter hinein, ehe sie ihn aßen. Sie badeten auch regelmäßig und saßen dann um den Trog herum wie kleine pelzige Spielzeuge, tauchten ihre kleinen schwarzen Hände ins Wasser und wuschen ihre Gesichter und Hälse sehr hübsch und ordentlich. Sie wußten, wo der indianische Fischer sein flaches Boot auf den Strand zog, mit dem er den zu verkaufenden Fisch transportierte. Er hatte sich angewöhnt, immer ein paar kleine Fische nach der

Tagesarbeit übrigzulassen, einfach weil es ihm soviel Spaß machte zuzuschauen, wie Betty ihre Kinder durch den Wald hinunter zum kiesbedeckten Strand führte – alle vier im Gänsemarsch hintereinander, alle Schwänze hoch über dem Kopf gekringelt, wobei alle das leise monotone Lied summten, das Waschbären immer dann singen, wenn sie unterwegs und zufrieden mit ihrem Leben sind.

Zu Beginn des Herbstes gingen die Waschbärbabys, die jetzt schon sehr schön gewachsen waren, in den Wald, und später schlüpfte auch Betty davon, um den ganzen Winter über wegzubleiben. Sie dachten, daß sie im Frühling zurückkommen würde. Doch das tat sie nicht, und sie erfuhren nie, was aus der unerschrockenen kleinen Dame geworden war.

Wie Sie sich sicherlich gut vorstellen können, grämte sich Amarillo über ihre Abwesenheit überhaupt nicht. Seine Königswürde blieb einmal mehr unangetastet, und er war glücklich über die Freundschaft des indianischen Fischers und seiner Frau sowie über die Liebe, die der blinde Junge ihm gab. Die beiden waren mehr denn je unzertrennlich. Der Gelbe jagte jetzt nur noch selten im Wald. Er blieb statt dessen lieber bei dem kleinen Jungen, den er liebte, und begleitete ihn, wenn er so stockend und unsicher wie alle Menschen, die nicht sehen können, im Garten herumlief. Nachts schlief auf seinem Bett.

Zu gegebener Zeit fand er eine Katzendame für sich und brachte sie mit in die Hütte des indianischen Fischers. Die Dame brachte nur ein einiges Kätzchen zur Welt, das fast so goldfarben war wie Amarillo selbst. Und ich freue mich sagen zu können, daß Amarillo seinen wilden Vorfahren eher nacheiferte als seinen gezähmten. Er kümmerte sich weit liebevoller um das Kätzchen als dessen Mutter, denn sie entpuppte sich als ein sorgloses Weibsstück, das Amarillos Liebe absolut unwürdig war. Kurz nachdem ihre Tochter entwöhnt war, ging sie zurück in den Wald, und das Kätzchen, dem der indianische Fischer den unerhörten Namen ‚Whiskey Susan' gab, wuchs unter der alleinigen Aufsicht des Vaters auf.

Whiskey Susan war die einzige, die Amarillo neben sich selbst von der Familie verwöhnen ließ. Er war nicht eifersüchtig auf die Zuneigung, die sie ihr entgegenbrachten, und sogar der blinde Junge durfte das kuschelige gelbe Kätzchen auf seinem Schloß halten, wenn er an dem Totempfahl schnitzte, und Amarillo saß auf dem Tisch neben ihm, schnurrte tief in seiner Kehle und hatte die Augen zufrieden zu Schlitzen geschlossen.

Viele Monate später jedoch trat ein weiterer und diesmal endgültiger Störfaktor in das Leben des Gelben. Der indianische Fischer hatte eine kleine Stockente entdeckt, die sich in den Maschen seines Netzes verfangen und sich dabei ein Bein gebrochen hatte, so daß sie hilflos dort strampelte und mit den Flügeln aufs Wasser schlug. Der indianische Fischer erlöste sie sanft und nahm sie mit in die Hütte, wo seine Frau die Kranke freundlich aufnahm, das verletzte Bein schiente und sie nach ihren Wünschen versorgte. Am ersten Abend ihres Aufenthalts kam Amarillo von draußen herein und entdeckte den Neuankömmling. Der blinde Junge, der nicht sehen konnte, daß der Gelbe sich näherte, hatte sich über die verwundete Ente gebeugt und streichelte sie sanft. Und bei diesem Anblick zischte Amarillo scharf – und sprang. Sein Sprung schubste die erstaunte Ente nur auf den Boden herunter, doch die Frau des Fischers war ungehalten darüber, daß ihre Kranke so behandelt wurde. Sie gab Amarillo einen heftigen Schlag, und er starrte sie mit wütenden Bernsteinaugen an, legte die Ohren an und trottete mit dickem, wütend gesträubtem Fell aus dem Haus und geradewegs in den Wald.

Nach einer Woche kam er nicht zurück und auch nicht nach zwei Wochen. Und der blinde Junge ängstigte sich von Tag zu Tag mehr und wurde immer einsamer. Er begann, durch den Garten zu wandern und nach Amarillo zu rufen, und wenn seine Mutter beschäftigt war und ihn nicht daran hindern konnte, tastete er sich aus der Pforte hinaus und ging den Weg entlang, der in den tiefen Wald führte. Er ging sehr langsam mit ausgestreckten Armen, rief Amarillos Namen und hoffte, daß die gelbe Katze ihn hörte und zu ihm kam.

Es war natürlich nicht ungefährlich, allein und unbewaffnet in diesen dichten Wald zu gehen, in dem viele Gefahren in den schattigen Tiefen lauerten, und es gab viele Geschichten über unerschrockene Angriffe von Pumas und Rotluchsen, die der Hunger oder Waldbrände von den hohen Bergen heruntergetrieben hatten. Doch immer kam der blinde Junge sicher zurück, weil er nur ein kleines Wegstück zu gehen wagte und zurückkehrte, ehe seine Abwesenheit auffallen konnte.

Doch eines Tages schlüpfte er fort und hatte inzwischen viel Vertrauen in seine Kenntnisse des Weges gefaßt. Er ging weiter und weiter und rief Amarillo mit kräftigerer Stimme, als er das Gefühl hatte, daß er außer Hörweite der Hütte war. Der Weg wurde unebener und war seinen Füßen unbekannt. Dennoch ging er weiter, bis er schließlich eine Kälte in der Luft spürte, die die kommende Nacht ankündigte. Der Wald war sehr ruhig, und nur das leichte Herabfallen der Piniennadeln oder der entfernte Ruf eines Reihers, der zu einem hochgelegenen Pinienbaumnest flog, unterbrachen die Stille. Ein wenig ängstlich machte der blinde Junge kehrt. Doch seine Füße hatten ihre Zuversicht verloren. Er bog in einen zugewucherten Weg ein, der ihn von dem richtigen Pfad wegführte. Und als die Nacht kälter wurde und seine Füße über hochstehende Wurzeln stolperten und tiefhängende Zweige ihm ins Gesicht schlugen, wußte er, daß er sich verlaufen hatte und hilflos war.

Dann hörte er auf, nach Amarillo zu rufen, sondern gab einen dünnen, auf- und abschwellenden Schrei von sich, wie die Indianer ihn verwenden. Das ist ein Ton, der noch weit entfernt klar zu hören ist und den die Indianer als Notsignal benutzen.

Unten in der Hütte war die Sonne schon beinahe untergegangen, als die Abwesenheit des blinden Jungen entdeckt wurde, denn der indianische Fischer und seine Frau hatten am Strand die Netze geflickt. Als es Abend wurde, kehrten sie nach Hause zurück und sahen sich erschrocken an, und eine große Furcht war in ihren Herzen. Denn sie wußten um die drohenden Gefahren des dunklen Waldes hinter ihnen.

Der indianische Fischer rief die anderen Mitglieder des Stammes der Skokomish zusammen, und mit dem Spürsinn, den die Indianer besitzen, fanden sie die leichten, zögernden Fußspuren des Kindes in der weichen Erde. Sie folgten ihnen in den Wald, bis es so dunkel war, daß sie sie nicht länger sehen konnten.

Sie horchten und bald darauf drang ein dünner, schwankender Schrei an ihre Ohren. Sie antworteten laut und stürzten den Weg entlang, und das Licht ihrer Laternen warf dunkle groteske Schatten über den vor ihnen liegenden Weg.

Doch plötzlich hörten sie einen anderen Schrei, und sie blieben einen Moment atemlos und reglos vor Entsetzen stehen. Denn das war der wilde hungrige Schrei eines Rotluchses – der Schrei, den er von sich gibt, wenn er sich auf seine Beute stürzt.

Sie feuerten ihre Gewehre ab, schrien wild und begannen in die Richtung zu rennen, aus der die beiden Schreie – der Schrei um Hilfe und der Schrei des Todes – gekommen waren. Sie fanden sich leicht zurecht, denn der Wald war erfüllt von wilden Kampfgeräuschen – von schaurigen Schreien, die die Vögel nervös zwitschern ließen. Die Männer bissen die Zähne aus Angst vor dem, was sie finden würden, zusammen.

Als sie in den zugewucherten Weg einbogen, hörten sie über das Knurren und Kreischen hinweg die Stimme eines Kindes angstvoll weinen. Und der Schein der Laternen zeigte ein wildes Gewirr aus lodernden Augen und weißen schnappenden Zähnen und das Herumrollen und Verdrehen zweier bepelzter Körper am Boden. Der blinde Junge hockte in einem Farn neben dem Weg, krabbelte zu ihnen und hob seine Arme seinen unsichtbaren Rettern entgegen. Sein Vater nahm ihn mit einem wilden Schluchzen hoch. Und nun bellte eine Salve von Schüssen bösartig in den Wirbel der sich windenden Körper. Dann herrschte eine scharfe plötzliche Stille. Die Körper fielen auseinander, verkrampften sich für einen Moment und lagen dann still.

Dann schrie das Kind schrill auf. „Schießt nicht", schrie es, „schießt nicht – ihr verletzt Amarillo!"

Die Männer starrten. Und dieses eine Mal war der indianische Fischer froh, daß sein Kind nicht sehen konnte. Denn vor ihnen auf dem Weg lag der lohfarbene tote Körper eines Rotfuchses, dessen grausame Krallen den gelben Körper einer Katze festhielten – den tapferen Körper von Amarillo. Der Körper des Gelben war fast ganz in Fetzen gerissen, und er lag in einem See aus Blut. Doch die Wildkatze hatte auch gelitten, denn Amarillos Zähne hatten sich in ihrer Kehle verbissen, und selbst der Tod hatte seinen Griff nicht lösen können.

Sie trugen den armen zerrissenen Körper liebevoll zur Hütte hinunter, und der blinde Junge schluchzte an der Schulter seines Vaters. Später erzählte er ihnen, daß er in der kalten Dunkelheit ein leichtes Blätterrascheln gehört hatte und dann das vertraute ‚Prr-t', das ihm sagte, daß Amarillo ihn gehört hatte und zu ihm gekommen war. Doch als er sich gerade hingekniet und die Arme ausgestreckt hatte, um den Gelben an sein Herz zu ziehen, hörte er eine Bewegung in den Zweigen über seinem Kopf – und den wilden, wütenden Schrei eines Rotluchses. Dann kam der Sprung, der ihn aufs Gesicht geworfen hatte. Doch ehe das blutdürstige Tier noch einmal hatte springen können, hatte Amarillo sich auf ihn gestürzt, wie wild gekämpft, und der von dem plötzlich Angriff überraschte Rotluchs hatte zurückgeschlagen und einen Moment lang seine menschliche Beute vergessen, an die er sich herangepirscht hatte.

So kam es, daß ich viele Jahre später in das Dorf Old Man House, das die Indianer als Suquamish kennen, kam und den alten Fischer und den indianischen Fischer und seine Frau fand, die vom Stamm der Skokomish waren. Ich lernte den blinden Jungen kennen, der nun schon fast zu einem Mann herangewachsen war, und ich sah auf dem freien Platz des Dorfes das Totem stehen, das die Geschichte erzählte, wie Teet' Motl und Hoo Han Hoo das gelobte Land fanden.

Im Garten der Hütte gibt es ein kleines Grab. Er trägt keinen der Grabsteine, wie sie der weiße Mann einem Freund zum Gedenken errichtet. Es hat ein prächtigeres und passenderes Denkmal der Dankbarkeit und Liebe – einen geschnitzten und bemalten Totempfahl. Am Fuß des Totems ist das wütende, knurrende Gesicht einer Wildkatze mit gefletschten weißen Zähnen dargestellt. Über dem knurrenden Gesicht sitzt die unerschütterliche Gestalt einer Stockente, deren eines Bein geschient ist. Darüber befinden sich zwei geschlossene Augen – Augen, die das Licht nicht sehen können. Und ganz oben auf dem Ehrenplatz befindet sich das geschnitzte Portrait von Amarillo – und sein gelbes Gesicht ist gütig und lächelt fast – und seine büscheligen Ohren sind aufgestellt und wachsam ...

Wenn er das wüßte, würde er stolz sein, da bin ich ganz sicher. Denn nur die wirklich Großen werden von dem Stamm der Skokomish so geehrt.

Mrs. Bonds Katzen

James Herriot

„Ich arbeite für Katzen." So stellte sich Mrs. Bond bei meinem ersten Besuch vor, nahm meine Hand mit festem Griff und schob ihren Unterkiefer angriffslustig vor, als ob sie mich dazu auffordern wollte, mir selbst einen Reim darauf zu machen. Sie war eine große Frau mit hohen Wangenknochen in einem markanten Gesicht und einer gebieterischen Haltung. Da ich mich mit ihr ohnehin nicht auseinandersetzen wollte, nickte ich so ernst, als ob ich sie völlig verstand und ihr zustimmte, und ließ mich von ihr ins Haus führen.

Ich erkannte sofort, was sie meinte. Die große Wohnküche hatte man ganz den Katzen überlassen. Katzen waren auf den Sofas und Stühlen und ergossen sich kaskadenartig bis zum Boden herab. Katzen saßen reihenweise auf den Fensterbrettern, und mitten in diesem Gewühl las der kleine Mr. Bond, blaßgesichtig und mit gesträubtem Schnauzbart, in Hemdsärmeln eine Zeitung.

Das war ein Schauplatz, der mir bald sehr vertraut werden sollte. Etliche der Katzen waren offenbar unkastrierte Kater, denn die Luft war erfüllt von ihren charakteristischen Ausdünstungen – deren grimmiger Geruch selbst die üblen Dünste des obskuren Katzenfutters überdeckte, das in großen Kochtöpfen auf dem Herd vor sich hin köchelte. Und Mr. Bond war immer da, immer hemdsärmelig, immer Zeitung lesend, eine einsame kleine Insel in einem Meer von Katzen.

Ich hatte natürlich von den Bonds gehört. Sie waren Londoner, die sich aus unerfindlichem Grund Nord-Yorkshire für ihren Ruhestand ausgesucht hatten. Die Leute behaupteten, daß sie mutig wären und ein altes Haus am Rand von Darrowby gekauft hätten, in dem sie unter sich blieben – und unter Katzen.

Ich hatte gehört, daß Mrs. Bond ständig Streuner aufnahm, sie fütterte und ihnen ein Zuhause gab, wenn sie es wollten. Das hatte mich schon im voraus für sie eingenommen, weil meiner Erfahrung nach die unglückliche Katzen-Spezies für jede Art von Grausamkeit und Vernachlässigung herhalten muß. Man erschoß Katzen, warf Sachen nach ihnen, ließ sie verhungern und hetzte aus Spaß Hunde auf sie. Es war gut, daß es jemanden gab, der sich für sie einsetzte.

Bei meinem ersten Besuch war der Patient nur ein dickes Kätzchen, ein verängstigter kleiner schwarzweißer Mops, der in einer Ecke herumkrabbelte.

„Er gehört zu den Wildkatzen", verkündete Mrs. Bond dröhnend.

„Wildkatzen?"

„Ja. Diese Katzen hier sind die zahmen. Die anderen sind richtig wild und weigern sich, ins Haus zu kommen. Ich füttere sie natürlich, doch sie kommen nur dann ins Haus, wenn sie krank sind."

„Ich verstehe."

„Ich hatte entsetzliche Mühe, ihn einzufangen. Ich mache mir Sorgen um seine Augen – es sieht so aus, als wäre eine Haut darüber gewachsen, und ich hoffe sehr, daß Sie etwas für ihn tun können. Er heißt übrigens Alfred."

„Alfred? Ach wirklich." Ich näherte mich vorsichtig dem kleinen halberwachsenen Tier und wurde mit ausgefahrenen Krallen und sperrangelweitem Fauchen begrüßt. Wenn er nicht in der Ecke eingekeilt gesessen hätte, wäre er wie der Blitz davongesaust.

Es würde nicht leicht sein, ihn zu untersuchen. Ich wandte mich an Mrs. Bond. „Könnten Sie mir irgendein Tuch geben? Ein altes Bügeltuch würde schon reichen. Ich muß ihn einpacken."

„Einpacken?" Mrs. Bond sah mich recht zweifelnd an, verschwand jedoch in ein anderes Zimmer und kehrte mit einem zerfetzten Baumwolltuch zurück, das genau richtig war.

Ich räumte eine verblüffende Ansammlung von Katzentellern, Katzenbüchern und Katzenmedikamenten vom Tisch, breitete das Tuch darauf aus und näherte mich meinem Patienten wieder. In solch einer Situation muß man sich Zeit lassen, und ich mußte dem Tier bestimmt fünf Minuten lang mit viel „Miez-miez" gut zureden, während sich meine Hand ihm immer mehr näherte. Als ich soweit herangekommen war, daß ich seine Wange hätte streicheln können, packte ich ihn mit schnellem Griff im Genick und trug den wild protestierenden und in alle Richtungen um sich schlagenden Alfred schließlich zum Tisch hinüber. Während ich ihn weiter fest am Genick hielt, legte ich ihn auf das Tuch und begann mit dem Einpacken.

Das ist etwas, was man bei widerspenstigen Katzen relativ oft zu tun hat, und ich bin, mit Verlaub gesagt, recht gut darin. Es geht darum, eine hübsch feste Rolle zu machen und dabei den kranken Körperteil der Katze freizulassen. Das kann eine verletzte Pfote sein oder der Schwanz, doch diesmal war es natürlich der Kopf. Ich vermute, daß Mrs. Bond in dem Moment bedingungsloses Vertrauen zu mir faßte, als sie sah, wie blitzartig ich die Katze einwickelte, bis nur noch ihr kleiner schwarzweißer Kopf aus einem unbeweglichen Kokon aus Stoff herausschaute. Er und ich standen uns jetzt von Angesicht zu Angesicht gegenüber oder sozusagen Auge in Auge, und Alfred konnte nichts machen.

Wie gesagt, bin ich recht stolz auf meine kleine Kunstfertigkeit, und heute noch sollen meine Tierarzt-Kollegen sagen: „Dem alten Herriot kam man vorwerfen, was man will, aber eine Katze kann er weiß Gott einpacken."

Es stellte sich heraus, daß sich keine Haut über Alfreds Augen gebildet hatte. Das gibt es auch gar nicht.

„Sein drittes Augenlid ist gelähmt, Mrs. Bond. Tiere haben dieses Häutchen, das sich zum Schutz über das Auge schiebt. Hier hat es sich nicht zurückgezogen, weil es der Katze möglicherweise nicht gut ging – vielleicht hatte sie einen Anflug von Katzenschnupfen oder etwas anderes, das sie geschwächt hat. Ich gebe ihr eine Vitaminspritze und lasse Ihnen ein Pulver da, das Sie ihm ins Futter streuen, wenn sie ihn ein paar Tage im Haus behalten können. Ich bin sicher, daß er in ein, zwei Wochen wieder auf dem Damm sein wird."

Da Alfred noch – zwar wütend, doch hilflos – ins Tuch gewickelt war, war die Injektion kein Problem, und damit war mein erster Besuch bei Mrs. Bond beendet.

Er war der erste von vielen. Wir kamen sofort prächtig miteinander zurecht, was noch dadurch begünstigt wurde, daß ich jederzeit bereit war, mir Zeit für ihre Schützlinge zu nehmen. Ich krabbelte auf dem Bauch unter Holzstapel im Schuppen, um an die Wildlinge zu kommen, lockte sie von Bäumen herunter und pirschte mich endlos durchs Gebüsch an sie heran. Doch für mich war das in vieler Hinsicht auch lohnend.

Das galt zum Beispiel für die Fülle an Namen, die sie für ihre Katzen verwendete. Da sie in London aufgewachsen war, nannte sie viele Kater nach dem damals großartigen Team des Arsenal-Fußballvereins. Es gab Eddie Hapgood, Cliff Bastin, Ted Drake, Wilf Copping, doch in einem Fall unterlief ihr ein Schnitzer, denn Alex James gebar mit unbeirrbarer Regelmäßigkeit dreimal im Jahr Kätzchen.

Dann war da ihre Art, die Katzen herbeizurufen. Das erlebte ich zum ersten Mal an einem ruhigen Sommerabend. Die beiden Katzen, die ich mir ansehen sollte, waren irgendwo draußen im Garten. Ich ging mit ihr zur Hintertür. Sie blieb dort stehen, legte die Hände über ihren Busen, schloß die Augen und begann mit honigsüßer Altstimme zu rufen.

„Bates, Bates, Bates, Ba-hates." Sie sang die Worte in einem einzigen ehrfurchtsvollen Ton, bis auf einen entzückenden kleinen Triller bei „Ba-hates". Danach blähte sich ihr voluminöser Brustkorb wie bei einer Opern-Primadonna wieder auf, und wieder erklang es höchst gefühlvoll: „Bates, Bates, Bates, Ba-hates."

Auf jeden Fall funktionierte es, denn die Katze Bates kam aus einer Gruppe von Lorbeerbäumen heraus angetrottet. Blieb noch der zweite Patient, und ich beobachtete Mrs. Bond interessiert.

Sie nahm wieder die gleiche Haltung ein, atmete ein, schloß die Augen, verzog ihr Gesicht zu einem süßen kleinen Lächeln und begann erneut.

„Sieben-mal-drei, Sieben-mal-drei, Sieben-mal-drei-hei."

Es wurde mit der gleichen Melodie wie Bates gesungen und hatte am Ende den gleichen süßen Triller. Da sie diesmal jedoch nicht so schnell zum Ziel kam, mußte sie die Prozedur mehrmals wiederholen, und da die Töne in der stillen Abendluft noch eine Weile nachklangen, ähnelte das Ganze verblüffend einem Muezzin, der seine Gläubigen zum Gebet ruft.

Schließlich hatte sie doch Erfolg, und eine fette Schildplattkatze schlich schüchtern an der Wand entlang ins Haus.

„Ach, Mrs. Bond", sagte ich beiläufig, „ich habe eben den Namen der letzten Katze nicht richtig verstanden."

„Ach, Sieben-mal-drei?" Sie lächelte. „Ja, das ist eine ganz Liebe. Weil sie siebenmal drei Kätzchen hatte, ist das doch ein guter Name für sie, oder nicht?"

„Doch, doch, ganz meine Meinung. Großartiger Name, großartig."

Was mich für Mrs. Bond auch noch einnahm, war, daß sie sich um meine Sicherheit sorgte. Das wußte ich um so mehr zu schätzen, als das bei Tierhaltern sehr selten ist. Ich kann mich an einen Ausbilder erinnern, dessen Rennpferd mich aus einer Box herausgetreten hatte und der das Tier besorgt untersuchte, ob es keinen Schaden an seinem Fuß davongetragen hatte; und an die kleine alte Dame, die neben ihrem riesigen, wütenden und zähnefletschenden Schäferhund sagte: „Sie gehen doch sanft mit ihm um und werden ihm doch nicht wehtun – er ist sehr nervös"; und an den Bauern, der nach einem nicht enden wollenden Kalben, das mir mit Sicherheit zwei Jahre meines Lebens geraubt hat, zu mir sagte: „Ich fürchte, Sie haben diese Kuh völlig erschöpft, junger Mann."

Da war Mrs. Bond ganz anders. Sie empfing mich immer mit einem Paar riesiger Schutzhandschuhe an der Tür, die mich vor Kratzern bewahren sollten, und es war eine unbeschreibliche Erleichterung zu wissen, daß sich jemand darüber Gedanken machte. Es wurde zu einer Routine in meinem Leben: Ich ging den Gartenweg zwischen unzähligen herumschleichenden wildäugigen kleinen Tieren – den Wildkatzen – hinauf, nahm an der Tür feierlich die Handschuhe in Empfang und betrat dann die gesättigte Luft der Küche, in der der kleine Mr. Bond mit seiner Zeitung zwischen der wogenden Menge der bepelzten Körper von Hauskatzen gerade noch sichtbar war. Ich habe nie Mr. Bonds Einstellung zu Katzen erfahren können – wenn ich jetzt darüber nachdenke, dann hat er kaum je etwas gesagt – doch ich hatte den Eindruck, daß sie ihm eher gleichgültig waren.

Die Schutzhandschuhe waren eine große Hilfe und manchmal wirklich ein Gottesgeschenk. Wie im Fall von Boris. Boris war ein riesiges blauschwarzes Mitglied der Wildkatzengemeinschaft und mir in mehrfacher Hinsicht ein Greuel. Ich war immer der heimlichen Überzeugung gewesen, daß er aus einem Zoo ausgebrochen war; niemals habe ich eine Hauskatze mit derart glatter, geschmeidiger Muskulatur und solch ausgeprägter Wildheit gesehen. Ich bin sicher, daß in Boris einiges von einem Puma steckte.

Für die Katzengesellschaft war es ein trauriger Tag, als Boris auftauchte. Ich habe mich immer schwer damit getan, ein Tier abzulehnen; von denen, die uns Schaden zufügen, handeln die meisten aus Angst, doch Boris war anders; er war ein bösartiger Kerl, und nach seiner Ankunft erhöhte sich die Zahl meiner Besuche, weil er seine Kameraden regelmäßig verdrosch. Ewig mußte ich zerfetzte Ohren nähen und zerbissene Körperteile behandeln.

Schon sehr früh kam es zwischen uns zu einer Kraftprobe. Mrs. Bond bat mich, ihm ein Entwurmungsmittel zu geben, und ich hielt die kleine Tablette schon mit einer Pinzette parat. Wie es mir überhaupt gelang, ihn zu packen, weiß ich wirklich nicht, doch ich verfrachtete ihn eilig auf den Tisch und ver-

packte ihn blitzartig in Lagen und Lagen starken Stoffs. Nur ein paar Sekunden lang glaubte ich, daß ich es geschafft hätte, als er mit seinen glänzenden haßerfüllten Augen zu mir hochstarrte. Doch als ich die vorbereitete Pinzette in sein Maul schob, klemmte er sie wütend zwischen die Zähne, und ich fühlte, wie seine Krallen mit erstaunlicher Kraft den Wickel von innen heraus zerfetzten. Es war im Handumdrehen vorbei. Ein langes Bein schoß hervor und zerriß mir das Handgelenk. Ich ließ seinen Nacken los, und wie ein Blitz schlug Boris seine Zähne durch den Handschuh in meinen Daumenballen und war weg. Wie ein Dummkopf stand ich da, hielt die zerbröselte Entwurmungstablette in der blutenden Hand und betrachtete das Bündel Bänder, die einmal Einpacktücher gewesen waren. Von da an haßte Boris allein schon meinen Anblick, und das beruhte auf Gegenseitigkeit.

Doch das war nur eine der wenigen Wolken an einem klaren Himmel. Ich genoß weiter meine Besuche dort, und das Leben bewegte sich in ruhigen Bahnen, abgesehen vielleicht von einigen Hänseleien meiner Kollegen. Sie konnten nie verstehen, daß ich bereitwillig so viel Zeit für ein paar Katzen aufwendete. Das paßte natürlich zu der allgemeinen Einstellung, weil Siegfried nichts von Leuten hielt, die sich irgendwelche Haustiere hielten. Er konnte einfach ihre Denkweise nicht verstehen, und teilte seine Ansichten jedem mit, der sie hören wollte. Er selbst hielt natürlich fünf Hunde und zwei Katzen. Seine Hunde begleiteten ihn allesamt im Auto überall hin, und er fütterte die Hunde und Katzen jeden Tag mit der Hand – und hätte diese Aufgabe niemand anderem überlassen. Abends stapelten sich alle sieben Tiere um seine Füße herum, wenn er im Sessel vor dem Kamin saß. Bis zum heutigen Tag ist er ein vehementer Gegner jeglicher Tierhaltung, obwohl eine neue Generation wedelnder Hundeschwänze ihm fast die Sicht nimmt, wenn er herumfährt, und er auch mehrere Katzen und ein paar Aquarien mit tropischen Fischen und zwei Schlangen sein eigen nennt.

Tristan hat mich nur einmal bei Mrs. Bond in Aktion erlebt. Ich nahm ein paar lange Pinzetten aus dem Instrumentenschrank, als er ins Zimmer kam.

„Irgend etwas Interessantes, Jim?" fragte er.

„Ach nein, nichts Besonderes. Ich will nur schnell nach einer der Bond-Katzen sehen. Ein Knochen hat sich in ihren Zähnen verhakt."

Der junge Mann sah mich einen Augenblick lang nachdenklich an. „Ich würde gern mitkommen. Ich habe in letzter Zeit wenig kleine Tiere zu sehen bekommen."

Als wir durch den Garten des Katzenhauses gingen, war ich ein bißchen verlegen. Eins der Dinge, auf die sich meine beglückende Beziehung zu Mrs. Bond gründete, war meine liebevolle Behandlung ihrer Schützlinge. Selbst den wildesten und grimmigsten Tieren begegnete ich mit Sanftheit, Geduld und Fürsorge; das machte ich nicht bewußt, sondern rein intuitiv. Trotzdem fragte ich mich, was Tristan wohl von meiner Katzen-Krankenpflege halten würde.

Mrs. Bond erfaßte die Situation blitzartig und präsentierte zwei Paar Schutzhandschuhe. Tristan sah ein wenig überrascht aus, als er sein Paar entgegennahm, doch er bedankte sich bei der Dame mit dem für ihn typischen Charme. Noch überraschter war er, als wir die Küche betraten. Er schnüffelte in die gesättigte Luft und beäugte die Massen von Pelztieren, die praktisch jeden verfügbaren Zentimeter besetzt hielten.

„Mr. Herriot, ich fürchte, es ist Boris, der den Knochen in den Zähnen hat", sagte Mrs. Bond.

„Boris!" Mein Magen hüpfte. „Wie um alles in der Welt sollen wir ihn denn einfangen?"

„Ach, ich habe es ganz schlau angefangen", erwiderte sie. „Ich konnte ihn mit seinem Lieblingsfutter in einen Katzenkorb locken."

Tristan legte die Hand auf einen großen Weidenkorb, der auf dem Tisch stand. „Ist er hier drin?" fragte er beiläufig. Er schob den Riegel zurück und öffnete den Deckel. Ungefähr eine Viertel Sekunde lang starrten sich das zusammengerollte Tier im Korb und Tristan an, dann schoß ein schlanker schwarzer Körper explosionsartig aus dem Korb, am linken Ohr des jungen Mannes vorbei und hinauf auf einen hohen Schrank.

„Verdammt noch mal!" sagte Tristan. „Was zum Teufel war das denn?"

„Das", sagte ich, „war Boris, und jetzt müssen wir ihn wieder einfangen." Ich kletterte auf einen Stuhl, streckte die Hand langsam der Oberseite des Schranks entgegen und sagte mit meiner betörendsten Stimme „Miez-miez-miez".

Ungefähr eine Minute später dachte Tristan, daß er eine bessere Idee hätte; mit einem plötzlichen Sprung griff er sich Boris' Schwanz. Doch nur vorübergehend, denn die große Katze befreite sich sofort und begann, wie ein Wirbelwind durch den Raum zu rasen – oben auf Schränken und Anrichten entlang und über die Vorhänge und dann immer rundherum wie ein Todeswand-Fahrer.

Tristan stellte sich an einem strategischen Punkt auf, und als Boris vorbeischoß, schlug er mit dem Handschuh nach ihm.

„Ich hab das verdammte Ding verfehlt!" schrie er wütend. „Aber hier ist er ja wieder ... das ist für dich, du schwarzer Mistkerl! Verdammt noch mal, ich kann ihn nicht erwischen!"

Die braven kleinen Hauskatzen, die von den herumfliegenden Tellern und Dosen und Töpfen und von Tristans Schreien und Armwedeln ganz durcheinander waren, fingen jetzt auch an herumzusausen und rissen alles herunter, was Boris nicht erwischt hatte. Der Lärm und das Durcheinander erreichten sogar

Mr. Bond, denn einen Moment lang hob er den Kopf, betrachtete leicht überrascht die herumflitzenden Körper und kehrte dann zu seiner Zeitung zurück.

Tristan, der von der aufregenden Jagd ganz rot geworden war, fing langsam an, Spaß daran zu finden. Ich zuckte innerlich zusammen, als er mir fröhlich zuschrie: „Jag ihn her, Jim. Bei der nächsten Runde schnapp ich mir den Scheißkerl!"

Wir konnten Boris nicht einfangen. Wir mußten es dem Knochen überlassen, sich selbst herauszuarbeiten. Also war das kein sehr erfolgreicher Krankenbesuch. Doch als wir zurück zum Wagen gingen, lächelte Tristan zufrieden.

„Das war Klasse, Jim. Ich hatte ja keine Ahnung, daß du so viel Spaß mit deinen Miezen hast."

Als ich Mrs. Bond das nächste Mal sah, nahm sie die ganze Sache nicht ganz so locker hin.

„Mr. Herriot", sagte sie verkniffen, „ich hoffe doch sehr, daß Sie diesen jungen Mann nicht noch einmal mitbringen werden."

Die Katze im Feigenbaum

Charles McPhee

Der Große Anführer war gelangweilt. Er hörte nicht mehr zu. Es war selten, daß irgend jemand ihm noch etwas mitteilte, das er hören wollte. Er gähnte ausgiebig und entblößte dabei starke gelbe Zähne. Es würde ein langer Tag werden. Erst gab es die Parade, dann die Ordensverleihung und dann natürlich noch die Ansprache vom Balkon, ohne die kein Nationaltag vollständig war. Der Große Anführer schob seinen Stuhl zur Seite und ging hinüber zur Terrassentür. Er hatte einen orangefarbenen Blitz im Laub des Feigenbaums gesehen und wollte wissen, was das war. Der Polizeichef bat ihn immer, von den Fenstern wegzubleiben, doch was nutzte dann die ganze Macht, wenn man nicht einmal aus seinen eigenen Fenstern hinaussehen konnte?

Der Innenminister, der ihn auf die Wasserknappheit angesprochen hatte, als ob er eine öffentliche Versammlung wäre, stockte, verlor den Faden bei dem, was er hatte sagen wollen und verstummte. Er starrte mit leerem Blick auf den Rücken des Großen Anführers und sah, daß der Schweiß dessen Hemd durchweicht und Flecken darauf hinterlassen hatte. Der Minister war nervös. Es paßte gar nicht zu dem Chef, unaufmerksam zu sein, und er fragte sich, ob er ein Gerücht gehört hatte. Er kannte ihn so gut und schon so lange, und doch konnte er nicht immer erahnen, was er dachte. Erst von wenigen Minuten hatte er dem Großen Anführer seine ewige Treue ausgesprochen, dem er vor all diesen Jahren an die Macht geholfen hatte, doch nun fragte er sich, ob er nicht zu leidenschaftlich, zu ernsthaft gewesen war. Er bedauerte die Tatsache, daß er ihn verraten mußte.

Der Große Anführer wußte, daß sein alter Freund heimlich plante, ihn zu töten. Das kümmerte ihn nicht übermäßig, obwohl es ihn traurig machte, daß selbst seine engsten Vertrauten ihn verrieten. Irgend jemand verschwor sich immer gegen ihn. Der letzte Mordversuch auf ihn lag noch nicht einmal ein Jahr zurück, und unbewußt strich der Große Anführer jetzt über die Narbe auf seiner Hand, mit der er das Messer abgewehrt hatte. Es war eine Tatsache des Lebens und letztendlich auch des Todes, daß sie wieder versuchen würden, ihn zu töten.

Der Polizeichef wartete auf den richtigen Augenblick, die Verschwörer einzusperren, doch bis dahin, fürchtete der Große Anführer, hatte er sich womöglich schon zu Tode gelangweilt. Es gab so viele Ansprachen, so viele Worte und eigentlich war nichts zu tun. Das Wasser unterlag nicht seinem Befehl, obwohl er sicherlich seiner Geliebten kein Haus mit Swimmingpool auf dem Hügel über der Barrackenstadt hätte geben sollen. Die Leute, für die er nicht mehr kämpfte, würden sie ermorden, und ihm würde das leid tun.

Die Feigen am Baum waren purpurfarben reif und sahen so saftig aus wie stark gequetschtes Fleisch. Er trat durch die Tür auf den Kiesweg. Er stolperte fast über die flache Stufe und ärgerte sich darüber. Er wurde alt, und seine Knochen schmerzten. Er ging zum Baum hinüber, und sein Schritte knirschten laut auf den losen Steinen. Er pflückte sich eine Feige und biß hinein. Der rote Saft erfrischte ihn. Er ließ ihn in seinen Mund und über das Kinn tropfen.

Bei näherem Hinsehen entpuppte sich das Orangefarbene im Feigenbaum als eine Katze. Es war ein einäugiges Tier, offenbar sehr alt und übersät von Narben aus unzähligen Kämpfen. Als er die Hand nach ihr ausstreckte, kletterte die Katze den Stamm hinunter, wirbelte dabei die Blätter durcheinander und schlug unreife Feigen zu Boden. Der Große Anführer mochte Katzen. Sie waren meist ruhig und verlangten so wenig von den Menschen, mit denen sie sich zu leben entschlossen hatten. Er spürte eine spontane Sympathie für diesen räuberischen Spitzbuben. Auch er war räuberisch, doch er fragte sich, wie lange er sich noch damit abplagen konnte, die jungen Katzen in die Flucht zu schlagen, die ihn anscheinend so dringend tot sehen wollten. In ihrer Eile hatte die Katze ein jämmerliches kleines Federbündel fallenlassen. Sie hatte an einem gerade flügge gewordenen Vogel herumgekaut. Der Große Anführer verdammte sie nicht. Gab es einen Unterschied zwischen der Gewalt im Tierreich und der Grausamkeit seiner eigenen Rasse? Er glaubte das nicht. Allerdings tat die Katze dem kleinen Vogel nur aus dem natürlichen Wunsch heraus Gewalt an, ihren Hunger zu stillen. Seine eigene Grausamkeit, rief er sich ins Gedächtnis zurück, war immer wohlüberlegt und Ausdruck seiner eigennützigen Macht gewesen.

Auf der anderen Seite der Stadt fettete ein bis zur Taille nackter Mann mit liebevoller Sorgfalt ein Gewehr ein. Als er mit der Hand über das schwarze Metall strich, das sich unter seiner Handfläche so rein und kühl anfühlte, roch er seinen eigenen säuerlich muffigen Schweiß. Seit drei Tagen gab es in dem Apartment kein Wasser, und das auf Flaschen gezogene warme, brackige Wasser hatte er zum Trinken aufgespart. Tagsüber konnte er sein Zimmer nicht verlassen, und nachts wagte er nur, für einen schnellen Atemzug herauszukriechen, und dabei horchte er ständig auf die gepanzerten Polizeiwagen, die ohne Vorwarnung mit kreischenden Sirenen aus der Dunkelheit heraussprangen. Wenn es schon am frühen Morgen so heiß war, würde die Mittagshitze garantiert unerträglich sein. Er meinte, daß er es riskieren konnte, ein wenig Luft hereinzulassen. Vorsichtig hakte er die schweren Holzläden auf. Dabei berührte eine Brise sein Gesicht und kühlte seine Stirn. Er trat auf den Balkon hinaus und kümmerte sich für den Moment nicht darum, sich verstecken zu müssen. Von seinem Zimmer aus konnte er über den Freiheitsplatz sehen, und er befand sich genau gegenüber dem Mausoleum, von dessen Dach herab der Große Anführer seine Ansprache halten würde.

In einem plötzlichen Schmerz griff er sich mit der Hand an die Wange. Blut tropfte warm auf seine Finger. Eine Sekunde lang glaubte er, daß man ihn angeschossen hätte. Dann entdeckte er die Katze, die ihn mit einem bösartigen Auge über den Balkon hinweg anstarrte. Dort, wo das andere Auge gewesen war, war jetzt nur eine häßliche leere Höhle. Er fluchte und trat nach ihr, doch sie wich mit wütend schlagendem Schwanz seinem Stiefel aus und sprang auf die schmale Kante zwischen seinem und dem Nachbarbalkon. Er hatte keine Ahnung, woher die Katze gekommen war und warum sie ihn angegriffen hatte. Die Stadt wimmelte vor wilden Katzen, und er wußte, daß er den Kratzer behandeln mußte, um eine Infektion zu verhindern. Das hatte natürlich solange zu warten, bis sein Job erledigt war und er die Stadt verlassen konnte.

Der Große Anführer entließ den Minister und kehrte in sein Apartment zurück, um sich umzuziehen. So prächtig der Palast auch war, so zellenartig war das Schlafzimmer des Großen Anführers. Außer einem schmalen Eisenbett bestand das Mobiliar nur noch aus einem hölzernen Schaukelstuhl und einem Nachttisch, auf dem ein Krug mit Wasser und ein gesprungener Spiegel stand. Nebenan befand sich jedoch ein Ankleidezimmer, in dem sein Diener schlief. Er enthielt einen riesigen Schrank mit seinen Uniformen aller Dienstgrade. Er neigte nicht zur Nabelschau, doch manchmal wunderte er sich darü-

ber, warum er all diese bedeutungslosen Uniformen gesammelt hatte, die alle mit ähnlich bedeutungslosen Orden behängt waren.

Als Kind hatte er gelesen, daß der englische Admiral Nelson darauf bestanden hatte, seine Uniform während der Trafalgar-Schlacht auf dem Achterdeck seines Schiffes *Victory* zu tragen. Er trug sie zwar aus Eitelkeit, doch auch, um sich in der Hitze des Gefechts so vielen Seeleuten wie möglich zu erkennen zu geben. Er hatte gelesen, daß ein französischer Scharfschütze hoch in der Besansaling der *Redoutable* ihn wegen dieser eitlen Zurschaustellung mitten im Kriegsgetümmel ausgemacht und niedergeschossen hatte. Schon als der Große Anführer diese Geschichte zum ersten Mal gelesen hatte, hatte er sich verwirrt gefragt, welche Lehre aus ihr zu ziehen sei, doch von diesem Zeitpunkt an hatte er sich begierig die Gelegenheiten ausgesucht, bei denen auch er schimmernde Orden, goldene Epauletten und glänzend schwarze Lederstiefel tragen konnte. Trotz Nelsons Schicksal fühlte er sich in einer seiner Uniformen unverwundbar.

Sein Diener brachte ihm ein Gericht aus Eiern und Speck und mit Weichkäse gefüllten Weinblättern. Er trank wenig von dem leichten trockenen Wein, der als eines der wenigen wirtschaftlichen Erzeugnisse von seinem Land in viele andere Länder exportiert wurde. Der Diener fragte ihn, ob er ein Mädchen haben wolle, doch er verneinte das. Er wollte sich vor den nachmittäglichen Pflichten eine Stunde lang ausruhen. Der Diener sollte ihn rechtzeitig zum Ankleiden wecken. Ohne seine Stiefel auszuziehen, legte er sich aufs Bett, und als es unter seinem Gewicht quietschte, kam die orangefarbene Katze, die er im Feigenbaum gesehen hatte, darunter hervor und hielt zitternd an der Tür inne. Der Große Anführer war erst überrascht, dann amüsiert und versuchte schließlich, sie mit den Resten seines Essens anzulocken, doch die Katze machte einen Buckel und fauchte voller Verachtung. Still für sich nannte der Große Anführer sie Nelson.

Eine Minute später sprang die Katze auf den Tisch und warf das Weinglas mit dem Schwanz um. Die Katze drehte sich um, anscheinend genau wissend, was sie getan hatte. Sie begann, den Wein aufzulecken, der in das Leinentischtuch sickerte. Der Große Anführer goß Wein in einen Aschenbecher, und die Katze schlabberte ihn mit sichtlichem Vergnügen auf, als ob er Milch wäre. ‚Wenigstens stört dich die Wasserknappheit nicht, Nelson', dachte der Große Anführer sarkastisch.

Nachdem sie den Wein getrunken hatte, streckte die Katze sich, gähnte und rollte sich auf dem schmalen Bett zusammen und war kurz darauf fest eingeschlafen. Der Große Anführer saß im Schaukelstuhl, betrachtete die Katze und rauchte eine Zigarre. Schließlich zog er seine Stiefel aus und kroch so vorsichtig unter die Bettdecke, daß er die Katze nicht störte. Die Wärme der Katze an seinen Füßen war merkwürdig tröstlich, und der Große Anführer, der wie viele Soldaten jederzeit einschlafen konnte, atmete schon bald tief und gleichmäßig.

Auf der anderen Seite der Stadt konnte der Mann mit dem verletzten Gesicht nicht schlafen. In seinem Gesicht pochte es, und er hatte das Gefühl, daß er Fieber hatte. Er sah in den Spiegel, der an der Wand hing. Die rasiermesserscharfen Krallen hatten sein Auge noch so eben verfehlt und seine Wange so in Streifen gerissen, wie ein Metzger eine Schweineschwarte einritzen würde. Unten auf dem Platz kochte der Asphalt, und nur das gelegentliche Geräusch eines Autos unterbrach die mittägliche Stille.

Um zwei Uhr wurde der Große Anführer geweckt. Mit Bedauern stellte er fest, daß die einäugige Katze nicht so lange abgewartet hatte, daß sie ihn in voller Gala hätte sehen können. Er wusch sich und zog sich an. Er trug eine seiner Lieblingsuniformen – die eines Flottenadmirals. Es gefiel ihm besonders, in diesem Binnenstaat die Uniform einer nicht existierenden Marine zu tragen. Eine kleine Gruppe seiner Minister erwartete ihn, und er bemerkte, daß der Verteidigungsminister sehr schwitzte und der Innenminister nervös an einem Pickel in seinem Gesicht herumrieb. Er lächelte, und das schien die beiden Männer nur noch mehr zu beunruhigen. Der Große Anführer ging davon aus, daß der Polizeichef wußte, was er tat, allerdings war er sich nicht sicher, ob ihm das wirklich wichtig war. Immerhin hatte es einen gewissen Reiz, so sehr der Gnade des Schicksals ausgeliefert zu sein.

Er stieg in seine schwarze kugelsichere Limousine und wurde zu dem Podium auf dem Platz gefahren, von dem aus er den Salut entgegennehmen sollte. Die Menge schien weniger zahlreich und mürrischer als sonst zu sein. Der Friedensplatz war immer noch ein Backofen. Einige Soldaten wurden ohnmächtig. Trotzdem marschierten andere Soldaten, und die Panzer, die aus einer höher entwickelten Diktatur importiert worden waren, versagten nicht ihren Dienst. Drei veraltete Kampfflugzeuge rasten über seinen Kopf hinweg. Der verfügbare Treibstoff reichte nur für eine einzige Vorführung, und die war schnell vorbei. Die Jugendgarde marschierte singend vorbei. Ihren Optimismus fand er deplaziert.

Er befestigte Orden an der Brust derjenigen, die streikende Bergarbeiter im Norden des Landes erschossen hatten und einen ‚Adler', die höchste Auszeichnung des Landes, an der Brust des Soldaten, der den messerschwingenden Irren entwaffnet hatte. Jedesmal wenn er die glänzende Medaille, die das Profil seines Gesichtes trug, an dem rauhen Stoff befestigt hatte, küßte er den Soldaten erst auf die rechte und dann auf die linke Wange. Der Geruch von Knoblauch und billigen Zigaretten, den diese treuen Veteranen ausströmten, würgte ihn.

Dann betrat er mit seinen Ministern das Mausoleum, das den Körper des Helden der Revolution beherbergte. Er stieg langsam die große Treppe zum Flachdach hinauf. Dort nahm er hinter der Balustrade und neben seinen Ministern, die zu seinen beiden Seiten aufgereiht waren, Haltung an. Der Große Anführer hatte dem Helden am Tag nach der Revolution in den Rücken schießen müssen. Obwohl viele ihn dieser Tat verdächtigten, wußte nur der

Polizeichef es mit Sicherheit. Zusammen hatten sie den Körper des Helden in den Palast gezerrt und danach gemeinsam den Hergang des Ereignisses zu dem zusammengebraut, was die Kinder seither in den Geschichtsbüchern des Landes lesen konnten.

Der Mann in dem Zimmer auf der anderen Seite des Platzes schwitzte. Er preßte das Gewehr an die Wange und zuckte vor Schmerz zusammen. Der Kratzer von den Krallen der Katze hatte zu eitern begonnen. Er justierte das Zielfernrohr. Als erstes sah er mehrere Männer in Anzügen und dann das allzu vertraute Gesicht: die edle römische Nase, die grauen Augen unter buschigen Brauen und den zahnbürstenartigen kleinen Schnurrbart. Er senkte das Gewehr um gut zwei Zentimeter. Die Medaillen auf der Brust des Großen Anführers füllten das Blickfeld aus. Aus dem Apartment unter ihm war Lärm zu hören und dann Schreie. Er konnte Schritte auf der Steintreppe hören und heisere Stimmen, als er den Abzug betätigte.

Der Große Anführer stand gerade und reglos da und fragte sich, ob er sterben würde. In seinem Nacken sträubten sich die Haare und kitzelten ihn, was immer ein Zeichen dafür war, daß sein Leben in Gefahr war. Er schaute den Innenminister neben ihm an. Ein orangefarbener Blitz zu seinen Füßen ließ ihn nach unten schauen. Es war die Katze. Aus einem Impuls heraus beugte er sich herab, um sie hochzunehmen. Er spürte den Luftzug, als die Kugel fast seine Kopfhaut streifte. Er sah nicht, daß der Innenminister getroffen wurde, der zur Seite getreten war, weil auch er über das unerwartete Auftauchen der Katze überrascht war. Er sah ihn jedoch zusammenbrechen, und der Satz, der ihm ungebeten durch den Kopf schoß war ‚als ob man ihm die Füllung aus dem Körper geschlagen hätte'.

Er ließ die Katze los, kniete sich neben den sterbenden Mann und hob seinen Kopf vom kalten Stein hoch. Er sah, daß er etwas zu sagen versuchte, und fragte sich, was so wichtig war für diese äußerste Anstrengung. Er senkte sein eigenes Gesicht dem seines alten Freunde entgegen und bemerkte, daß er lächelte.

„Verfluchte Katze ..." flüsterte der Minister. „Frechheit ... war mal meine ... war immer bei mir ... hat mich hintergangen ..."

Dann schäumte Blut auf seinen Lippen und tropfte über sein Kinn herab, und der Große Anführer wurde an die Feige erinnert, die er am Morgen gegessen hatte.

Die Katzen meiner Kindheit

May Eustace

Die nostalgische Sehnsucht nach den Tagen meiner Kindheit überlagert alles, was ich schreibe.

> Warum schreibe ich,
> Welch Sünde geheime
> Taucht mich in Tinte,
> Die meiner Eltern oder meine?
>
> *Alexander Pope*

Auf meine Vergangenheit zurückzuschauen ist für mich eine Übung in Geduld und Inspiration. Keine andere menschliche Erfahrung erfüllt mich mit solcher Freude. Wenn ich mich zurückerinnere, vergesse ich alle Sorgen dieser Welt. Ich vergesse, daß ich alt werde. Ich vergesse, daß ich jetzt fast ganz allein bin. Ich vergesse, daß ich Steuerformulare auszufüllen habe und Rentenquittungen unterschreiben muß. Ich vergesse all die Irritationen der Gegenwart und genieße wieder die alten vertrauten Orte und die vertrauten Menschen und die Tiere, die mich zu leben gelehrt haben.

> Ich entsinne, entsinne
> Das Haus, wo ich geboren ward,
> Und Fensterchen, die die Sonne
> Bei Dämmerung beschien'n hat.

Ja, so waren diese Tage. So klar wie in einem Spiegel sehe ich das alte

Haus, die Gärten, die Koppeln und Flüßchen vor mir. Und ich sehe auch den Fußweg, der zum Fluß führt, und die Wälder mit den Teppichen aus Glockenblumen, Primeln und Himmelsschlüsseln. Und dann – als ob ich es je vergessen könnte – sehe ich meine Mutter und meinen Vater wieder.

Mutters langer schwarzer Rock schleift im Staub und der Schnurrbart meines Vaters scheint länger und buschiger denn je zu sein. Sie sprechen im Flüsterton miteinander, so als hätten sie noch Unerledigtes vor sich. Es ging um Liebe und Sex. Unsere Familie war noch nicht vollständig.

Zum Glück für uns Kinder waren unsere Eltern so mit sich beschäftigt, daß sie uns viel uns selbst überließen. In gewissen Grenzen konnten wir tun, was wir wollten. Die Katzen hatten das gleiche Glück. Sie waren überall, Kater und Katzen lebten miteinander ihr Leben auf eigene angenehme Weise. Ich weiß, daß Mutter kein einziges Kätzchen hat töten lassen, und so kamen und gingen viele aus allen und in alle Richtungen. Wenn ich die heutigen offiziellen Maßstäbe angelegt hätte, hätte ich unter ihnen sicherlich Rex-Katzen und Havannas entdeckt, Silbertabbys und Karthäuser und unendlich viele zweifarbige.

Ich war noch ganz klein, als meine Katzenverzauberung begann. Nicht auf sentimentale Art, sondern so wißbegierig und interessiert, wie es eigentlich einem älteren Kind zugekommen wäre. Und ich wiederhole noch einmal, daß es überall Katzen gab. An einem sonnigen Tag tauchten sie in Mengen auf, und jede suchte ihren eigenen geschützten und sonnigen Fleck auf. Keine dieser streunenden Katzen konnte von uns ein Dach über dem Kopf einfordern. Wir hatten unsere eigene anerkannte Katzen-Dynastie, zu der auch die Katze unserer alten Haushälterin Rosey und ein oder zwei andere gehörten, die sich selbst versorgten. Doch wir hatten genügend Futter übrig, das wir großzügig an die Streuner verteilten.

Doch wie viele dieser mehr- und einfarbigen Katzen waren wirklich Streuner? Es gab da eine kleine Tigerkatze, die ihren Nachmittagsschlaf immer auf meiner Fensterbank hielt. Sie badete in der Sonne wie eine orientalische Göttin. Sie fühlte sich gut an und roch auch gut. Ihre Ohren waren sehr gerade, und die Weisheit stand ihr ins gestreifte Gesicht geschrieben. Sie hatte eine süße schwarze Nase, die sie immer geradewegs in die Sonne führte. Ich würde nicht sagen, daß sie eine überfreundliche Katze war. Sie ließ nur wenige Vertraulichkeiten zu – ein- oder zweimal Streicheln, ein Kitzeln unter dem Kinn, eine sanfte Berührung ihres kleinen dicken Schwanzes. Mehr nicht. Sie zeigte mir, daß sie meine Annäherungsversuche nicht wollte, indem sie aufstand und fortging. Ich dachte, der passende Name für sie wäre Winny Silly.

Der nächste Sonnenanbeter war der Türschwellen-Kater. Er war ganz schwarz und Kater durch und durch. Ich weiß das deshalb so genau, weil ich oft hörte, wie Rosey ihn mit häßlichen Ausdrücken beschimpfte; trotzdem blieb er, obwohl seine ‚duftende' Anwesenheit die Menschen ärgerte. Er war ein ganz angenehmer Zeitgenosse und erlaubte mir, ihn zu massieren und unterm Kinn zu kraulen. Wir nannten ihn Steptoe, nicht nach dem Fernsehschauspieler, den wir heute kennen, sondern weil er immer auf der Stufe vor der Haustür lag und auch nach unserem Onkel. Der war ein reicher Bauer und kam einmal im Jahr nach Kilkenny. Er betraute niemanden mit dem Kauf und Verkauf, und wenn er an einem Markttag die Straße herunterkam, folgte ihm die größte aller Rinderherden. Er hatte sich auf Herefordshire-Rinder spezialisiert und war stolz darauf, daß er ein guter Züchter war. Er hatte nur eine Schwäche: Er feierte einen guten Verkauf mit einem guten Drink. Er liebte seinen Whisky pur und bestellte ihn immer doppelt. Mutter schien das nichts auszumachen, denn sie sagte immer, daß es sein eigenes Geld sei, das er ausgebe, und daß er damit machen könne, was er wolle – seine Taschen waren immer von 5- und 10-Pfund-Noten ausgebeult. Wenn mein Vater ihm in seinen Karren half, ließ er sich wie ein ersticktes Schwein ins Stroh fallen, und das Pony ging ohne jede Führung nach Hause, blieb auf seiner Straßenseite und fuhr schließlich vorsichtig auf den Hof.

Doch Steptoe blieb auf der Schwelle liegen, wer auch immer kommen oder gehen mochte, solange es nur sonnig und warm war. Man konnte über ihn hinwegsteigen, ihn aber nicht dort wegnehmen.

Die Scheunenkater war schwarzweiß und der größte Sonnenanbeter von allen. Er war nicht so gutaussehend wie Steptoe. Sein Fell war ziemlich rauh, und er hatte seltsame weiße Flecken am Bauch und eine gut anderthalb Zentimeter lange weiße Schwanzspitze. Er war ebenfalls zahm und ließ sich am Bart ziehen. Wie bei den anderen, deren Namen mit ihren selbstgewählten Standorten in Zusammenhang standen, fanden wir, daß Barny ein gottgegebener Name für ihn wäre. Er hing immer in der Scheune herum, und es sah ganz so aus, als hätte er eine besondere Vorliebe für die kleine schwarze Kerry-Kuh, die beim Haus gehalten wurde, bis ihr Kalb geboren war. Sie war berüchtigt für ihre Wanderungen und hatte ihre Kälber schon den an unmöglichsten Stellen abgesetzt. Eins hatte sie wirklich mal mitten in einem Bach zur Welt gebracht. Es war reiner Zufall, daß sie noch rechtzeitig gefunden worden war. Wenn die Sonne schien, kam Barny heraus und genoß diese, und wenn das Wetter schlecht war, ging er ins Stroh zur Kuh. Manchmal blieb er zwei Wochen lang fort. Er roch nicht sehr nach Katze, sondern eher nach Kuhdung.

Was Gestank und Düfte anbelangt, sind die Leute vom Land den Städtern gegenüber sehr benachteiligt. Der Duft von Flieder und Rosen kann nie den Gestank der Tiere überdecken. Doch Rosey hatte wirklich eine Stadt-Nase und verabscheute vor allem Katergestank. Wenn sie nur den kleinsten Hauch roch, machte sie sich auf die Suche nach dem Hund oder nach ihrer Peitsche.

Dann war da noch die schönste der Katzen – eine weiße Perserin. Ich sage ‚schön', doch ich sollte wohl besser sagen ‚hätte schön sein können', denn ihr Fell war immer sehr schmutzig. Und auch ihr fächerartiger Schwanz wurde durch den Schmutz gezogen. Ich bin mir absolut sicher, daß sie blaue Augen hatte, die sie auch zu ihrem Vorteil nutzte – wenn jemals eine Katze zustimmend gezwinkert hat, dann war es Persi. Ihr Lieblingsplatz war der Stall, in dem wir einen großen braunen Hengst hielten. Er war ein ungeheuer großer Kerl und strahlte eine besondere Hitze aus, die sehr anziehend auf Katzen

wirkte. Persi mußte sich nicht an ihn kuscheln; man konnte die Ausdünstungen seines Körpers sehen. Obwohl er ein edles Tier und voller Saft und Kraft war, bekam er nie die Gelegenheit, das auch zu beweisen.

Außer den genannten Katzen gab es noch mehr, die sich auf den Heuböden versteckten und beim ersten Sonnenstrahl herauskamen. Es war interessant zu sehen, wie die verschiedenen Katzen auf einen Wetterwechsel reagierten. Ich weiß nicht, wie das Wetter heutzutage in Kilkenny ist, doch ich weiß noch gut, daß es vor einem halben Jahrhundert ständig regnete. Meine Mutter betonte immer, daß das immergrüne Gras und die üppige Vegetation das Ergebnis des schönen, feuchten Klimas sei. Sie liebte den Regen. Einmal verbrachte sie einen freien Tag bei ihrem Bruder in Wembley, und sie sagte, das Wetter sei dort zu klamm und trocken; sie brauchte das tropf, tropf, tropf, das immer und ewig um unser altes Haus herum zu hören war. Ich kann mich daran erinnern, daß ich ständig auf der Veranda stand und auf Sonnenschein wartete, und mein Freund und ich sangen das beliebte Klagelied: „Regen, Regen, geh nach Spanien, und komm nie zu uns zurück". Während dieser nassen Zeiten verschwanden die Katzen völlig. Alle außer natürlich unserer eigenen Katzen, die sich in irgendwelche stillen Ecken verzogen hatten. Doch kein Streuner durfte die Annehmlichkeiten von Roseys Küche genießen. Sie polierte ihren Herd doch nicht so wunderbar und all das Messing drumherum so strahlend und blitzend, um die Augen von Streunern zu blenden. Dieser einladende Ort blieb nur ihr und ihrer kleinen Katze vorbehalten. Selbst die Haushunde wurden nicht dazu ermuntert, im angenehmen Glanz des Feuers aus Torf und Zweigen herumzulungern.

Eigentlich kam Nan auf die Idee mit dem Vorhaben. Nan war einer der Sänger, die mit mir im Regen standen. Sie war auch meine beste Schulfreundin und hatte ein großes Herz für alle Katzen.

„Wo ist Winny Silly heute?" fragte sie, wenn sie den leeren Platz sah.

„Komisch, daß du fragst. Ich habe mich gerade selbst gewundert. Immer wenn es regnet, geht sie fort. Sollten wir nicht herauszufinden versuchen, wo ihr zweites Zuhause ist?" erwiderte ich.

„Ja", sagte Nan, „wir rennen hinter ihr her, wenn sie das nächste Mal kommt und wieder weggehen will."

„Da gibt es noch andere, die hier tagelang in der Sonne sitzen, und sobald das Wetter umschlägt, sind sie weg. Es wäre doch lustig herauszufinden, wo sie alle leben." Und damit setzten wir ein Unternehmen in Gang, mit dem wir ein für allemal feststellen wollten, wo unsere Katzenbesucher wirklich zuhause waren.

Es dauerte ein paar Tage, ehe wir unseren Plan in Angriff nehmen konnten. Das Wetter war sehr einladend gewesen, und wir beobachteten, daß alle Katzen auf ihren Sonnenplätzen waren. Ich erzählte Nan, daß Mutter vorhergesagt hatte, daß die tiefhängenden Wolken, die jetzt am Himmel standen, Regen bedeuteten. Und sie behielt recht. Nan war kaum eingetroffen, als die ersten Tropfen fielen. Die erste Katze, die das merkte, war Winny Silly. Sie war wie der Blitz weg und wir beide hinter ihr her. Sie sprang über das Gartentor wie ein geborener Sportler, schlängelte sich an der Hecke entlang, durch das Waldstück und zwischen den Bäumen hindurch. Wir beide kamen ganz außer Atem, als wir versuchten, mit ihr Schritt zu halten. Zu allem Überfluß fiel Nan noch eine matschige Schräge hinunter und begann zu schreien: „Ich geh nach Hause. Wir fangen sie nie, und ich bin so müde."

Doch ich tat ihre Klagen ab, und sie hörte bald damit auf und rannte mit der gleichen Begeisterung weiter, mit der sie gestartet war. Wir sahen, daß Winny scharf in den Weg einbog, der zum Haus des Pfarrers führte. Wir beobachteten, wie sie selbstsicher durchs Fenster im Haus verschwand, und wußten, daß sie zuhause war. Wir warteten noch ein bißchen, doch sie kam nicht wieder heraus. Das war es dann also. Unsere erste Frage war beantwortet: Winny Silly war die Katze des Pfarrers. Das Sonnenbad auf meiner Fensterbank bedeutete ihr überhaupt nichts. Sie war dort, weil sie den Schutz liebte, der ihr geboten wurde. Sie hatte nichts übrig für streunende Menschen. Wenn das Leben plötzlich hart wurde und die grausamen Winterstürme sie durchrüttelten, dann wußte sie genau, wo sie Trost finden konnte – auf den wartenden Knien der Pfarrhaushälterin. Hier gab es viel Nahrung und Wärme.

Steptoes Heim zu finden erforderte eine noch anstrengendere Suche. Erstens brachten ihn ein paar Regentropfen noch nicht in Bewegung. Als wir ihn beobachteten, preßte er sich unglücklich an die Wand, während der Regen um ihn herum herabprasselte.

„Los, Nan", flüsterte ich, „ich glaube, er hat genug." Ja. So war es auch. Er bewegte sich. Als erstes warf er einen bittenden Blick in Roseys Küche. Das Feuer strahlte soviel Wärme und Licht aus, daß Steptoes Haut vor Erwartung kribbelte. Doch noch ehe er auch nur einen Schritt vorwärts machen konnte, war Rosey schon wie eine Tonne Ziegelsteine hinter ihm her.

„Bitte, keine Streuner hier!" sagte Rosey in einem Ton, den Steptoe verstand. Er ging mürrisch davon. Wir trugen schwere Regenkleidung und Wellingtonstiefel und folgten Steptoe in dessen Kielwasser. Auch er nahm den gleichen Weg wie Winny, doch er ging am Haus des Priesters vorbei und in Richtung Fluß weiter. Es war wie ein Trauerzug, denn – Regen oder kein Regen – Steptoe hatte es nicht eilig. Er hielt mehrmals an und schnüffelte hier und da. Und dann kam er recht unerwartet vor seiner eigenen Haustür an, doch diesmal war es nicht eine übliche Tür – es war eine Tür, über die man hinwegspringen mußte, und der Wohnsitz war eine Art Hausboot. Obwohl keine Hände ihn mit liebevollem Streicheln begrüßten, kletterte er mit besitzergreifender Miene in die Kajüte und setzte sich. Es war klar ersichtlich, daß dies sein richtiges Zuhause war. Wenn es im Regen auch einsam und traurig aussah, so waren wir doch zufrieden, daß Steptoe hier lebte. Später erzählte Mutter uns, daß ein alter Mann namens Joxer nach dem Tod des ursprünglichen Besitzers Anspruch auf das Boot erhoben hatte. Er war allgemein als anständig bekannt und übernahm Gelegenheitsarbeiten für die Bauern. Er angelte auch viel, und wenn jemand eine schöne frische Forelle haben wollte, dann war man bei Joxer an der richtigen Adresse.

Wir freuten uns, daß wir Steptoes Zuhause gefunden hatte. Jetzt hatten wir schon zwei unserer Sonnenanbeter aufgespürt. Danach entwendete ich Rosey mehrmals Katzenfutter für den armen Steptoe, weil ich das Gefühl hatte, daß er es auf dem Boot nicht sehr üppig hatte. Miss Winny Silly benötigte keine Extraportionen, denn sie lebte das Leben einer Dame, wenn sie nicht auf unserem Fensterbrett saß. Sie stand gut im Futter und wurde am großzügigen Tisch des fetten Gemeindepfarrers bestens gefüttert.

Nun zu Barny. Seine Verhalten war nicht immer abzusehen. Manchmal war er tagelang verschwunden, und dann sahen wir, wie er heimlich durchs Fenster in den Kuhstall kletterte. Ganz sicher gab es eine Art Seelenverwandtschaft zwischen der kleinen Kerry-Kuh und ihm. Wenn wir uns ihm näherten, war er immer freundlich, und wir waren sicher, daß er kein verlassener Streuner war. Da er nie so heißhungrig war wie Steptoe, waren Nan und ich der Meinung, daß er aus einem guten Haus kam. Doch wir hatten keinen Anhaltspunkt. Im Gegensatz zu Winny und Steptoe vertrieb ihn der Regen nicht. Wenn er beim Sonnenbaden gestört wurde, ging er einfach hinein und wartete bei der kleinen Kuh ab. Er legte sich bequem ins Stroh, als ob er alle Zeit der Welt hätte. Nan und ich kamen überein, daß wir einfach nur abwarten konnten. Das war genau richtig, dann während wir warteten, erfuhren wir alles, was wir über Barny wissen wollten. Als wir eines Tages von der Schule nach Hause kamen, fragte uns der kleine Tommy Docherty, ob wir mit ihm nicht Murmeln spielen wollten. Da uns noch keiner der Jungen um einen Gefallen gebeten hatte, stimmten wir zu.

„Wartet mal", sagte Tommy, „unser Jimmy kommt gerade zum Essen nach Hause." Und in diesem Augenblick sahen wir Kuhstall-Barny in die Augen. Also hatte Barny – alias Jimmy – ein gutes Zuhause.

Als wir zurückgingen, beglückwünschten Nan und ich uns, daß wir die wahre Identität von Katze Nummer Drei – Barny aus der alten Scheune – herausgefunden hatten – eine Katze, die sich in unsere kleine Kuh verliebt hatte.

Die vierte Katze, die schmutzige weiße Perserin, war der schwierigste Fall, weil sie nie den Stall verließ. Wenn sie sich nicht auf dem Dach sonnte, hielt sie sich drinnen bei dem großen Pferd auf. Sie war wirklich eine heimatlose Streunerin, denn sie verließ unseren Hof nie und war die einzige Katze, die von keinem vermißt wurde. Sie war immer hungrig und aß mit einer solchen Gier, die eher zu einem streuenden und verwahrlosten Tier paßte, als zu ihren persischen Vorfahren. Ich konnte sie nie fangen. Nan und ich sahen sie mehrmals täglich, und wir glaubten, daß sie Zugang zu jeder Gesellschaft und höchstwahrscheinlich auch zu Roseys Küche bekäme, wenn wir sie fangen und reinigen könnten. Das Wort ‚Perser' hatte etwas Magisches.

Wir erzählten Mutter von der herrlichen weißen Katze, die wir im Stall gesehen hatten und die wir für eine Perserkatze hielten.

„Perserkatze, tatsächlich", sagte Mutter, „und wie wird aus einer Perserkatze eine verwahrloste Streunerin?"

Für uns war die ‚Perserkatze, tatsächlich' unser größtes Problem. Es würde nicht leicht sein, hinter ihr Geheimnis zu kommen.

Ungefähr um diese Zeit begann für Nan und mich unsere ordnungsgemäße Ausbildung in der Klosterschule. Kein Herumtollen mehr mit Tommy Docherty und seinesgleichen. Jeden Morgen gingen wir drei Kilometer lang über Fußwege, mit Blättern übersäte Wiesen, durch Wald und Feld, an der alten Kirche und dem Friedhof vorbei und den Hügel hinauf zum Kloster. Etwas später bekamen wir von Mutter unser eigenes Pony mit Anhänger, und wir nahmen es jeden Tag mit zur Schule. Es war sehr schwierig, die Erlaubnis zu bekommen, es am rückwärtigen Tor festzubinden, und wir mußten versprechen, daß wir dort jeden Abend saubermachen würden. Die kleine Nonne, die für die Rosen verantwortlich war, begrüßte jedoch den guten Dünger, den wir so großzügig um ihre Rosenbäume verteilten. Die Fahrten zur Schule und zurück, mit einem Wagen voller Schüler, gehörte zu den stolzesten und glücklichsten Erlebnissen meiner frühen Schulzeit.

Und bald, sehr bald sogar, fanden wir die letzte und endgültige Lösung unserer Katzenunternehmung. Bei der ersten Ansprache der Ehrwürdigen Mutter vor der Schulversammlung bat sie die Schüler, nach ihrer ganz besonderen weißen Perserkatze Ausschau zu halten, die seit über einem Monat vermißt wurde.

„Hast du das gehört, Nan?" flüsterte ich. „Ob das vielleicht Persi ist?"

Zitternd meldete ich mich mit erhobener Hand. „Bitte, Mutter, ich glaube, ich weiß, wo eine weiße Perserkatze ist."

„Sprich lauter, Kind", war ihre Antwort, doch ich konnte nicht lauter sprechen und wurde zum Tisch gebeten.

Dann änderte sich alles. Ihre Stimme klang plötzlich freundlicher, und als nächstes wurde ich in Begleitung von Alice, der dicken Klosterköchin, nach Hause geschickt. Ja, sie identifizierte sofort Fluffie, die Klosterkatze. Während der Jagd auf die Katze erzählte Alice Mutter, daß Fluffie eine ganz besondere Katze sei, die importiert (oder eher ins Land geschmuggelt) worden und ein besonderes Geschenk eines Vicomtes aus Le Mans an die Ehrwürdige Mutter sei für die Dienste, die sie seiner Tochter erwiesen hatte, während sie sich im Kloster aufgehalten hatte. Dann nahm Alice Mutter beiseite und sagte ihr, daß die Katzendame ein richtiges Ärgernis geworden war, weil die Kater der Stadt ihr die ganze Nacht über Ständchen gebracht hatten. Es dauerte geraume Zeit, bis Fluffie gefangen werden konnte, weil ihre einmonatige Freiheit und ihr Leben als Streunerin ihre Neugierde auf Abenteuer geweckt hatte.

Nachdem all unsere Angestellten an jedem Ausgang des Stalls Wache hielten, tauchte Alice kopfüber unter dem Pferdebauch ab und mit einer sehr schmutzigen Fluffie wieder auf.

Anstatt sich wieder in das engelsgleiche, weiß gekleidete Wesen zurückzuverwandeln, das sie gewesen war, hatte ihr Aufenthalt in der Freiheit sie ganz durcheinander gebracht. Sie gab sich nicht mehr damit zufrieden, ruhig dem Angelusläuten und dem Klirren der Rosenkränze zuzuhören, wenn die Nonnen von ihren Andachten kamen. Während ihre Besitzer glücklich mit ihrem unverheirateten Dasein waren, wurde Fluffie jetzt aufsässig. Die Ruhe im

Kloster war dahin. Nach einer ernsten Konferenz wurde beschlossen, Fluffie abzugeben – nicht als Gefährtin eines Pferds in einem öden und deprimierenden Stall, sondern als Gefährtin eines wichtigen Menschen der Stadt.

Als die Wünsche der Ehrwürdigen Mutter publik gemacht wurden, klingelte die Klosterglocke laut und oft, da hoffungsvolle Herzen sich um den Erwerb der wichtigsten Katze der Stadt bemühten. Von allen Bewerbern wurde Fluffie dem Bürgermeister vorgeführt, denn wer wäre besser geeignet gewesen, solch einen Preis zu gewinnen, als der erste Einwohner der Stadt.

Doch nun ging der Spaß erst richtig los. An dem Abend, als Fluffie eintraf, entschwand sie in den Rauchfang des Kamins, und es sah so aus, als wäre es unmöglich, sie wieder einzufangen. Also gab die First Lady mehrmals Alarm. Der Bürgermeister tauchte sehr schnell auf, und als er in den Rauchfang hinaufschaute, wurde er fast sofort von dem Ruß geblendet, den die Katze gelockert hatte. Weitere SOS-Rufe gingen an städtische Würdenträger und andere ab. Die Gemeindeschwester machte vor dem Arzt das Rennen und kam so rechtzeitig, daß sie schreien konnte: „Oh, Eure Lordschaft! Eure arme liebe Lordschaft! Wasser, Seife, Rizinusöl und Brandy! Schnell!"

Ellen, die Gemeindeschwester, hatte die Dinge im Handumdrehen unter Kontrolle. Sie säuberte den Bürgermeister, munterte die Bürgermeisterin auf, nippte am Brandy und jagte die Katze. Mittlerweile war Fluffie besser gelaunt und nicht mehr so schwer zu fangen.

„Sie können Sie nehmen, wenn Sie möchten", stammelte der Bürgermeister. „Bei meinen öffentlichen Pflichten wird mir das zuviel."

Und so wurde Fluffie die Katze der Gemeindeschwester.

Es ist so lange her, daß ich mich nicht mehr an alle Einzelheiten erinnern kann, doch ich weiß, daß ihr Fell nach ihrem wöchentlichen Bad schneeweiß war. Sie war so reizend wie schön – und die Gemeindeschwester wachte sorgsam über ihre Moral. Ein gelegentlicher Kater, der ihre Spur aufnahm, rannte um sein Leben, sobald die Gemeindeschwester auftauchte, und so gab es nie kleine Fluffies, die den Namen hätten weitergeben können.

So war es also in meiner Jugend. Die Katzen und alles, was mit ihnen zusammenhing, hat so viel Spaß gemacht.

Die Kindheit von Miss Churt

F. R. Buckley

Miss Churt – die so britisch war wie jeder andere an Bord der *Malvern* – saß auf dem Sturmbrett der Kombüse und schaute mit glasigen Augen über den Nordatlantik.

Miss Churt grübelte düster über einem Rumpsteak nach, das der Koch ihr gegeben hatte. „Iß es auf, Kätzchen. Ist gut!" hatte der Koch gesagt, und Miss Churt war seiner Anregung gefolgt.

Obwohl das Steak köstlich gewesen war, spürte Miss Churt nun eine gewisse Übelheit; es fühlte sich an, als hätte sie Kanonenkugeln im Bauch ...

Miss Churt beschloß, ein wenig frische Luft zu schöpfen und bei ihrem Freund Mr. Wharton vorbeizuschauen.

Sie sprang von ihrem Hochsitz herunter und ging hocherhobenen Schwanzes unsicher zur Kajüttreppe.

Denn auch die *Malvern* bewegte sich jetzt unruhig und auch wegen eines Schweregefühls im Bauch, das allerdings nicht von Kanonenkugeln herrührte, sondern von viel modernerer Kriegsmunition. Da sie immer schon leicht aus dem Ruder ging und für alle möglichen Zwecke gebraucht worden war, wie z. B. als Frachtschiff, schlingerte sie nun nur noch vor sich hin.

In einem Zimmer auf dem Bootsdeck diskutierten der Erste Offizier und der Erste Maschinist dieses Phänomen und auch andere, die mit der Bequemlichkeit und dem Wohlbefinden der Schiffsbesatzung zu tun hatten. Mr. McIvor, der natürlich der Maschinist war, war in New York dazugekommen und hatte sich von Mr. Whartons Pessimismus anstecken lassen.

„Er ist eine Art Mischung aus Grippe und Sitzungssaal", sagte der Erste Offizier in Anspielung auf seinen Kapitän. „Er ist – nun, Sie haben ihn gesehen."

„Ich habe *etwas* gesehen", sagte Mr. McIvor vorsichtig.

„Das ist er gewesen. Neffe vom Vorsitzenden; jahrelang am Strand; Krieg beginnt – der alte Stokes bekommt Grippe – göttliche Vorsehung – und da kann ich nur „Aye, aye, Sir!" dazu sagen. Wenn er Augenwimpern hätte, würde mich das nicht so stören, aber ..."

Mr. McIvor nickte, und seine ungereinigte Pfeife sagte: „Gluck, gluck."

„Wird es Probleme geben?"

„Meinen Sie U-Boote? Nein. Hallo, Süße! Hallo! Bist du zu Papa gekommen?"

Mr. McIvor war wie vom Blitz getroffen und machte eine instinktive Bewegung, um sein Haar zu glätten, doch es war nur Miss Churt. Mr. Wharton ging hinüber und nahm sie aus der Öffnung der festgehakten Tür auf, und ehe er sich wieder auf seine Koje setzte, breitete er eine einen Monat alte Zeitung sorgfältig auf dem Teppich aus. Die oberste Seite trug ein Foto von Lady Irgendwers Hochzeit mit Kapitän Wer-weiß-wer vom königlichen Regiment; Miss Churt hatte sich auf Mr. Whartons Handfläche ausgestreckt, und er beugte sich vor und betrachtete mit säuerlichem Blick orangefarbene Blüten, Gelächel, Zähne, Mandeln und gebogene Schwerter.

„Hier, Süße", sagte er, während er Miss Churt darauf absetzte.

„Sind Sie verheiratet?" fragte Mr. McIvor.

„Nein. Aber ich *werde* es sein. Das ist sie."

Der Maschinist warf einen Blick auf das Foto auf dem Schreibpult.

„Nettes Mädchen."

„Genau. Kanoniker Hobson und so. Da wir gerade von Kanonen sprechen, haben Sie unsere 4,7 auf dem Achterdeck gesehen?"

„Zu meinem Kummer. Doch was hat das", sagte Mr. McIvor, der weit mehr Neuigkeiten aufnahm, als er von sich gab, „mit einem Kanoniker zu tun? Schwärmt die junge Dame etwa für den Kanoniker?"

„Den alten Hobson? Für *den* nicht", sagte Mr. Wharton, und sein Blick war so, daß Mr. McIvor sich fragte, warum er überhaupt gefragt hatte. „Tatsache ist – ja, du bist ein süßes kleines Schätzchen! Komm zu Papa! Das ist ein Mädchen!"

„Sie scheinen das Kätzchen zu lieben."

„Ich bin verrückt nach ihr. Und sie ist ganz wild auf Harry, was, Schatz?"

Miss Churt leckte über eine knorrige und knotige Hand. Sie schmeckte ähnlich wie das Rumpsteak und war mit Teer, Salz, Tabak und Mallinsons Wundersalbe gegen Hautverletzungen gewürzt ...

„Wie paßt denn nun dieser Kanoniker dazu?"

„Alle Mädchen in Liverpool und Umgebung sind verrückt nach ihm. Wissen Sie – wir hatten ihn alle in der Sonntagsschule; Kinderchorgilde nannte er es; wir Jungs verließen sie natürlich, nachdem wir konfirmiert worden waren, aber Sie können es glauben oder nicht, ich war nie so gläubig, wie ich hätte sein sollen."

„Das habe ich bemerkt, als wir in den Fluß fuhren", sagte Mr. McIvor. „Ich dachte, daß Sie vielleicht eine Schwuchtel sind."

Ein plötzlicher Druck an Miss Churts Rippen ließ sie miauen.

„Hab ich deinem Bauch wehgetan?" fragte Mr. Wharton. „Leg dich hin, sei ein braves Mädchen. So ein voller Bauch ... Ja, das hast du, was?"

„Bis wir uns kennenlernten", sagte Mr. McIvor hastig. „Aber – dieser Pfarrer kann doch kein junger Mann sein?"

„Nein, und eine Schönheit ist er auch nicht. Doch für Annie ist er der Größte, und sie will sich nur von ihm trauen lassen und von niemand anderem, also bisher von keinem – und jetzt werden sie mir diesen rosa-bärtigen Trottel vor die Nase setzen ..."

„Ist doch egal, wer Sie traut. Das dauert doch nicht länger, als wenn man sich einen Zahn ziehen läßt."

„Ja, wirklich? Da irren Sie sich aber gewalting. Der alte Hobson hat es mit den Ritualen, und das bedeutet Schleier und orangefarbene Blumen für Annie und Zylinder und Frack für mich."

„Aber nicht in Kriegszeiten!"

„Woher wissen Sie das?"

„Ich würde zu ihm gehen", sagte Mr. McIvor nach kurzem Nachdenken, „und ihm einen Vogel zeigen."

„Das würden Sie nicht", sagte Mr. Wharton düster, „wenn Sie ihn sehen. Er ist nur eins siebenundsechzig groß, aber ich habe ihn nüchtern und um Kaffee bitten gesehen. Er hat eine Fresse, die man mit dem Straßenbohrer aus dem Granit holt. Sieht Ihnen irgendwie ähnlich."

Der Erste Maschinist überdachte das kritisch und stellte sein Glas ab.

„Schrecklich", sagte er, während er aufstand. „Es ist wohl Allahs Wille, daß manche heiraten und Kinder bekommen und andere ihre Liebe an Katzen verschwenden. Gute Nacht, Mr. Wharton."

Er drehte sich an der Tür um und sah diese Glasgower Bombe explodieren. Miss Churt, die von etwas aufgeweckt worden war, das sich anfühlte wie ein Erdbeben, blinzelte ihn an und schlief wieder ein.

„Haben wir Matrosen an Bord, die Ihre Kanone bedienen können?” fragte McIvor, um seine reichlich morbide Neugierde zu kaschieren.

„Haben wir”, sagte Mr. Wharton, „und wenn jemand Sie fragt, wer das Kommando über die Kanoniere hat – ich bin's. Reserveoffizier der Marine.”

„Und Sie unterstehen wiederum Kapitän Timbs. Gut – gute Nacht.”

„Haben Sie von dem Holzschiff gehört, das torpediert wurde?” fragte Wharton.

„Nein. Was ist damit?”

„Ach, sie glauben, daß es vielleicht nicht richtig gesunken ist und hier noch herumtreibt. Timbs hat jeden außer Churchill und Präsident Roosevelt angefunkt, doch niemand hat es gesehen. Bei der Dunkelheit. Na gut – angenehme Träume.”

Mr. McIvors Abgang war etwas nachdenklich, doch der Erste Offizier schien sich besser zu fühlen.

Er holte Miss Churt sanft aus dem Land der Träume, hielt sie mit baumelnden Vorderbeinen hoch, lächelte sie breit an und küßte sie sehr unhygienisch auf die Nase.

„Ach, du bist ein hübsches Mädchen!” sagte Mr. Wharton. „Du möchtest doch, daß Papa zu dem anderen Mädchen nach Hause geht und es heiratet, und dann bekommst du ein schönes Haus und einen Garten, in dem du kratzen kannst.”

Miss Churt war sehr verschlafen und außerdem schien das Rumpsteak ihr noch immer die Sprache zu verschlagen. Sie öffnete den rosa Mund, doch es kam kein Ton heraus.

„Ich wette mit dir”, sagte Mr. Wharton. „Und das erinnert mich –”

Er war gerade aufgestanden, um die Zeitung mit dem Hochzeitsbild aufzuheben, als es am Bug in der sternenklaren Dunkelheit einen gewaltigen Schlag gab.

Die *Malvern* stoppte in ihrem Fahrwasser wie eine Matrone mit Schluckauf.

Gleichzeitig gingen die Lichter aus.

Es war natürlich das treibende Wrack, das kieloben schwamm.

Nachdem sich sein Schicksal erfüllt hatte, das ihm die himmlischen Lichter dort oben auferlegt hatten – Neptun im Streit mit Mars vielleicht, wer

weiß? – und es den Bug der *Malvern* wie den Blasebalg einer Ziehharmonika eingedrückt hatte, schlingerte das Holzschiff, spuckte noch ein paar hunderttausend Holzteile aus einem neuen Riß und sank; während unten hinter der Vorpiek der *Malvern* Mr. Wharton und einige halbnackte Schiffsmaate zu verhindern versuchten, daß ihre eigene Badewanne es ihm gleichtat.

Das Schott mußte verstärkt werden, und die Verstärkung von Schotts war in völliger Dunkelheit eine heikle Sache.

Eine Stunde zuvor hatten Mr. McIvor und sein wilder Haufen den herausgerissenen Dynamo wieder in Gang gebracht, und was dann die Handlampen offenbarten, die sie in den Frachtraum abgesenkt hatten, war alles andere als ermutigend.

Nicht nur spuckte das Schott Wasser durch die Löcher der herausgerissenen Nieten, sondern es war auch so stark eingedrückt, daß offensichtlich keine Zeit mehr für Zimmermannsarbeiten und provisorische Abstützungen blieb.

Unter einem Wust von hochstehenden Haaren wanderten Mr. Whartons Blicke verzweifelt durch den Frachtraum. Die Backbord- und Steuerbordseiten waren dicht gepackt mit kleiner Munition, die großartige Stützen für die Seiten der vorderen Wand abgaben. Doch in der Mitte standen zwei schwere Kisten, die groß genug waren, um Panzerkampfwagen zu enthalten, und die ständige Instabilität der *Malvern* hatte sie gleich hinter das Schott geschoben.

Der Raum dazwischen war mit allen möglichen Paketen vollgestopft, die die Kleinigkeit von mehreren hundert Kilos wogen.

„Schafft den Müll aus dem Weg!" schrie Mr. Wharton. „Los, Jungs!"

Er wollte gerade eine Lattenkiste nehmen, als der Dritte Maat ihn bei der Schulter packte.

„Ich würde sagen – Wharton –"

„Einen Teufel wirst du. Pack an und schieb irgend etwas. Ich werde diese Lokomotiven – oder was immer das sein mag – hochschieben."

„Hören Sie! Der Alte hat eine Scheißangst – gibt SOS, bis der Äther gerinnt –"

„Zum Teufel mit ihm!"

„Und jetzt will er das Schiff aufgeben."

Mr. Wharton stellte die Kiste ab und stürzte davon, um die Sache in Ordnung zu bringen. Irgendwie hatte sich sein Hemd aufgelöst, und seine Hose bestand nur noch aus einem Lappen und einem Hosenbein, und noch immer fluchte er nicht.

Kanoniker Hobson, der gerade im fernen Liverpool mit seiner Felsennase in einem weichen Kissen, das ihm ein Gemeindemitglied verehrt hatte, eingeschlafen war, hätte sich darüber gefreut, wenn er es gewußt hätte.

„Was wollen Sie machen?" fragte der Dritte Offizier. „Er hat alle Schiffspapiere fertig, und er sagt, daß er für seine Männer verantwortlich sei, und wenn wir bis zum Morgengrauen keine Hilfe bekämen, ginge es in die Boote."

„Wenn Sie mir nicht gleich aus dem verdammten Weg gehen, werden wir bis zum Morgengrauen nicht wieder flott sein", sagte Mr. Wharton. „He –"

„Aber Sie müssen ihn doch aufhalten –"

„Und damit meine Lizenz riskieren – Meuterei? Nein, danke; ich gehorche – seht zu, daß ihr das Zeug hier in Bewegung kriegt, ihr Hummerbande! Kommt hierher zu mir – ihr alten Faulpelze – wollt ihr, daß ich das hier allein schiebe? Fawdry – Wilson –"

Der Raum zwischen dem Schott und dem ersten Panzer, der natürlich kein richtiger Panzer war, sich aber so anfühlte, war jetzt freigemacht worden. Nun blieb noch das Problem, den Panzer zum Schott hochzukriegen – und den anderen, wenn möglich, gleich dahinter. Und das Schott sagte in der Sprache gequälten Stahls, daß es verdammt noch mal nicht länger auf diese Stütze warten konnte.

„Sie können sie schieben", sagte der Dritte Maat schwach, „doch wenn Sie das tun, schieben Sie das Bug runter, und wir bekommen Schlagseite."

„Wie die *Tornado* vor Coney Island", japste Mr. Wharton grinsend. „‚Das war das Ende von McGinty' – fertig, Jungs? In einer Reihe aufstellen, Schultern anlegen. Entweder schiebt ihr, oder ihr laßt euch Kiemen wachsen! Jetzt – eins – zwei –"

Die Kiste bewegte sich nicht.

„Der Alte sagt –", keuchte der Dritte Maat.

„Singen Sie uns ein Lied", grunzte einer der Männer, und Mr. Wharton gehorchte. Man hätte sagen können, daß der Mund aus vollem Herzen sprach. Man konnte es kaum Gesang nennen, und die Sprache war unverblümt und lückenhaft; doch wenn man die aktuelle Bedeutung, die Richtung und – ja – auch die leidenschaftliche Liebe außer acht ließ, dann hätte Mr. Whartons Lied vielleicht die Verwandtschaft mit den romantischen Liedern der Troubadoure für sich in Anspruch nehmen können.

„Ca-a-aptain Ti-i-imbs", ließ er mit schwankendem Gebrüll hören, „ist der Sohn einer – *heben!*"

Die Männer hatten ihren Freigang in Staten Island unterbrochen.

„Ca-a-a-ptain Ti-i-imbs", stimmten sie übertrieben zu, „ist der Sohn einer – *heben!*"

Die Kiste bockte.

„Ca-a-a-ptain Timbs – *heben!*"

Sie bewegte sich um fünfzehn Zentimeter.

„– Sohn einer – *heben!*"

Noch einmal fünfzehn Zentimeter.

Oben auf der Brücke drang das Lied an die Ohren von drei Matrosen, die es nicht zu mögen schienen. Sie waren die Männer, die für die 4,7-Kanone auf dem Achterdeck verantwortlich waren, und sie schienen unter dem Geist von Nelson oder Collingwood zu leiden oder von irgendeinem anderen.

Alles, was sie jedoch dazu sagten, war, daß sie das nicht glaubten – „Sie brauchen nicht zu denken!" sagte Kapitän Timbs.

„Sie sind nicht unser Offizier", sagte der rangälteste Matrose.

„Sie stehen unter meinem Befehl! Wenn ich sage, daß das Schiff aufgeben wird, werden wir das Schiff aufgeben!"

Jetzt war der rangjüngste Matrose dran.

„Aye, aye, Sir", sagte er. „Wenn Sie es sagen."

Kapitän Timbs würgte einen großen und sichtbaren Kloß herunter. „Das ist ein Befehl", sagte er. „Bei Morgengrauen. Wir haben ein breiten Riß."

„Rauhe See, Sir", sagte der Rangälteste gelassen.

„Ich stehe mit einem schwedischen Frachter in Funkverbindung – er wird bis dahin hier sein und sich bereithalten. Wer sind Sie eigentlich, daß Sie meine Befehle in Frage stellen?"

„Niemand, Sir", sagte der Mittelrangige.

„Wegtreten, verdammt noch mal!"

„Aye, aye, Sir", sagte der Rangjüngste – und weg waren sie.

Was sie sagten, als sie hinuntergingen, geht niemanden etwas an; solche niederen Überlegungen über die Beträge, die die Regierung den beraubten Schiffseignern bezahlen mußte; so viele platte, vulgäre Flüche. Man kann jedoch vermuten, daß der Rangälteste anmerkte, daß der Morgen schon anbrach, daß der zweite sagte, daß das alte Mädchen sich schon hinabstürzen wollte, und daß der Jüngste mit Blick nach achtern sentimental meinte, daß sie sowieso mit gehißter Flagge und geladener Kanone untergehen würde.

„Man sollte sie abbrennen", sagte er.

„Man sollte hinuntergehen und Wharton helfen", sagte sein Chef ernst. Und das taten sie dann auch.

Einige Zeit später erwachte Miss Churt ruckartig und mit einem schlechten Geschmack im Mund, nachdem dieses Rumpsteak ihren Schlummer mit Träumen von gigantischen Ratten gefüllt hatte, die sie durch endlose Gassen gejagt hatten.

Sie gähnte und war wieder der Meinung, daß ein wenig frische Luft ihr guttun würde. Sie sprang von der Sitzbank herunter und stellte fest, daß der Boden nicht mehr so war, wie sie ihn verlassen hatte – er war jetzt nach unten geneigt, und noch ehe sie ihre Haltung angepaßt hatte, gaben ihre Vorderbeine nach, und sie purzelte in eine Ecke.

Als sie sich dort wieder aufgerappelt und die Türschwelle erreicht hatte, rollte sie auf der Suche nach Gesellschaft weiter. Es war hell, also gähnte und streckte sie sich in der Art, wie Katzen Gott für jede Nacht danken, die sie wohlbehütet verbracht haben – doch irgend etwas schien nicht zu stimmen.

Wo waren denn alle, um damit erst einmal anzufangen?

Und warum zitterte das Deck nicht, wie es das immer getan hatte, außer bevor und nachdem Mutter weggegangen war? Und dann hatten die Lastwinden mit einem Gebrüll gearbeitet, daß es einem die Ohren anlegte. Jetzt war Stille und – sieh mal an, wenn man hinter dem Kartenhaus vorbeiging, war dort das Bollwerk der Boote verschwunden, und der Wind konnte einen ungehindert überfallen.

Nur ein paar Taue lagen herum ...

Miss Churt ging ein paar Schritte weiter und setzte sich. In der dunstigen Ferne konnte sie ein regloses Schiff sehen, und die Boote der *Malvern* waren auf dem Wasser – und schwammen doch tatsächlich von ihr weg.

Und in einem von ihnen, in dem auch die drei Matrosen und einige Vollmatrosen saßen, die Kapitän Timbs ablehnten und das auch verkündeten, erinnerte sich Mr. Wharton in diesem Augenblick daran, daß er Miss Churt an Bord zurückgelassen hatte.

„Noahs Nägel!" rief er aus, und Kanoniker Hobson, der noch immer schlief, lächelte im Traum. „Nanu –"

Die Ruder hoben sich.

„Etwas vergessen, Sir?" fragte der rangälteste Matrose.

„Etwas vergessen?" sagte Mr. Wharton. „Ich habe meine Katze zurückgelassen!"

Vom Bug des Boots her erklang ein kaum unterdrücktes Kichern.

„Wenn Sie sich über mich lustig machen, werde ich Ihnen eins über den Kopf ziehen", sagte der Erste Offizier, und Stille senkte sich wieder über den Ozean.

„Wollen Sie zurückkehren, Sir?"

„Ich – glaube, ja", sagte Mr. Wharton. „Wenn wir ohne jede Notwendigkeit unsere dreckige Haut retten, dann sehe ich nicht ein, daß ein armes, stummes Geschöpf leiden soll. Es sei denn, daß Sie dagegen sind? Nach Steuerbord ziehen! Los jetzt, ihr Schneiderbande!"

„Das Boot des Kapitäns rudert nicht mehr, Sir", sagte der Bugruderer.

„Egal", sagte Mr. Wharton, „wir haben das in zehn Minuten erledigt. Und der Schwede kann warten. Irgendein teurer Neffe für – los jetzt, legt euch ins Zeug!"

Ein entfernter Ruf kam über das Wasser, das übrigens jetzt erstaunlich ruhig war.

„Ich sause nur schnell den Taljenläufer runter und bin im Nu wieder zurück", sagte Mr. Wharton – der nicht wissen konnte, daß eine Meile von der Seite der *Malvern* entfernt, die von dem schaukelnden Schiffsriesen verdeckt wurde, die See gerade von dem Kommandoturm eines U-Boots durchbrochen wurde.

Sein Kommandeur, ein einigermaßen netter Kerl namens König, der normalerweise in der Glöcknergasse 8 in München wohnte, hatte die wilden Notsignale gehört, die Kapitän Timbs per Funk abgesetzt hatte, und hatte sich gefragt, ob sie nicht vielleicht etwas für ihn bedeuten könnten. Er wußte, daß sich momentan keine Zerstörer in diesem Gebiet befanden, doch dann hatte sich alles viel besser entwickelt, als er gehofft hatte. Durch das Periskop konnte er beobachten, daß die Besatzung von Bord ging, und als die *Malvern* nicht sank, hatte er seinen Männern gegenüber ein paar amüsierte Bemerkungen über die Seeuntüchtigkeit britischer Matrosen gemacht.

Er war ziemlich sicher, daß es keine U-Boot-Falle war – aufgrund der Anwesenheit des schwedischen Schiffs und der gefährlichen Neigung der *Malvern* selbst. So wollte er Beruf und Vergnügen miteinander verbinden, indem er vor den Augen der fliehenden Besatzung ihr Schiff für Zielübungen benutzte. Er wollte Aufschlagzünder verwenden und den Schornstein als erstes wegschießen.

Nach dem Auftauchen stürzten die Kanoniere des U-Boots nach oben, rannten zum Bug und begannen damit, die Kanone klarzumachen.

Und zur gleichen Zeit wurde der verlangende Blick von Miss Churt mit dem Anblick Mr. Whartons belohnt, der noch verwahrloster aussah als sonst. Miss Churt liebte das sehr, weil ihr das mehr Stellen zum Hineinkuscheln bot.

Ihr Herr, der vom Taljenläufer aus auf dem Bootsdeck landete, schien nicht so fröhlich wie sonst zu sein. Etwas störte ihn wohl. Er lächelte nicht.

Doch Miss Churt wußte, wie sie das ändern konnte. Wenn irgend jemand traurig aussah, rannte sie fort, und Mr. Wharton rannte dann hinter ihr her, fing sie und nannte sie einen kleinen Teufel, korrigierte sich und sagte ‚Würmchen' zu ihr und küßte sie dann auf die Nasenspitze.

Deshalb rannte Miss Churt jetzt weg, und dabei rutschte sie leicht über das geneigte Deck. Und sie horchte mit gespitzten Ohren auf das Geräusch der sie verfolgenden geliebten Schritte.

Und da waren sie auch schon.

Doch hier kam etwas anderes.

Etwas Schreckliches. Ein ausgedehntes, sich steigerndes Geräusch kam aus der Mitte eines entfernten Aufschlags und bohrte sich in ihre Ohren – so schrecklich –, und dann erfaßte ein riesiger Lichtblitz die Welt und zerriß sie in Stücke und rüttelte ihren Bauch so sehr durch, daß das Steak nun auch keine Rolle mehr spielte ...

Mr. Wharton, der hinter dem Funkhaus hervoreilte, hielt einen Moment inne.

Er sah sich einem sehr großen versengten Loch in den Deckplanken gegenüber, um das er sich herumtasten mußte.

Während er das machte, sah er Kapitän Königs U-Boot in vielleicht fünfhundert Meter Entfernung.

Doch er suchte ja nach einem kleinen schmutzigen Fellball. Und den fand er, sehr erschlafft, direkt vor der Brückendeckleiter. Komisch war, daß Kapitän König ebenfalls ein Katzennarr war und drei in seinem Heim in der Glöcknergasse hatte.

Doch so ist der Krieg eben.

Mr. Wharton hob mit seiner großen Hand auf, was der Krieg von Miss Churt übriggelassen hatte, und legte die andere Hand wie den Deckel eines kleinen Sargs über sie und verfluchte Kapitän König und seine Vorgesetzten sowie seine Untergebenen. Und dann hob er beide Arme, während er noch immer den schlaffen Körper in seiner rechten Hand hielt, und schrie mit einer Stimme, die fast die Entfernung überwand.

Im Pfarrhaus von St. Mary wachte Kanoniker Hobson mit einem Ruck auf. Er schaute auf den Wecker und sah, daß es 5.25 Uhr war. Er drehte sich um – doch irgendwie konnte er nicht mehr einschlafen.

„Du *verdammter,* gemeiner Schlächter!" schrie Mr. Whalton jetzt, und dann brach seine Stimme plötzlich. „Mein kleines –"

Eine Stimme sprach genau hinter ihm. Da die Matrosen es nicht für richtig hielten, daß ihr Offizier ohne Begleitung an Bord ging, waren auch sie über den Taljenläufer gekommen und nun da. Korrekterweise gehörte die Stimme dem rangältesten Matrosen.

„Sollen wir ihnen auch eins verpassen, Sir?" erkundigte er sich.

Mr. Wharton hatte die 4,7-Kanone auf dem Achterdeck vergessen. Jetzt fiel sie ihm wieder ein, und er stimmte knurrend zu.

Miss Churts Körper stopfte er in seine Jackentasche. Dann stieg er die Leiter hinunter, und die Matrosen folgten ihm.

Sie mußten eine weitere Leiter hinuntersteigen, das Brunnendeck überqueren und das Achterdeck erklimmen. Und jetzt konnte Kapitän König sie sehen.

Fluchend wies er seine Männer an, neu zu zielen und Wharton und seinen Begleitern eins zu verpassen. So blieb die Frage offen, wer wem zuerst eins verpassen würde.

Da das U-Boot schon in Stellung war, schoß es als erstes. Doch da die neue Peilung in der Eile zu hoch geraten war, verfehlte die Granate das schwedische Schiff nur um knapp achthundert Meter. (Absatz 2 des Memorandums vom 27. März 1940).

In der Zwischenzeit hatte der rangälteste Matrose einige Veränderungen vorgenommen und deutete nun mit einem Kopfnicken an, daß er zufrieden war. Überflüssigerweise sah er Mr. Wharton an, öffnete den Mund und wollte gerade fragen, ob er das Feuer eröffnen solle, als der Offizier (kein regulärer Mariner, natürlich) ihn beiseite schob, den Feuerhebel betätigte und selbst schoß.

Es war schieres Glück für alle Beteiligten. Doch es bleibt die Tatsache, daß die unkonventionelle und fast rechtswidrige Granate wie durch eine Röhre zu dem Rohr der U-Boot-Kanone flog, es verbog, von dort weitersauste, und, ohne Kapitän König oder seinen Männern auch nur ein Haar zu krümmen, die Lippe des Kommandoturms zerschlug, wo sie mit einer Hemmungslosigkeit explodierte, die für hochbrisanten Sprengstoff typisch ist.

Außer Seemann Albrecht Otto aus Bremen (Schwerhörigkeit und Kratzer) wurde niemand verletzt – doch der Kommandoturm konnte nicht mehr geschlossen werden. Das bedeutete, kein Abtauchen mehr –

Und vom südlichen Horizont her näherte sich ein Rauchfleck, der die Zerstörer ankündigte. Die Matrosen machten sich gegenseitig darauf aufmerksam.

In der Zwischenzeit äußerte Mr. Wharton an der anderen Reling seine absolut rasende Meinung über Kapitän Timbs und alle Männer, die in Boote gingen und Katzen auf völlig intakten Schiffen zurückließen, die mit dringend benötigter Munition bestückt waren.

Diese Äußerung und auch der Blasenwurf (wenn dem Dritten Offizier geglaubt werden soll) auf der Ruderbank des Rettungsboots Nr. 1, erschöpften Mr. Wharton ziemlich. Besänftigten ihn aber auch.

Er schob die Hand in die Tasche und zog die sterbliche Hülle von Miss Churt heraus. Die bläulichen Augen waren geschlossen, das Pelzköpfchen rollte auf dem Hals, und alle Barthaare waren abgesengt.

„Sollen wir zurückkommen, Sir?" kam ein Ruf von den Booten.

„Ihr könnt zur Hölle fahren!" brüllte Mr. Wharton. Also kamen sie zu ihm zurück.

Doch eine Stimme, die achthundert Meter überbrücken muß, hat in der Nähe eine gewaltige Lautstärke.

Miss Churt vibrierte bis in ihre letzte Zelle.

Ihr Bauch machte ihr schon wieder Probleme. Durch den Gestank der verbrannten Barthaare hindurch drang ein vertrauter Geruch in ihre Nase – Tabak, Teer und Mallinsons –

Sie öffnete die Augen und sagte: „Miau!"

Trotz der Kriegszeiten war die Pfarrkirche von St. Mary für diese Hochzeit angemessen geschmückt. Doch in Anbetracht der Umstände hatte Kanoniker Hobson die Kleiderordnung des Bräutigams gelockert.

Miss Woollards Kleid war jedoch bis zu der neunundsiebzigsten orangefarbenen Blüte vorschriftsmäßig, obwohl sie vor lauter Aufregung wohl liebend gern in ihren Schleier gebissen hätte. Sie war viel nervöser, als Bräute das normalerweise sind und sogar noch nervöser, als von der Tatsache gerechtfertigt werden könnte, daß ihr Bräutigam drei Freunde bei sich hatte – die drei Matrosen, die alle Orden trugen, die nur um einen Rang niedriger waren als der Orden, der Mr. Wharton verliehen worden war.

Der Grund für ihre Unbehaglichkeit kam ans Licht, als Kanoniker Hobson beim Öffnen seines Gebetbuchs die rechte Jackentasche des Bräutigams erst flüchtig ansah, sie dann genauer anschaute und schließlich sogar anstarrte.

An dieser Stelle sollte vielleicht erwähnt werden, daß der ehrwürdige Herr außer einem granitenen Gesicht und einem außerordentlich weichen Herzen auch noch Augen hatte, die aus Adamant gemacht und zu kleinen Punkten geschliffen zu sein schienen. Er rollte das Gebetbuch zusammen und sprach mit tiefer, verwirrter Stimme.

„Henry", sagte er, während die Gemeinde die Hälse reckte, „das kann doch keine Katze sein, die Sie in der Jackentasche haben? Keine Katze?"

Das war eine ziemlich übertriebene Beschreibung von Miss Churt, die an diesem Tag sechs Wochen alt war und ihr von der Granate rasiertes Gesicht gerade zum Luftschnappen herausgeschoben hatte. Doch vom Prinzip her war es nicht zu bestreiten.

„Doch", sagte Mr. Wharton. „So ist es."

„Er *würde* sie mitbringen – er *würde* – ich wußte –" stammelte die Braut. Doch Kanoniker Hobson kümmerte sich nicht um sie, obwohl sie zu schluchzen begann.

Doch als er in Miss Churts bläuliche Augen sah, veränderten sich seine eigenen steinharten auf seltsame Weise. Erst flackerten sie unter ihrem tadelnden Blick, dann schmolzen sie sogar und verloren alle Schärfe.

Er sprach:

„Darf ich annehmen, daß – dies – eine Art Maskottchen ist? Vielleicht in Verbindung mit den kürzlichen –? Was ist mit ihren Barthaaren geschehen?"

„Das werde ich Ihnen in der Sakristei erzählen", sagte Mr. Wharton, und als er den Blick das Kanonikers erwiderte, bedauerte er seine jugendliche Fehleinschätzung.

Kanoniker Hobson nickte, öffnete das Buch dort, wo er beim Zuklappen seinen Daumen gelassen hatte, und räusperte sich.

„Liebe Gemeinde", verkündete er, „wir haben uns hier versammelt –"

Miss Churt konnte nicht alle vorhandenen Gerüche (überwiegend Lilien) oder Geräusche (überwiegend Kanoniker Hobson) identifizieren.

Sie waren interessant, und sie hatte den vagen Eindruck, daß einige davon sie eines Tages auch betreffen würden.

Aber nicht jetzt.

Und auch noch lange nicht.

Und in der Zwischenzeit hatte sie auch genügend Luft bekommen.

Sie entzog ihren Kopf der Luft von St. Mary, tauchte hinab in die warme Kuscheligkeit von Mr. Whartons Tweedtasche und machte sich zum Schlafen bereit.

Die großartigen Fähigkeiten der Katze

Saki
(Hector Hugo Munro)

Das Tier, das die Ägypter als heilig anbeteten, das die Römer als Sinnbild der Freiheit verehrten und die Europäer im unwissenden Mittelalter als Abkömmling des Teufels verdammten, hat zu allen Zeiten zwei eng miteinander verbundene Eigenschaften gezeigt – Mut und Selbstachtung.

Setzen Sie ein Kind, einen Hundewelpen und eine junge Katze einer plötzlichen Gefahr aus, so wird das Kind instinktiv Hilfe suchen, der Welpe in äußerster Unterwerfung vor der drohenden Gefahr am Boden kriechen und die junge Katze ihren gesamten kleinen Körper in wildem Widerstand anspannen. Nehmen Sie die verwöhnte Katze aus ihrem behaglichen Umfeld heraus, in dem sie sich normalerweise bewegt, und beobachten Sie sie kritisch unter den widrigen Bedingungen der Zivilisation – einer Zivilisation, die einen Menschen dazu nötigen kann, sich so soweit zu erniedrigen, daß er billige ordinäre Kleider anzieht und auf der Straße wilde Tänze für ein paar Münzen vollführt, die ihn auf der anständigen, oder nicht kriminellen, Seite der Gesellschaft halten sollen. Die hungernde, ausgestoßene und gequälte Straßenkatze behält jedoch in ihrer Notlage bei ihren Beutezügen noch immer ihren verwegenen, freien Panthergang bei, mit dem sie schon in alten Zeiten die Tempelhöfe von Theben durchstreifte, und zeigt die selbstachtende Wachsamkeit, die der Mensch ihr nie aberziehen konnte.

Und wenn all ihre klugen Schachzüge das unerbittliche Schicksal nicht haben abwehren können oder wenn sich ihre Feinde für ihre Verteidigungskräfte als zu stark oder zu zahlreich erwiesen haben, stirbt sie kämpfend bis zum letzten Atemzug, zittert dabei in der erstickenden Wut ihres gebändigten

Widerstandes und drückt mit ihrem Todesschrei die Qual des bitteren Protests aus, den auch die menschlichen Tiere gegen diese Kräfte geschleudert haben; als letzten Protest gegen ein Schicksal, das sie hätte glücklich machen können – und nicht gemacht hat.

Die Untat von Morning Glory Adolphus

N. Margaret Campbell

Morning Glory Adolphus ist unsere älteste und ruhigste Katze. Er hat sein Jagdrevier in einer baumbestandenen Schlucht hinter unserem Haus, und wehe der Katze oder dem Hund, die dort eindringen. In seiner frühen Jugend erwarb er sich einen beneidenswerten Ruf als Jäger großer Beute, und er hatte seine eigene Methode, sich die gebührende Anerkennung für seine Großtaten zu sichern. Sobald er einen Hasen, ein Eichhörnchen, eine Wasserratte oder eine Schlange gefangen hat, sucht er seine Herrin und legt ihr stolz den Tribut vor die Füße. Dieser Drang, sich für seine Tapferkeit und Tüchtigkeit belobigen zu lassen, ist mitunter recht unangenehm, besonders wenn er eine anderthalb Meter lange Schlange ins Musikzimmer zerrt und sie zum Entsetzen und zur Verwirrung der Gäste über den Teppich ringeln läßt. Doch wie groß das Wagnis auch immer sei, Adolphus läßt sich die gebührende Anerkennung seiner Fähigkeiten nicht nehmen. Wenn er ein Mensch wäre, würde er sich sicher auf all seinen Jagdausflügen von einem Presseagenten begleiten lassen und nach der Rückkehr mit den Chefredakteuren aller Sportmagazine zu Mittag essen. Auch ohne jemals einen Fernkurs über Werbungsstrategien absolviert zu haben, macht Adolphus das wirklich gut.

Für das Studium majestätischer Würde, die mitunter mit einem Hauch von erhabener Verachtung gepaart ist, würden die Interpreten muskulären Ausdrucks gut daran tun, sich Adolphus auszusuchen. Er bewegt sich auf der Hauptstraße ohne Hast und ohne Sorge um sein eigene Sicherheit mitten durch hupende Automobile und angreifende Hunde. Wenn ein fremder Hund auftaucht, der Adolphus irrtümlich für eine normale Katze hält, die aus Spaß gejagt werden darf, dann verlangsamt Adolphus gewöhnlich seinen Schritt etwas und legt sich lang ausgestreckt in der Stellung und mit dem Ausdruck einer Sphinx in den Weg des sich nähernden Feindes. Er ist das würdevolle Abbild von Gelassenheit und perfekter Muskelkontrolle. Nur seine schläfrigen Bernsteinaugen brennen unerschrocken und wenden sich keinen Moment lang von dem wütenden Mienenspiel seines Feindes ab, der sich mit entblößtem Fang und gesträubtem Nackenhaar auf ihn stürzt. Wenn der Angriff selbst für einen Hund zu wild und zu wenig taktvoll ist und von hysterischem Kläffen und Schnappen begleitet wird, dann kann man sehen, daß Adolphus seinem Angreifer mitten ins Gesicht gähnt, ganz bewußt und sehr höflich, wie es sich für einen Herrn von guter Herkunft gehört, den man mit einem übertriebenen Gefühlsausbruch gelangweilt hat. Meist stoppt der Hund unerklärlicherweise ungefähr dreißig Zentimeter vor diesen ruhigen gelben Augen, beschreibt einen Halbkreis innerhalb des Gesichtsfelds dieser Zwillingsfeuer, füllt die Luft mit herausforderndem Gespött, das langsam zu einem dummen Wimmern verkümmert, während er einen unwürdigen Rückzug antritt und Adolphus erhaben blinzelt und über seinen geduckten Widersacher hinweg in eine geheimnisvolle Leere starrt, die nicht von tobenden Hunden entweiht ist.

Es gab ein paar Hunde, die sich von dem hypnotischen Befehl dieser gelben Augen nicht haben aufhalten lassen. Dann schoß ein Fellblitz durch die Luft, und Adolphus landete sauber im Genick seines Opfers, und seine großen Krallen fuhren mit sachlicher Präzision durch die weichen Ohren und die Stirn des entsetzten Hundes. Vielleicht haben sich derartige Zusammenstöße unter der Hundegesellschaft in unserer Nachbarschaft herumgesprochen, denn es hat dem Ruf eines kämpferischen Hundes nie geschadet, wenn er einen weiten Bogen um die Gebiete macht, in denen Adolphus sich häufig aufhält.

Jahrelang war Adolphus der unangefochtene Anführer der Katzen seiner eigenen Sippe. Dann kam Silver Paws, ein hübscher junger Schlingel, dessen seidiges Fell von einem wunderbaren gebrochenen Silber mit blauen Lichtern war. Es bestand kein Zweifel daran, daß Silver Paws mit Frauen umgehen konnte. Als Adolphus ihn noch immer für ein übermütiges Kätzchen hielt, bei dem sich Humor und Würde noch nicht ganz die Waage hielten, gewann dieser listig alle Herzen für sich und machte sich mit Leichtigkeit zum Anziehungspunkt, wo immer er auch auftauchte. Es widerte Adolphus einfach an, mitansehen zu müssen, wie dieses eitle kleine Ding den Rücken krumm machte, sobald eine Menschenhand sich ihm weit genug näherte, um ihn zu streicheln.

Wenn Adolphus so engstirnig gewesen wäre wie ein Witzbold, dann wäre ihm vielleicht in der zynischen Weise derer, die ihre öffentliche Zuneigung an einen unwürdigen Rivalen hatten abtreten müssen, aufgefallen, daß sein Name langsam an Glanz verlor. Doch er gehörte nie zu denen, die sich kampflos geschlagen geben. Mit kalten Mordgedanken im Herzen und wild entschlossen, die allgemeine Aufmerksamkeit zurückzugewinnen, ging er nun auf seine nächtlichen Beutezüge. Tag für Tag legte er größere und wildere Kaninchen, wütender dreinschauende Ratten und längere Schlangen seiner Herrin zu Füßen. Alles vergeblich. Er spielte sogar die heroische Rolle des Retters, als sein gehaßter Rivale vom Hund des Lebensmittelhändlers auf einen Baum gejagt wurde. Er ging einfach ruhig zu dem Baum, um dessen Stamm der Hund wild herumtanzte und an dem der zitternde Silver Paws hing. Dem Hund fiel plötzlich ein, daß er vielleicht doch besser dem Wagen des Lebensmittelhändlers folgen sollte und daß es außerdem wenig Spaß machte, ein dummes kleines Kätzchen zu verbellen! Als der verängstigte Silver Paws vom Baum herunterglitt, ging Adolphus mit der selbstgerechten Miene eines gütigen Herrn zu ihm, der eine verlorene Seele nicht gerettet hatte, weil sie es verdiente, sondern weil er selbst eben so mildtätig war. Diese großherzige Geste verschaffte Adolphus einen momentanen Vorteil gegenüber seinem Rivalen, doch die wankelmütige Aufmerksamkeit der Familie konzentrierte sich bald wieder auf den hübschen jungen Charmeur. Dann saß Adolphus im Haus herum und schaute düster über die Stelle hinweg, an der man Silver Paws die besten Fleischstückchen mit vielen liebevollen Worten reichte, und glättete seinen Schnurrbart mit nachdenklicher Pfote.

Ungefähr um diese Zeit verschwand Silver Paws zur Bestürzung der Familie. Eine Suche wurde in der Nachbarschaft eingeleitet, doch er war so spurlos entwichen, als ob ein Zauberbesen ihn einfach hinweggefegt hätte. Traurig sammelten wir die Spielsachen auf, die er im Haus verstreut zurückgelassen hatte – ein Stückchen Fell an einer Schnur, einen bunten Ball, ein paar getrocknete Bohnen, die in der Schote rasselten, wenn sie von einer Samtpfote durch die Gegend geschlagen wurden. Und diese Erinnerungsstücke legten wir als kleinen Stapel auf seinen Lieblings-Schaukelstuhl. „Er wird sie bestimmt wieder haben wollen, wenn er jemals zurückkommt", sagten wir.

Mit Morning Glory Adolphus war eine merkwürdige Veränderung vor sich gegangen. Wir hatten ihn lange Zeit als schlauen Jäger und erstklassigen Kämpfer geehrt, doch wir waren der Ansicht gewesen, daß ihm einiges an

Ivy

„Komm, meine schöne Katze, an mein verliebtes Herz;
Zieh die Krallen deiner Tatze ein,
Und laß mich abtauchen in deine schönen Augen
Aus metallisch glänzenden Achaten."
Die Katze

Die Blumentopf-Katze

„Lassen Sie sich von mir davor warnen,
zu sehr darauf zu vertrauen, daß Tiere nicht denken
und nur nach ihrem Instinkt handeln."
Mein Chef, die Katze

Meine Badezimmer-Katze

„Übrigens sind Katzen gute Trainingspartner für eine erfolgreiche Ehe – sie verweisen Sie auf Ihren Platz im Haushalt."

Mein Chef, die Katze

Susies Fenster

„Ich hatte nur einen Wunsch, einen Traum.
Ich wollte aus dem oberen Fenster schlüpfen
und zu den Dächern hinauf entkommen."
Das Katzenparadies

Feingefühl fehlte und daß er ein wenig gleichgültig und kühl wäre, was nur normal ist für jemanden, der sich ziemlich viel Ruhm erworben hat. Wie waren wir überrascht, als er uns praktisch über Nacht seine Zuneigung zeigte und uns voll Mitgefühl von unserer nutzlosen Trauer über die verlorene Katze abzulenken versuchte. Es war wirklich rührend, wie er uns durchs Haus folgte, sich neben uns setzte und mit verzückter Hingabe sang, wann immer wir innehielten. Vergessen waren die Freuden der Jagd und der angenehme Zeitvertreib, unmanierliche Hunde zu disziplinieren. Drei ganze Tage lang umschwärmte er uns. Wenn wir ihn mal nicht zu beachten versuchten, warf er sich vor unsere Füße und drehte sich demütig auf den Rücken, als wollte er sagen, daß wir ihn lieber töten sollten, wenn wir ihn schon nicht lieben konnten. Er durchstreifte das Haus mit dem Besitzerstolz eines arroganten Herrschers, der nach einer erzwungenen Abwesenheit in sein Reich zurückgekehrt war, und er rollte sich glücklich auf den Kissen zusammen, auf denen sein früherer Rivale sich ausgeruht hatte. Einmal streckte er sich sogar voll Verachtung auf den Spielsachen aus, die angehäuft auf dem Schaukelstuhl lagen. Obwohl das eine ganz schön unbequeme Unterlage gewesen sein muß, schien Adolphus sich sehr glücklich und wohl gefühlt zu haben.

Seine Herrin wurde sofort mißtrauisch. „Adolphus", sagte sie streng, „ich glaube, du weißt, was mit unserem schönen Silver Paw geschehen ist!" Der Beschuldigte erhob sich steif zu voller Größe und sah sie mit dem ernsten, unschuldigen Ausdruck eines empörten Diakons an. Dann drehte er ihr demonstrativ den Rücken zu und überließ sich wieder dem Schlaf des Gerechten.

Doch der Verdacht der Familie wurde dadurch nicht zerstreut. „Adolphus bemüht sich viel zu sehr, freundlich zu sein", sagten sie. „Das ist nicht normal. Er muß ein schlechtes Gewissen haben!" Denn auf diese Art und Weise versuchte Adolphus immer, seine Missetaten zu tarnen, hatten sie in der Vergangenheit feststellen können. Das war alles sehr demütigend für eine stolze Seele wie Adolphus, und er zeigte seinen Groll damit, daß er aus dem Haus stolzierte und wie jeder andere Mann die Gittertür hinter sich zuschlagen ließ.

Die Familie folgte ihm mit Abstand. Er marschierte geradewegs zur Schlucht, in der er immer gejagt hatte, blieb am Rand einer Klippe stehen und starrte aufmerksam hinunter. Seine Ohren waren nach vorne aufgestellt, und von seinen vibrierenden Barthaaren bis zur Spitze seines bebenden Schwanzes drückte sein gesamter Körper eine hämische Zufriedenheit aus. Man

konnte kaum glauben, daß er das gleiche freundliche Tier war, das uns noch vor ein paar Stunden zärtliche Avancen gemacht hatte. Als wir näherkamen, konnten wir ein schwaches, bittendes und jämmerliches Weinen hörte, und unten im Gebüsch entdeckten wir unseren verlorengegangenen Silver Paws, der vor Hunger nicht stehen konnte und reichlich zerschlagen aussah nach der rauhen Behandlung durch seinen Gefängnisaufseher. Als Adolphus sah, daß wir in die Schlucht hinuntersahen, zog er sich entrüstet zurück, denn er wußte, daß sein Spiel vorbei war. Mit hochmütiger Verachtung sah er zu, wie wir seinen verbannten Rivalen aufhoben, ihn mit warmer Milch wiederbelebten, streichelten und trösteten. Mit welch schrecklichen Drohungen hatte Adolphus bloß seinen Gefangenen in Rufweite unserer Stimmen unten in der Schlucht gehalten, während er uns in diesen langen Stunden regelrecht umbuhlt hatte; und womit hatte er seinen Rivalen verhext, daß das hungrige Kätzchen nicht gewagt hatte, unseren Rufen zu folgen?

Während wir uns freuten und schimpften, sahen wir, daß der Hund des Lebensmittelhändlers um die Hausecke bog. Er war in den Tagen der Schwäche, als Adolphus den Damen den Hof machte, reichlich dreist geworden. Doch ein Blick in Adolphus' Bernsteinaugen und er war mit einem Schrei auf und davon, weil er sah, daß der Kämpfer wieder Herr seiner Gefühle war.

Das Familienleben einer heiligen Katze

Arthur Wiegall

Eines Sommers während einer Hitzewelle, als es im Schatten meiner Veranda in Luxor fast 60 °C waren, fuhr ich ins kühlere Unterägypten, um einen englischen Freund von mir zu besuchen, der in Sagasik stationiert war, einer Provinzstadt nahe den Ruinen des altägyptischen Tempels der Göttin Bastet.

Da er in Kürze Ägypten verlassen wollte, fragte er mich, ob ich seine Katze nehmen wolle, eine würdige, geheimnisvolle, langbeinige, schmalköpfige, grünäugige Kätzin, deren gelb-orangefarbenes Fell mit grauschwarzen Streifen im Tigermuster so kurz war, daß sie den Eindruck erweckte, nackt zu sein – ein Eindruck, der jedoch in keiner Weise von ihrer jungfräulichen Keuschheit ablenkte.

Ihr Name war Basta, und obwohl ihre näheren Vorfahren wild zwischen den Ruinen gelebt hatten, war sie so eindeutig ein Abkömmling der heiligen Katzen der Antike, die Inkarnationen der Göttin Bastet gewesen waren, daß ich es nicht mehr als recht und billig fand, das Angebot zu akzeptieren und sie zu mir mit nach Luxor zu nehmen. Daß ich, ein Experte für ägyptische Altertümer, keine antike ägyptische Katze besaß, die meinem Heim einen Hauch von Mystik verlieh, war mir schon als Mangel im Hinblick auf meine Publikumswirksamkeit erschienen.

So kam es, daß ich bei meiner Abreise mit einer Hutschachtel zum Bahnhof fuhr, in deren Seitenteil ich ein kleines rundes Belüftungsloch geschnitten hatte und in der die ansonsten würdevolle Basta herumtobte und schrecklich schaurige Schreie von sich gab. Die Leute auf der Straße und auf dem Bahnsteig schienen zu glauben, daß die Geräusche etwas mit meiner Verdauung zu tun hatten und daß ich dringend einen Arzt benötigte; und ich war äußerst erleichtert, als der heiße und schnaufende Zug in Sagasik einfuhr.

Glücklicherweise war ich allein im Abteil, und die Hutschachtel hatte mir gerade etwas weniger Sorge bereitet, als Basta plötzlich von einer Art religiöser Raserei erfaßt wurde. Die Schachtel schwankte hin und her, und gleich darauf kam aus dem Luftloch eine lange, schlangenähnliche Pfote heraus und wedelte einen Moment wie verrückt in der Luft herum, wurde dann zurückgezogen und ersetzt durch eine rosafarbene Nase, die mit solch wilder Verzweiflung nach außen gedrückt wurde, daß die Lochränder nachgaben und der gesamte sandfarbene heilige Kopf herausplatzte.

Sie begann zu würgen, weil die Pappe sich eng um ihren Hals schloß; um sie vor der Strangulierung zu retten, mußte ich die Öffnung aufreißen, woraufhin sie sich herauswand und mit göttlicher Raserei an der Wand des Abteils hochsprang und sich erschöpft im Netz der Gepäckablage ausstreckte. Dort verlor sie in ihrer Hysterie völlig die Kontrolle über ihre inneren Vorgänge. Wenn ich äußerst zurückhaltend sage, daß sie von einem Anfall von Brechsucht heimgesucht wurde, erzähle ich nur einen Bruchteil dieser entsetzlichen Geschichte.

Der Rest der Reise war wie ein Alptraum; doch im Bahnhof von Kairo, wo ich in den Nachtexpreß nach Luxor umsteigen mußte, half mir ein einheimischer Polizist, der einen großen Wäschekorb aus dem Schlafwagen-Abteil besorgte. Nach längerem Kampf, währenddessen der Zug zu einem entfernten Nebengleis gefahren wurde, sperrten wir die zappelnde Basta wieder ein.

In der glühenden Spätnachmittagshitze trugen der schwitzende Polizist und ich den Korb im Laufschritt über die Gleise hinweg zum Bahnhof zurück, und ich erwischte meinen Zug gerade noch. Obwohl Basta diesen zweiten Teil der Reise im Gepäckwagen verbrachte, drangen ihre entsetzlichen Beschwörungen an meine Ohren, wann immer wir in der heißen und stillen Nacht anhielten.

In meinem Haus öffnete ich den Korb in einem unmöblierten Raum, und Basta schoß wie ein Blitz die kahle Wand hoch und zur Gardinenstange über dem Fenster hinauf. Dort blieb sie den ganzen Tag in einer Art hypnotischer Trance sitzen; doch bei Sonnenuntergang lockten eine Schale Milch und ein Teller mit Fisch, die ich ihr hinstellte, sie herunter, und schließlich freundete sie sich mit ihrer neuen Umgebung an und bedeutete mir mit ihrem Verhalten, daß sie gewillt war, mein Haus als ihren irdischen Tempel zu akzeptieren.

Mit meinem Pariahund Pedro gab es überhaupt keine Probleme; er hatte keine große Abneigung gegen Katzen, und sie geruhte gnädig, seinen Status anzuerkennen – was meiner Ansicht nach in allen einheimischen Haushalten üblich ist. Mitunter ließ sie sich dazu herab, mein Pferd und meinen Esel in den Ställen zu besuchen; und für Laura, mein Kamel, entwickelte sie schnell eine echte Zuneigung und schlief oft stundenlang in ihrem Stall.

Ich machte mir keine Sorgen, wie sie mit den Hühnern und Tauben umgehen würde, denn ihr Vorbesitzer in Sagasik hatte betont, daß sie seinen Hühnerstall und Taubenschlag in Ruhe gelassen hatte. Etwas Angst hatte ich um die Enten, weil sie die nicht kannte und ihre Vorfahren in der Antike zur Jagd von wilden Gänsen und Enten ausgebildet und an kirchlichen Feiertagen und Gedenktagen mit *pâté de foie gras,* oder wie immer man das damals nannte, gefüttert wurden.

In einer Ecke des Gartens hatte ich einen kleinen Ententeich angelegt, der ziemlich tief abgesunken war und zu dem hinunter ich einen schmalen, steil abfallenden Durchgang angelegt hatte. Wenn die Enten tagsüber mehrmals diese Schräge hinauf- und hinuntergegangen waren, war die Oberfläche naß und glitschig, und nach ein paar Zentimetern mußten die Enten den Rest auf ihren Schwänzen herunterrutschen, wobei sie ihre beiden Füße von sich wegstreckten und ihre Köpfe hoch erhoben hielten.

Basta war immer von diesem Rutschen und dem Eintauchen unten fasziniert und konnte den Enten stundenlang zuschauen, daß ich schon dachte, daß sie sich doch eines Tages auf sie stürzen würde; doch das machte sie nie. Ihre einzige Beute waren Feldmäuse und die Wasserratten unten im Nil; im Zusammenhang mit ersteren würde ich gern von einer komischen Begebenheit berichten.

An einem heißen Abend rauchte ich auf der Veranda meine Pfeife, als zwei Mäuse meine Aufmerksamkeit erregten, die in einen Fleck Mondlicht zu meinen Füßen gekrabbelt waren und wie wild an einigen Krümeln knabberten, die von einem Keks übriggeblieben waren, der Pedro früher am Abend zugeworfen worden war. Ich beobachtete sie eine Weile still und merkte weder, daß Basta sie gesehen hatte und auf sie losspringen wollte, noch sah ich die große weiße Eule, die oben in den herunterrankenden Rosen saß und sich ebenfalls auf die Mäuse stürzen wollte.

Plötzlich und im gleichen Moment schoß von oben die Eule auf die Mäuse herab und Basta sprang neben mir los. Es gab einen Zusammenstoß und eine wilde Rauferei. Fell und Federn flogen herum. Ich fiel aus meinem Stuhl, und dann machte sich die Eule schreiend in eine Richtung davon, und die Katze jagte in die andere. Die Mäuse jedoch, die sich praktisch aneinander geklammert hatte, verharrten noch einen Augenblick reglos, weil sie zu erschrocken waren, um sich zu bewegen.

Ganz zu Anfang ihres Aufenthalts in Luxor ging Basta oft zum Ufer des Nils hinunter, um mit ihrer Pfote zu fischen. Sie fing jedoch nie etwas, und schließlich bekam sie einen Schreck und gab es ganz auf. Ich saß am Fluß und sah zu, wie sie versuchte, einen kleinen Fisch aus einem Schwarm zu fangen, der sich im seichten Wasser sonnte, als ein dreißig bis vierzig Zentimeter langer Fisch angeschwommen kam, den ich (anhand seiner Barthaare und der fehlenden Rückenflosse) als einen elektrischen Katzenfisch erkannte. Der kommt im Nil häufig vor und ist ein seltsames Tier, das einen elektrischen Schlag geben kann, als ob man sich den Musikantenknochen angeschlagen hätte.

Diese Fische kommen auf kuriose Weise zu ihrer Nahrung: Sie lungern um Schwärme kleiner Fisch herum, die mit dem Fressen beschäftigt sind, und dann gleiten sie leise mitten zwischen sie. Sie geben einen elektrischen Schlag ab, woraufhin die kleinen Fische magenkrank werden, und der große Fisch sie herunterschlingen kann.

Ich wartete darauf, das endlich einmal mit eigenen Augen zu sehen – denn ich hatte das immer für weit hergeholt gehalten –, als Basta sich mit der Pforte auf den Eindringling stürzte und einen Schlag bekam. Sie schrie auf, als hätte jemand sie getreten, machte einen Luftsprung und näherte sich nie mehr dem Wasser. Danach gab sie sich mit dem Fisch zufrieden, den wir auf dem Markt kauften und für sie täglich wie eine verbrannte Opfergabe brieten.

Basta hatte eine sehr unheimliche Stimme, und wenn sie ihre Gefühle ausdrücken wollte, gab sie erst ein Wehgeschrei wie ein Geisterbaby von sich, das dann zu dem unmelodischen Gesang eines Irren wurde und sich schließlich in das Geheul einer gequälten Seele verwandelte, das einem das Blut in den Adern gefrieren ließ. Und wenn sie fauchte, klang das wie ein Selbstschußgewehr.

Gleich jenseits meiner Gartenmauer lebten einige ehemalige Hauskatzen in einem Hain am Fluß, die wie Bastas Vorfahren verwildert waren. Normalerweise reichte die Nähe von einer dieser Katzen, um Basta aufzuregen. Doch manchmal wurde ihr Ausbruch auch von ihren eigenen unergründlichen

Gedanken ausgelöst, wenn sie ihrer mysteriösen Wege in der Dunkelheit der Nacht ging.

Ich denke, daß sie hellseherisch begabt war, weil sie oft Dinge zu sehen schien, die für mich unsichtbar waren. Wenn sie sich zum Beispiel manchmal das Gesicht nach dem Genuß von Fisch oder einer Maus reinigte, hielt sie mit einer erhobenen Pfote inne und starrte vor sich hin. Und dann wich sie entweder mit gesträubtem Fell zurück oder ging mit freundlichem leisen Miauen nach vorne. Und manchmal sprang sie mit schlagendem Schwanz und aufgerissenen Augen von einen Stuhl oder Sofa herunter. Aber vielleicht waren das auch Würmer.

Einmal sah ich sie völlig erstarrt und angespannt auf dem Rasen stehen und zum aufgehenden Mond hinaufstarren, und dann begann sie plötzlich in einer Weise zu tanzen, wie Katzen das manchmal tun, wenn sie mit anderen Katzen spielen. Doch da war keine andere Katze, und außerdem spielte Basta nie. Sie vergaß nie, daß sie eine heilige Katze war.

Ihr Hochmut war so ausgeprägt, daß sie nicht aus dem Weg ging, wenn Menschen kamen, und oftmals informierte uns ihr dämonischer Schrei oder das Geräusch von zersplitterndem Glas davon, daß jemand über sie gestolpert war. Doch es war erstaunlich, wie schnell sie ihre Würde wiedererlangte und wie gut sie vortäuschen konnte, daß alles, was ihr geschah, ihrem eigenen göttlichen Wunsch entsprang und nichts mit uns zu tun hatte.

Wenn ich sie rief, gab sie vor, nichts zu hören, doch ein paar Minuten später kam sie, wenn sie es so hinstellen konnte, als wäre es ihr eigener Entschluß gewesen. Und wenn ich sie von einem Stuhl herunterhob, sprang sie sofort wieder hinauf und stieg dann würdevoll – vorgeblich freiwillig – wieder herunter. Doch in dieser Hinsicht verhielt sie sich natürlich eher wie eine Frau als wie eine Göttin.

Die ägyptische Katze ist die domestizierte Form der afrikanischen Wildkatze, und es besteht kein Zweifel daran, daß ihr seltsames Verhalten und ihre unheimliche Stimme der Grund dafür waren, daß man sie in alter Zeit als heilig ansah. Doch obwohl die alten Götter und ihre Verehrung im Laufe dieser vielen Jahrhunderte in Vergessenheit geraten sind, hat die traditionelle Heiligkeit der Rasse überlebt.

Moderne Ägypter glauben, daß es Unglück bringt, wenn man eine Katze verletzt, und in den einheimischen Bezirken Kairos und anderer Großstädte werden täglich Hunderte von Katzen auf Kosten wohltätiger Stadtbewohner gefüttert. Sie behaupten, daß sie das tun, weil Katzen für Menschen so nützlich sind, da sie Mäuse und andere Schädlinge wegfangen, doch in Wirklichkeit handelt es sich dabei um unerkannte Überbleibsel eines alten Glaubens.

In den Tagen der Pharaos rasierten sich die Männer des Hauses die Augenbrauen, wenn eine Katze starb, und saßen jammernd und sich hin und her wiegend in vorgetäuschtem Kummer zusammen. Ihr Körper wurde einbalsamiert und mit ernsten Riten auf dem örtlichen Katzenfriedhof bestattet oder nach Bubastis gebracht, um im Schatten des Tempels ihrer göttlichen Patronin zu ruhen. Ich selbst habe Hunderte von mumifizierten Katzen ausgegraben. Und als einmal ungefähr vierundzwanzig der besten Exemplare auf meiner Veranda standen und darauf warteten, zum Kairoer Museum gebracht zu werden, war Basta ungeheuer aufgeregt und umrundete sie den ganzen Tag über schnüffelnd. Sie rochen bestimmt furchtbar.

Mitten auf meinem Rasen gab es eine quadratische Steinplatte, die einmal das Oberteil eines Altars zu Ehren des Sonnengottes gewesen war, doch nun als eine Art niedriger Gartentisch verwendet wurde. Und wenn Basta eine Maus gefangen hatte, legte sie den zerkauten Leichnam auf dieser Platte ab. Niemand wußte warum, es sei denn, wie ich den Menschen immer sagte, sie brachte der Sonne wirklich ein Opfer dar. Das war sehr mysteriös von ihr, doch es führte einmal zu einer sehr unglücklichen Episode.

Ein berühmter französischer Altertumsforscher, der einen Höflichkeitsbesuch abstattete, saß mit mir nachmittags an dieser geheiligten Platte bei Tee und frischen Datteln. Basta tauchte mit einer kleinen toten Maus auf, die sie wie üblich auf der Platte ablegte – in diesem Fall jedoch auf dem Teller meines Gastes, der auf der Platte stand.

Wir unterhielten uns in diesem Augenblick und sahen nicht, was sie tat, und außerdem war der Franzose so blind wie eine Fledermaus. Und wie der Zufall es natürlich wollte, griff er sofort nach der nassen maulwurffarbenen Maus statt nach einer reifen braunen Dattel, und er hatte sie schon fast in den Mund geschoben, als er sah, was es war, und sie mit einem Schrei in die Luft schleuderte.

Sie fiel in seinen umgedrehten Tropenhelm, der im Gras neben ihm lag. Doch das sah er nicht. In der Annahme, ich hätte ihm einen Schuljungenstreich gespielt, sprang er wütend auf, griff nach seinem Helm und war dabei, ihn auf den Kopf zu setzen, als die Maus herausfiel und über die Vorderseite seines Hemds in die zugeknöpfte Jacke rutschte.

Daraufhin wurde er mehr oder weniger verrückt, hüpfte herum, schüttelte sich und trat auf Basta, die seine Raserei damit auf die Spitze trieb, daß sie einen teuflischen Schrei von sich gab und ihre Krallen in sein Bein schlug. Es freut mich, sagen zu können, daß die tote Maus während des Herumhüpfens auf das Gras fiel, ohne durch seine geräumige Hose zu rutschen, wie ich es befürchtet hatte. Und Basta nahm sie mit wiedererlangter Würde auf und trug sie davon.

Es ist eine bemerkenswerte Tatsache, daß sie in den fünf oder sechs Jahren, die sie mit mir verbrachte, nie daran dachte, ihre lebenslange Jungfräulichkeit aufzugeben. Und als ich eine Heirat für sie arrangierte, zeigte sie dem Bräutigam gegenüber eine so würdevolle und doch wilde Abneigung, daß die Verbindung scheiterte. Schließlich verliebte sie sich jedoch in einen der Wildkater, die

zwischen den Bäumen jenseits meiner Mauer lebten, und nichts konnte sie daran hindern, ihn von Zeit zu Zeit und meist mitten in der Nacht zu besuchen.

Er gab keinen Pfifferling auf ihre Heiligkeit, und sie war Frau genug, um die ungewohnte rauhe Behandlung zu genießen. Ihn habe ich allerdings nie gesehen, weil er nicht in den Garten kam, doch ich konnte hören, wie er sie außerhalb des Gartens schikanierte. Und wenn sie nach Hause kam, zerkratzt, zerbissen und etwas über heilige Katzen murmelnd, war klar, daß sie schrecklich glücklich war. Sie leckte ihre Wunden mit tiefer und sinnlicher Zufriedenheit.

Ein schrecklicher Wandel ging mit ihr vor sich. Sie verlor ihre kostbare Würde, wurde rastlos und angriffslustig; ihre Verdauung spielte ihr unangenehme Streiche; und einmal beleidigte sie das Kamel Laura tödlich, indem sie ihr die Krallen in die Nase schlug. In ihren grünen Augen war ein neues Glitzern, wenn sie die Enten dabei beobachtete, wie sie in den Teich rutschten. Die Tauben begannen sie zu interessieren, und zum ersten Mal *aß* sie die Mäuse, die sie gefangen hatte.

Dann begann sie, immer mal für einen ganzen Tag oder eine ganze Nacht zu verschwinden. Und als ich sie einmal zwischen den Bäumen außerhalb des Grundstücks suchte und sie beim Schärfen ihrer Krallen an einem Zweig über meinem Kopf entdeckte, legte sie die Ohren an und zischte mich so an, daß ich all ihre Zähne sehen konnte und halb ihren rosafarbenen Rachen hinunter. Ich versuchte alles, sie zuhause zu halten, als sie zurückkam, doch es war umsonst, und schließlich verließ sie mich für immer.

Wochen später sah ich sie noch einmal zwischen den Bäumen, und es war offensichtlich, daß sie bald Junge werfen würde. Diesmal miaute sie mir freundlich zu, doch sie ließ sich von mir nicht anfassen; und bald darauf schlüpfte sie ins Unterholz davon. Ich habe nie erfahren, was aus ihr geworden ist.

Mittschiffsmann Katze

John Coleman Adams

Dies ist die wahre Geschichte eines echten Katers, der meines Wissens nach noch immer lebt und sich als Seemann den Lebensunterhalt verdient. Man möge entschuldigen, daß ich ‚der' und ‚er' sage, wenn ich von dieser speziellen Katze spreche und nicht ‚das' und ‚es'; obwohl ich sehr wohl weiß, daß die Grammatik uns vorschreibt, daß ‚er' und ‚der' sich auf Menschen und ‚es' und ‚das' sich auf Sachen beziehen, kam mein Kater uns allen, die ihn kannten, immer so menschenähnlich vor, daß ich es unbefriedigend fände, wenn ich von ihm in irgendeiner anderen Weise sprechen würde. Es gibt Tiere, von denen man lieber als ‚er' sprechen möchte, genauso wie es Menschen gibt, die man lieber ‚es' nennen würde.

Meine erste Begegnung mit diesem Kater verlief folgendermaßen: Irgendwann in den siebziger Jahren unternahm eine Gruppe von uns mit dem kleinen Schoner *Eyvor* einen Segeltörn. Wir hatten für einen Tag und eine Nacht Station in Marblehead gemacht, und ein paar waren mit dem Beiboot an Land gegangen. Als sie am Kai anlegten, sahen sie ein paar kleine Jungen, die Stöcke in einen Holzstoß schoben und damit offensichtlich etwas jagten, das sich darin befand.

„Was ist denn da drin?" fragte einer der Segler.

„Ach, nur 'ne Katze", sagten die Jungen.

„Und was wollt ihr mit ihr tun?"

„Herausstochern! Und wenn sie rauskommt, wiegen wir sie in den Schlaf", war die Antwort im guten Dialekt von Marblehead.

„Laßt das mal lieber bleiben. Warum wollt ihr denn unbedingt eine arme Katze quälen? Versucht es doch mal mit jemandem eurer Größe?"

Die Jungen verzogen sich langsam. Sie schämten sich ein bißchen, und ein wenig fürchteten sie sich auch vor dem großen Segler, der mit ihnen gesprochen hatte; und als sie verschwunden waren, gingen die Segler weiter und dachten nicht mehr an die Katze, der sie geholfen hatten. Doch nachdem sie eine Weile in den verwinkelten Straßen der Stadt herumgewandert waren und all das aufgesucht hatten, was brave Segler so aufsuchen – das Lebensmittelgeschäft, das Postamt und den Sodabrunnen der Apotheke – kehrten sie zum Kai und zu ihrem Boot zurück. Und sieh da: Im Vorderteil des Bootes saß der kleine grauweiße Kater aus dem Holzstoß! Er war aus seinem Versteck herausgekrochen und geradewegs zum Boot seiner Fürsprecher marschiert. Es schien ihn überhaupt nicht zu stören oder zu erschrecken, als sie an Bord sprangen, und er freute sich, als sie ihn streichelten und tätschelten. Doch als einer der Jungen ihn an Land setzen wollte, zeigte der kleine mutige Kerl seine Krallen; und sobald seine Füße die Kante des Kais berührten, drehte er sich um und sprang zurück ins Boot.

„Er möchte segeln gehen", bemerkte einer der Gesellschaft, den wir ‚den Bos'n' nannten.

„Ihr könnt den Kater ruhig mitnehmen", sagte ein grauhaariger alter Fischer, der am Kai stand. „Er gehört niemanden, und wenn er hierbleibt, quälen die Jungs ihn noch zu Tode."

„Laßt ihn uns mit an Bord nehmen", sagten die Segler. „Es bringt Glück, wenn eine Katze an Bord eines Schiffs ist."

Es sei dahingestellt, ob es dem Schiff Glück brachte oder nicht. Klar war jedoch, daß das Kätzchen sein Glück erkannte und sich am Boden des Bootes zusammenrollte und mit einem Blick zu verstehen gab, daß es ihm ernst war. Offensichtlich hatte er die Sache gut durchdacht und war zu dem Schluß gekommen, daß wir die Art Menschen waren, mit denen er leben wollte; und da er ein Marblehead-Kater war, war es ihm egal, ob wir auf See oder an Land lebten; er würde dorthin gehen, wo wir hingingen, ob wir nun wollten oder nicht. Er hatte die Unterhaltung von seinem Versteck im Holzstoß aus gehört und beschlossen, seinen Beschützern seine Dankbarkeit damit zu zeigen, daß er mit uns auf See ging. Indem er sein Los mit uns teilen wollte, machte er uns das größte Kompliment, dessen eine Katze fähig ist. Es wäre der Gipfel der Unhöflichkeit gewesen, wenn wir seine entschiedene Dankbarkeit nicht anerkannt hätte. Also erlaubten wir ihm, im Boot zu bleiben, und nahmen ihn auf die Yacht mit.

Nach seinem Eintreffen dort hielten wir Kriegrat und beschlossen einstimmig, den Kater als Besatzungsmitglied aufzunehmen; und da wir alle Amateursegler waren, mit unserem eigenen Boot segelten und jeder von uns spezielle Pflichten übernommen hatte, entschieden wir, den Kater zum Mittschiffsmann zu machen und ihn nach seinem Rang zu benennen. So wurde er sofort und für alle Zeit ‚Middy' genannt. Alle interessierten sich sehr für ihn, und er interessierte sich ganz unparteiisch für jeden von uns – obwohl es zwei Menschen an Bord gab, denen gegenüber er besonders freundlich war. Der eine war der ruhige, freundliche Professor, der Kapitän der *Eyvor,* und der andere war Charlie, der Koch, den wir engagiert hatten. Also hatte er mit dem wahren Instinkt eines Seemanns die beiden wichtigsten Menschen erkannt, mit denen er sich in seinem eigenen Interesse gut stellen mußte.

Middy lebte sich überraschend schnell ein. Er verhielt sich, als wäre er schon immer auf See gewesen. Er wurde nie seekrank, auch wenn die See noch so rauh war oder wir anderen uns noch so schlecht fühlten. Er wanderte nach Lust und Laune über das ganze Boot. Zu den Mahlzeiten kam er wie alle anderen mit an den Tisch, saß auf einer Reisetasche, schlabberte seine Milch und nahm die Häppchen entgegen, die man ihm gab, als hätte er sich sein ganzes Leben lang so ernährt. Wenn die Segel gehißt wurden, machte es ihm besonders viel Spaß, auf das Gaffelsegel zu springen und sich mit hochziehen zu lassen; und einmal blieb er auf seinem Platz, bis das Segel ganz aufgezogen war. Einer von uns mußte hinaufklettern und ihn herunterholen. Wenn wir vor Anker gingen und alles für die Nacht bereit war, kam er an Deck und sauste hinaus auf den Hauptbaum, flitzte so schnell er nur konnte von dort zum Ende des Bugspriets, kletterte dann in Affenmanier halb die Masten hoch und sprang zurück aufs Deck oder hinunter in die Kajüte und tobte zwischen den Kojen herum.

Als wir eines Tages bei angenehmem Südwestwind so dahinzuckelten und alle nach dem Essen herumhingen und dösten, hörten wir, daß der Bos'n ausrief: „Hör auf, Bürschchen!" und einen Augenblick später: „Verzieh dich, sage ich! Oder ich mach dir Beine!"

Wir öffneten unsere müden Augen, um zu sehen, was los war. Der Bos'n saß unten in der Kajüte dicht neben der Kajütstreppe und der Troddel seiner Strickmütze berührte fast das Tau an der Luke; draußen an Deck saß Middy und grub seine Krallen in das verführerische Tau und griff gelegentlich so tief herab, daß er über die Kopfhaut des Bos'n kratzte.

Wenn es Nacht wurde und wir alle zu Bett gingen, machte Middy fast immer die Runde durch die Kojen, schaute nach, ob wir alle gut zugedeckt waren, und beendete schließlich seine Inspektion damit, daß er auf das Bett des Kapitäns sprang, sich ein bequemes Nest im Bettzeug zurechttrat und sich zum Schlafen zusammenrollte. Er selbst hatte die Koje des Kapitäns als den einzig angemessenen Platz für sich ausgewählt.

Doch Middys interessantester Charakterzug zeigte sich erst, als er ungefähr eine Woche an Bord war. Er überraschte uns sehr. Als wir in Camden Harbor lagen, gingen alle von Bord, um eine Wanderung in den Hügeln zu machen. Charlie kam auch mit, um das Boot zur Yacht zurückzurudern.

Middy stellte fest, daß man ihn irgendwie ‚zurückgelassen' hatte. Da er ein schnell entschlossener und sehr entschiedener Kater war, brauchte er nicht lange, um zu entscheiden, was zu tun war. Er rannte zur unteren Reling der Yacht, stützte seine Vorderpfoten darauf ab und sah uns mit einem langen, bangen Blick nach. Als das Boot dann abgestoßen wurde, gab er ein klägliches Miauen von sich. Wir winkten ihm zum Abschied zu und neckten ihn ein wenig, er solle vom Anker wegbleiben und das Abendessen bis zu unserer Rückkehr vorbereiten.

Das war zuviel für ihn. Blitzartig sprang er über Bord und schwamm wie ein Wasserspaniel hinter dem Dingi her!

Das war das Seltsamste, was wir je gesehen hatten! Wir kannten Elefanten, die schaukeln konnten, Pferde, die Kanonen abfeuerten, gelehrige Schweine und ausgebildete Hunde, doch eine Katze, die aus eigenem Antrieb eine Schwäche für Wasser hatte wie ein reinrassiger Neufundländer, überstieg alles, was wir bisher gehört hatten. Natürlich wurde das Boot angehalten und Middy an Bord genommen, der zwar durchnäßt war und zitterte, aber trotzdem absolut glücklich, wieder bei der Besatzung sein zu können. Man hatte ihn ignoriert und gekränkt, doch er hatte seine Rechte verteidigt, und nachdem sie ihm zugestanden worden waren, war er wieder zufrieden.

Natürlich waren wir danach auf alles gefaßt, was von Middy kommen mochte. Und tatsächlich überraschte er uns immer mit seinem unerschrockenen und selbstsicheren Verhalten. Sein vielleicht größtes Kabinettstückchen lieferte er mit einem Besuch ab, den er einige Tage nach seiner Schwimmeinlage in Camden Harbor machte.

Vor der Mündung von Southwest Harbor gerieten wir in eine Flaute. Neben uns und vielleicht eine Kabellänge von uns entfernt, lag eine andere kleine

Yacht, ein Schoner aus Lynn. Als wir mit der Tide längsseits drifteten, merkten wir, daß Middy sehr unruhig wurde, und dann sahen wir, daß er an der Reling entlang lief und begierig zur anderen Yacht hinüberschaute. Was sah – oder roch – er dort drüben, was ihn interessierte? Essen konnte es nicht sein, denn sie kochten zu diesem Zeitpunkt nicht. Hatte er ein paar alte Freunde aus Marblehead erkannt? Vielleicht ein paar Katzenfreunde auf dem anderen Schiff? Ja, das war es! Sie spielten und tollten an Deck miteinander herum – zwei kleine Kätzchen! Middy hatte sie erspäht und wollte sie sich gern näher anschauen. Er lief auf dem Deck hin und her, miaute und schnüffelte in die Luft. Dann stellte er sich in seiner üblichen Ausguckstellung hin – mit den Vorderpfoten auf der Reling. Und ehe wir uns versahen, war er wieder über Bord gesprungen und schwamm, so schnell er konnte, zu dem anderen Boot hinüber! Dessen Besatzung war auf ihn aufmerksam geworden, und sobald er längsseits kam, nahmen sie ihn in Empfang. Ein Fender wurde heruntergelassen, und als Middy ihn sah, schwamm er hin, umfaßte ihn mit seinen Vorderpfoten, kletterte an ihm zum Schandeckel hoch und war im Nu über die Seite und an Deck, wo er sich den fremden Kätzchen vorstellte.

Wie sie ihn begrüßten, weiß ich nicht, denn zu diesem Zeitpunkt ging unser Boot längsseits, um den Ausreißer zurückzuholen. Und wir teilten die Meinung des Skippers der *Winnie L.*, der uns unseren mutigen Mittschiffsmann herüberreichte und dabei sagte: „Das übertrifft wirklich all meine Fischzüge!"

Ein oder zwei Tage später war Middy sehr ungehorsam, als wir morgens die Decks schrubbten. Er marschierte in der Nässe solange herum, bis seine Füße ganz durchweicht waren, und dann ging er hinunter und trocknete sie an dem weißen Bettzeug der Kojen ab. Da riß dem Kapitän der Geduldsfaden. Middy wurde nach achtern zitiert und nach heftiger Schelte ins Dingi gescheucht, das achtern befestigt war und nun bis zur vollen Länge der Fangleine von der Yacht abgestoßen wurde. Die Strafe war für Middy sehr hart, denn er konnte alles ertragen, nur nicht von seinen geliebten Schiffskameraden getrennt zu sein. Natürlich zerbrach er sich sofort seinen kleinen genialen Kopf darüber, wie er entkommen könnte. Direkt unter der Ausladung der Yacht und nur ungefähr zehn Zentimeter über dem Wasser entdeckte er ein kleines Stück des Ruders. Das reichte ihm schon. Er hielt sich nicht damit auf, darüber nachzudenken, ob er dort besser dran sein würde. Es war Teil der Yacht, und die war sein Zuhause. Also ging er über Bord, schwamm zum Ruder, krabbelte hinauf und fing jämmerlich an zu jaulen, damit man ihn wieder an Deck holte. Und da er ein verzogener und sehr verwöhnter Kater war, wurde er bald von dieser Stange gerettet und wieder in Gnaden aufgenommen.

Ich vermute, daß ich Ihre Gutgläubigkeit überstrapazieren werde, wenn ich Ihnen noch viel von Middys Taten erzähle. Doch er war wirklich ein seltsamer Kater, und Sie können ganz beruhigt sein, denn Ähnliches werden Sie so schnell nicht wieder zu hören bekommen. Der Kapitän hielt viel von Schießübungen, und er ging gern an Land, um dort auf ein Ziel zu schießen. Bei einem seiner Ausflüge erlaubte er Middy, ihn zu begleiten, einfach nur deshalb, wie ich vermute, weil Middy beschlossen hatte, dem Kapitän zu folgen, als dieser an Bord des Dingis ging. Sobald sie an Land waren, suchte sich der Meisterschütze einen schönen langen Felsen als Ablage für sein Gewehr aus und eröffnete das Feuer auf sein Ziel. Bei den ersten ein, zwei Schüssen war Middy ein wenig überrascht, machte allerdings keine Anstalten, fortzurennen. Nach den ersten paar Runden schien er jedoch zu der Überzeugung gekommen zu sein, daß es richtig und in Ordnung sein mußte, daß der Kapitän all diesen Radau machte, und daß das nichts war, worüber sich eine Katze den Kopf zerbrechen mußte. Um zu zeigen, daß er vollstes Vertrauen zu dem Urteilsvermögen und den guten Absichten des Kapitäns hatte, legte sich dieser unerschütterliche Kater ruhig nieder, rollte sich zusammen und schlief im Schatten des Felsens ein, auf dem das Gewehr des Kapitäns ungefähr alle zwei Minuten aufloderte und krachte. Wenn Sie jemals eine kühlere und selbstbeherrschtere Katze gekannt haben sollten, würde ich gern Näheres über sie erfahren.

Ich wünschte, daß sich diese Chronik nur mit den mutigen und nervenstarken Großtaten unseres Schiffskameraden befassen würde. Doch leider war er nicht immer tadellos in seinem Benehmen. Wenn er hungrig war, konnte er leicht seine Stellung als Mittschiffsmann vergessen und sich wie jede andere Katze mit leerem Magen verhalten. Oder vielleicht hat er ja auch das getan, was jeder andere hungrige Mittschiffsmann unter diesen Umständen getan hätte. Da ich nicht genau weiß, was ein Mittschiffsmann unter allen Umständen macht, kann ich das nicht sagen. Doch hier folgt eine dieser Großtaten eines kätzischen Mittschiffsmanns. Eines Nachmittags auf der Heimfahrt mühten wir uns mit Gegenwind und gegenläufiger See nach Wood Island ab, einem sicheren Hafen für viele kleine Yachten zwischen Portland und den Untiefen. Der Wind war leicht, und wir waren für die Einfahrt in den Hafen ein wenig spät dran. Doch da wir alle der Meinung waren, daß es angenehmer wäre, das Abendessen zu verschieben, bis wir vor Anker lagen, wurde der Koch gebeten, das Essen warmzuhalten und den Tisch erst zu decken, wenn wir im Hafen waren. Als Hauptgericht gab es an diesem Tag ein schönes Stück Bratfisch, und leider war es fast gar, als wir die Anweisung gaben, mit dem Essen zu warten. So schloß er also die Abzugsöffnungen seines kleinen Herds, öffnete die Backofentür und ging zu seiner Koje, um ein Nickerchen zu machen – was jeder gute Segler zu allen möglichen und unmöglichen Zeiten tut. Denn bei einem Seefahrer kommt der Schlaf immer zu kurz, weil er nie weiß, wann er keinen Schlaf bekommt und wie lange er keinen bekommt. Also tut er gut daran, sich einen Vorrat anzulegen, wann immer er kann.

Anscheinend hatte Middy Wache gehalten, und als er sah, daß Charlie eingeschlafen war, ging er los, um sich ein kleines vorzeitiges Abendessen zu sichern. Er muß sich offenbar gesagt haben, daß es sehr unsicher war, wann er sein Abendessen bekäme, und daß es besser war, sich sein Essen selbst zu besorgen, solange er noch konnte. Heimlich schlüpfte er zum Herd, stieg zum Backofen hinauf und begann, sich am gebratenen Schellfisch zu bedienen.

Er muß über sein Ziel hinausgeschossen sein oder sich irgendwie vertan haben, doch zu unser aller Glück wachte der Koch auf. Als erstes sahen wir, daß Middy die Kajütstreppe hinaufgeflogen kam, verfolgt von einer Salve Schuhen, Löffeln und Kohlenstücken. Und Charlie, der bei Aufregung über eine sehr ungehörige Sprache verfügte, hörten wir gleichzeitig die drastischsten Worte schreien für ‚diese diebische Katze!'

„Was ist los?" riefen wir alle sofort.

„Genug, Sir!" knurrte Charlie. „Dieser kleine Kater hat den halben Fisch aufgegessen! Nur mit Glück werden Sie heute etwas zum Abendessen bekommen, Sir!"

Sie können sicher sein, daß Middy eine ordentliche Standpauke für diese List bekam, doch ich fürchte, daß der Kapitän vergaß, seine Drohung wahrzumachen, ihm die Mahlzeiten zu streichen. Dazu war er viel zu gutherzig.

Schon am nächsten Abend verblüffte Middy uns mit einer weiteren Demonstration seiner Kaltblütigkeit und seines Mutes. Nach einer mühsamen windwärtigen Tour unter einer unerträglich leichten Brise landeten wir im Windschatten bei Cape Neddick, wo wir den Anker für die Nacht auswarfen. Da sich unser Wasservorrat arg verringert hatte, ruderten zwei von uns nach Sonnenuntergang an Land, um unser Wasserfäßchen wieder aufzufüllen, und mit Sondererlaubnis durfte Middy mitgehen.

Es dauerte einige Zeit, bis ein Brunnen gefunden war, und als die Kannen gefüllt waren, war es schon recht dunkel geworden. Als das Boot für die Rückfahrt zur Yacht zu Wasser gelassen wurde, erfaßt es unglücklicherweise ein Brecher, der es zurück auf den Strand warf. Dort schlug es über und kippte die Jungen und ihre kostbare Fracht um. In dem momentanen Durcheinander und der Eile, alles wieder zu richten, wurde Middy total vergessen, und als das Boot erneut zu Wasser gelassen wurde, dachte niemand daran, den Kater zu suchen. Diesmal ging alles gut, und ein paar Minuten später kam die Yacht in der Dämmerung in Sicht. Dann fiel jemandem Middy ein! Er war nirgends zu sehen. Keiner der Männer erinnerte sich daran, was nach dem Kentern des Bootes mit ihm geschehen war. Bestürzung füllte die Herzen dieser unglücklichen Wichte. Middy zu verlieren kam fast dem Verlust eines Besatzungsmitglieds gleich.

Doch es war mittlerweile zu spät und zu dunkel, um noch einmal zurückzukehren und eine weitere Landung am Strand zu riskieren. Also blieb nichts anderes übrig, als den armen Middy seinem Schicksal zu überlassen und ihn erst am nächsten Morgen zu suchen.

Doch als der Bug des Bootes gegen den Fender am Achterschiff stieß, kam unter den Segelleinen im Heck ein nasser, verdreckter und zitternder Kater hervor, der an Bord der Yacht sprang und hinunter in die warme Kajüte eilte. Nach dem nassen Abenteuer in der Brandung hatte Middy sich um sich selbst gekümmert und sich aus dem nassen Grab gerettet, war an Bord des Bootes gegangen, sobald es fertig war, und hatte sich in die wärmste Ecke verkrochen. Und das alles ohne einen einzigen Muckser und ohne jemanden um Hilfe zu bitten. Sein Selbstvertrauen und sein Mut waren enorm.

Nun ging der schöne Monat unserer Segeltour zu Ende, und es wurde die Frage aufgeworfen, was aus Middy werden sollte. Wir konnten uns nicht vorstellen, ihn einfach der kalten Welt preiszugeben, obwohl wir sicher waren, daß ein so gescheiter und mutiger Kater sich schon irgendwie durchschlagen würde. Doch wir wollten über sein Geschick wachen und ihn vielleicht bei unserem nächsten Segelturn mitnehmen, wenn er bis dahin ein etwas gesetzteres und würdevolleres Tier geworden war. Schließlich beschlossen wir, daß er den Winter über bei der Künstlerin Miss Susan H., einer Freundin von einem von uns, unterbracht werden sollte. Sie wünschte sich eine Atelierkatze und würde sich darüber freuen, einen so perfekten und weitgereisten Kerl wie Middy zu bekommen. Als die Yacht dann an dem kleinen Kai von Annisquam sicher vertäut war, wo sie immer ihre Seereisen beendete, und wir alles gepackt hatten und für die Fahrt nach Boston bereit waren, wurde Middy in einen Korb gesetzt und zum Zug mitgenommen. Er nahm den Arrest mit dem selben Gleichmut hin, der auch sein Zusammenleben mit uns bestimmt hatte, obwohl ich glaube, daß unser Mangel an Vertrauen ihn doch etwas verletzte. Ehrlich gesagt, schämten wir uns auch ein wenig über uns, und als wir im Waggon saßen, schlug jemand vor, ihn aus seinem Gefängnis zu befreien, einfach um zu sehen, wie er sich verhalten würde. Wir hätten wissen müssen, daß er sich selbst Ehre machen würde. Denn nachdem er sich umgesehen, über die Rückenlehne hinweg die Mitfahrer auf dem Sitz dahinter betrachtet, den Zugbegleiter gemustert und den Rest der Gesellschaft gezählt hatte, um sicherzustellen, daß niemand fehlte, kuschelte Middy sich auf den Sitz, legte den Kopf auf das Knie des Kapitäns und schlief auf der ganzen Fahrt nach Boston.

Das war das letzte Mal, daß ich Middy sah. Er wurde zu seinem neuen Heim in der Boylston Street gebracht, wo er einige sehr gute Monate verbrachte und viele Freunde durch sein angenehmes Wesen und seine Gelassenheit gewann. Ich vermute jedoch, daß er sich in Boston ein bißchen langweilte. Er fühlte sich in dieser ästhetischen Umgebung nicht ganz heimisch. Ich war immer der Meinung gewesen, daß er sich nach der Freiheit des Seemannslebens sehnte. Bei Ostwind saß er gern am offenen Fenster und träumte von weit entfernten Orten. Eines Tages war er verschwunden. Und niemals wurde auch nur eine Spur von ihm gefunden. Sehr viele Dinge können ihm passiert sein. Doch ich hatte immer das Gefühl, daß er einfach zum Kai, den Schiffen und den Seeleuten hinuntergelaufen ist, nach seinen alten Freunden gesucht und überall nach der stabilen kleinen *Eyvor* Ausschau gehalten hat. Und da er sie nicht gefunden hat, bin ich sicher, daß er auf irgendeinem ostindischen Schiff angeheuert hat und nun als Bootskatze auf hoher See unterwegs ist.

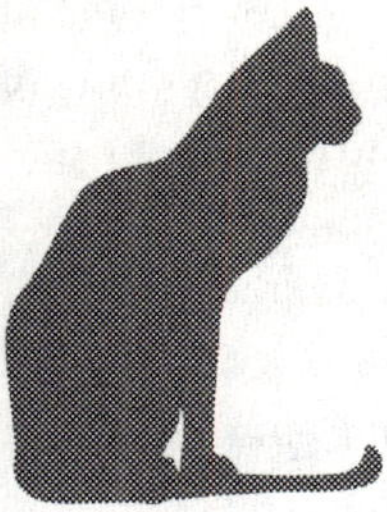

Websters Geschichte

P. G. Wodehouse

„Katzen sind keine Hunde!"

Es gibt nur einen Ort, an dem man solch schöne Sachen zu hören bekommt, die recht beiläufig in die Unterhaltung eingestreut werden – nämlich in der Gaststube des ‚Angler's Rest'. Als wir dort um das Kaminfeuer herumsaßen, machte ein nachdenkliches Glas Bier die eben erwähnte Bemerkung.

Obwohl das Gespräch sich bis zu diesem Punkt um Einsteins Relativitätstheorie gedreht hatte, waren wir doch gern bereit, uns auf das neue Thema einzustellen. Die regelmäßige Teilnahme an den nächtlichen Sitzungen, denen Mr. Mulliner mit solch unfehlbarer Würde und Freundlichkeit vorsaß, förderte die geistige Regsamkeit. Ich habe es in unserem kleinen Zirkel schon erlebt, daß eine Diskussion über das Endziel der Seele innerhalb von vierzig Sekunden von einer Debatte über die beste Methode zur Feuchterhaltung von Schinkenspeck abgelöst wurde.

„Katzen", fuhr das Glas Bier fort, „sind selbstsüchtig. Ein Mensch bedient eine Katze wochenlang von vorne bis hinten und läßt ihr jede Marotte durchgehen, und dann verläßt sie ihn glatt, weil sie unten an der Straße einen anderen Platz gefunden hat, wo es häufiger Fisch gibt."

„Was mich an Katzen stört", sagte ein Lemon Sour mit so viel Gefühl wie jemand, der über einen persönlichen Kummer nachgrübelt, „ist ihre Unzuverlässigkeit. Ihnen fehlt die Aufrichtigkeit, und sie sind keine anständigen Kerle. Du bekommst deine Katze, und du nennst sie Thomas oder George, wie auch immer. So weit, so gut. Dann wachst du eines Tages auf und findest sechs kleine Kätzchen in der Hutschachtel, und dann mußt du ganz von vorne anfangen und die Sache aus einem völlig anderen Blickwinkel betrachten."

„Wollen Sie wissen, was das Elend bei Katzen ist?" fragte ein rotgesichtiger Mann mit glasigen Augen, der seinen vierten Whisky tischklopfend bestellt hatte, „Sie sind taktlos. Das ist das Ärgerliche an ihnen. Ich erinnere mich daran, daß ein Freund von mir eine Katze hatte. Er hat diese Katze ziemlich verhätschelt, ja wirklich. Und was passierte? Was kam dabei heraus? Eines Nachts kam er spät nach Hause und tastete mit dem Schraubendreher nach dem Schlüsselloch, und, ob Sie es glauben oder nicht, seine Katze hat sich ausgerechnet diesen Moment ausgesucht, um von einem Baum auf seinen Nacken zu springen. Keinen Takt."

Mr. Mulliner schüttelte den Kopf.

„Ich räume das alles ein", sagte er, „doch bin ich noch immer der Meinung, daß Sie der Sache nicht auf den Grund gegangen sind. Der wirkliche Widerwille gegen die meisten Katzen entsteht aufgrund ihres unerträglich überheblichen Gehabes. Die Gattung Katze hat niemals ganz die Arroganz überwunden, die sich darauf gründet, daß die alten Ägypter sie als Gottheit verehrten. Das macht sie allzu anfällig dafür, sich selbst zum Kritiker und Zensor der schwachen und irrenden Menschen aufzuschwingen, dessen Schicksal sie teilen. Sie starren tadelnd. Sie sehen beunruhigt aus. Das hat auf einen sensiblen Menschen oft die schlimmsten Auswirkungen und kann zu schwersten Minderwertigkeitskomplexen führen. Es ist seltsam, daß die Unterhaltung diese Wendung genommen hat", sagte Mr. Mulliner und schlürfte seinen heißen Scotch mit Zitrone, „weil ich ausgerechnet heute nachmittag an die seltsame Sache mit Lancelot, dem Sohn meines Cousins Edward, denken mußte."

„Ich kannte eine Katze ..." begann ein kleiner Baß.

Lancelot, der Sohn meines Cousins Edward, (sagte Mr. Mullimer) war zu der Zeit, von der ich spreche, ein attraktiver junger Mann von ungefähr fünfundzwanzig Lenzen. Da er früh verwaist war, wurde er im Haus seines Onkels Theodore, dem frommen Dekan von Bolsover, großgezogen. Und es war ein großer Schock für den guten Mann, als Lancelot bei Erreichen seiner Volljährigkeit ihm von London aus schrieb, daß er sich ein Atelier in der Bott Street in Chelsea genommen habe und beabsichtige, in der Hauptstadt zu bleiben und Künstler zu werden.

Der Dean hatte keine hohe Meinung von Künstlern. Als prominentes Mitglied des Bolsover Ordnungsdienstes hatte er kurz zuvor die unangenehme Pflicht gehabt, bei der privaten Vorführung des monumentalsten Monumentalfilms *Die Farben der Leidenschaft* anwesend zu sein. Und er beantwortete seines Neffen Mitteilung mit einem erregten Brief, in dem er seinen großen Schmerz über die Vorstellung hervorhob, daß jemand von seinem Fleisch und Blut ganz bewußt eine Karriere beginnen sollte, die ihn unvermeidlich früher oder später dazu bringen würde, auf Divanen liegende, halbnackte russische Prinzessinnen zu malen, die die Arme um zahme Jaguare schlängen. Er drängte Lancelot dazu, heimzukehren und Vikar zu werden, solange noch Zeit dazu sei.

Doch Lancelot war standhaft. Er bedauerte den Riß, der sich zwischen ihm und einem Verwandten, den er immer respektiert hatte, aufgetan hatte, doch er war am Boden zerstört, daß man von ihm erwartete, in ein Milieu zurückzukehren, in dem seine Persönlichkeit erstickt und seine Seele in Ketten gelegt würde. In den folgenden vier Jahren herrschte Stillschweigen zwischen Onkel und Neffe.

Während dieser Jahre machte Lancelot Fortschritte in seinem gewählten Beruf. Zu der Zeit, als diese Geschichte beginnt, schienen seine Aussichten hervorragend zu sein. Er malte das Portrait von Brenda, der einzigen Tochter von Mr. und Mrs. B. B. Carberry-Pirbright, aus 11 Maxton Square, Süd-Kensington, was ihm dreißig Pfund bei Ablieferung einbringen sollte. Er hatte gelernt, Eier und Speck zu braten. Er beherrschte praktisch die Ukulele. Und außerdem war er verlobt mit einer furchtlosen jungen, im Vers Libre schreibenden Dichterin mit Namen Gladys Bingley, die besser bekannt war als The Sweet Singer of Garbidge Mews, Fulham – ein charmantes Mädchen, das wie eine Schriftstellerin aussah.

Für Lancelot schien das Leben sehr reich und schön zu sein. Er lebte fröhlich in der Gegenwart und verschwendete keinen Gedanken an die Vergangenheit.

Wie wahr ist es jedoch, daß die Vergangenheit unlösbar mit der Gegenwart verknüpft ist und wir nie wissen können, wann sie uns eine Bombe mit Verzögerungszünder vor die Füße wirft. Als er eines Nachmittags ein paar Korrekturen an dem Portrait von Brenda Carberry-Pirbright vornahm, trat seine Verlobte ein.

Er hatte ihren Besuch erwartet, denn sie wollte zu einem dreiwöchigen Ferienaufenthalt nach Südfrankreich fahren und hatte versprochen, auf dem Weg zum Bahnhof bei ihm vorbeizuschauen. Er legte den Pinsel ab, sah sie mit sehnsüchtiger Liebe an und dachte zum tausendsten Mal, wie sehr er jeden Tintenklecks auf ihrer Nase anbetete. Wie sie da in der Tür stand, mit einem

Bubikopf, dessen Haare ihr wie bei einer Vogelscheuche in alle Richtungen abstanden, war sie ein Anblick, der ihm tief zu Herzen ging.

„Hallo, Schlange!" sagte er liebevoll.

„Was denn, Wurm!" erwiderte Gladys mit mädchenhafter Hingabe in ihrem Blick hinter dem Monokel, das sie im linken Auge trug. „Ich kann nur eine halbe Stunde bleiben."

„Oh, nun, eine halbe Stunde geht schnell vorbei", sagte Lancelot. „Was hast du denn da?" „Einen Brief, Esel. Was hast du denn gedacht?" „Wo hast du ihn her?" „Ich traf den Briefträger draußen." Lancelot nahm den Brief entgegen und betrachtete ihn. „Mensch!" sagte er. „Was ist los?" „Er ist von meinem Onkel Theodore." „Ich wußte nicht, daß du einen Onkel Theodore hast." „Natürlich habe ich den. Schon seit Jahren." „Was schreibt er denn?" „Wenn du freundlicherweise zwei Sekunden still bist, wenn du das überhaupt schaffst", sagte Lancelot, „werde ich es dir sagen." Und mit der klaren und herrlich modulierten Stimme aller Mulliners, wie weit sie auch immer vom Hauptstammbaum entfernt sein mochten, las er das Folgende vor:

Dekanat, Bolsover, Wilts.

Mein lieber Lancelot,

Wie Du sicher längst aus deiner Church Times erfahren hast, hat man mir das unbesetzte Bistum in Bongo-Bongo, Westafrika, angeboten, was ich auch angenommen habe. Ich segele sofort ab, um mein neues Amt anzutreten, das hoffentlich segensreich sein wird.

Unter diesen Umständen muß ich eine gutes Heim für meinen Kater Webster finden. Leider steht es außer Frage, daß er mich begleitet, weil die Unbilden der Witterung und der Mangel an Komfort mit Sicherheit schnell eine Konstitution zerstören würde, die nie besonders robust war.

Ich lasse ihn daher in einem mit Stroh gefütterten Korb in dem Vertrauen zu Dir bringen, mein lieber Junge, daß Du Dich seiner als freundlicher und gewissenhafter Gastgeber annehmen wirst.

Mit herzlichen guten Wünschen

Dein Dich liebender Onkel

THEODORE BONGO-BONGO

Nachdem er diese Mitteilung vorgelesen hatte, breitete sich einen Moment lang nachdenkliche Stille im Atelier aus. Schließlich sprach Gladys.

„Ach du meine Güte!" sagte sie. „Das würde ich nicht tun."

„Warum nicht?"

„Was willst du denn mit einer Katze?"

Lancelot überlegte.

„Ja", sagte er, „wenn ich es entscheiden könnte, wäre es mir auch lieber, wenn sich mein Atelier nicht in eine Katzenkiste verwandeln würde. Doch denk mal an die besonderen Umstände. Die Beziehung zwischen Onkel Theodore und mir war in den letzten paar Jahren ein bißchen angespannt. Eigentlich könnte man sagen, daß wir miteinander verkracht waren. Mir scheint, daß er wieder einlenken will. Ich würde diesen Brief eher als eine Art Ölzweig bezeichnen. Wenn ich diese Katze zufriedenstellend versorge, dann kann ich später sicher einen guten Schnitt machen."

„Ist der Kerl reich?" fragte Gladys interessiert.

„Sehr."

„Dann", sagte Gladys, „betrachte meine Einwände als zurückgenommen. Ein guter fetter Scheck von einem dankbaren Katzenfreund würde uns zweifellos sehr zupaß kommen. Dann könnten wir noch in diesem Jahr heiraten."

„Genau", sagte Lancelot. „Eine ganz schön blöde Aussicht, natürlich. Doch da wir uns das nun mal vorgenommen haben, ist es besser, es so schnell wie möglich hinter uns zu bringen, was?"

„Absolut."

„Dann ist das geregelt. Ich nehme die Katze in Gewahrsam."

„Das ist das einzige, was du tun kannst", meinte Gladys. „Kannst du mir in der Zwischenzeit einen Kamm leihen? Hast du so was in deinem Schlafzimmer?"

„Was willst du mit einem Kamm?"

„Ich habe beim Mittagessen Suppe in mein Haar bekommen. Es dauert nur eine Minute."

Sie eilte hinaus, und als Lancelot den Brief noch einmal zur Hand nahm, entdeckte er, daß er die Fortsetzung auf der Rückseite übersehen hatte.

Sie lautete wie folgt:

PS.: Für Websters Unterbringung bei Dir gibt es noch einen weiteren Grund außer meinem schlichten Wunsch, daß mein treuer Freund und Kamerad gut versorgt wird.

Sowohl vom moralischen als auch vom erzieherischen Standpunkt aus betrachtet, bin ich überzeugt davon, daß Websters Gesellschaft von unschätzbarem Wert für Dich sein wird. Sein Erscheinen bei Dir wird hoffentlich ein Wendepunkt in Deinem Leben sein. Da Du Dich ständig unter lockeren und amoralischen Bohemiens bewegst, wirst Du in dieser Katze ein Muster an aufrechtem Benehmen finden, das ganz einfach als ein Gegenmittel gegen den Giftbecher der Versuchung wirken muß, der Dir ohne Zweifel stündlich an die Lippen gepreßt wird.

PPS: Sahne nur mittags und Fisch nur dreimal in der Woche.

Er las diese Worte gerade zum zweiten Mal, als die Türklingel schrillte und er einen Mann mit einem Korb auf der Treppe vorfand. Ein leises Miauen aus dem Korb verriet seinen Inhalt, und Lancelot trug ihn ins Atelier und schnitt die Schnüre durch.

„Hi", schrie er auf dem Weg zur Tür.

„Was ist los?" kreischte seine Verlobte von oben.

„Die Katze ist da."

„Gut. Ich bin im Nu unten."

Lancelot kehrte ins Atelier zurück.

„Na, Webster!" sagte er vergnügt. „Wie geht's dem Kleinen?"

Die Katze antwortete nicht. Sie saß mit gesenktem Kopf da und erledigte die Wäsche und das Bürsten, die nach einer Bahnreise so dringend nötig sind.

Um sich die Toilette zu vereinfachen, hatte er das linke Bein angehoben und streckte es starr in die Luft. Und in diesem Augenblick zuckte ein alter Aberglaube durch Lancelots Kopf, der von einer der Schwestern im Waisenheim an ihn weitergegeben worden war. Wenn du, hatte diese Frau gesagt, dich an eine Katze anschleichst, deren Bein in der Luft hängt, daran ziehst und dir dabei etwas wünschst, dann wird dein Wunsch innerhalb von dreißig Tagen in Erfüllung gehen.

Das war eine hübsche Vorstellung, und Lancelot dachte, daß man die Theorie gut einmal überprüfen könnte. Er näherte sich daher vorsichtig und streckte schon die Finger zum Ziehen aus, als Webster das Bein senkte, sich umdrehte und den Blick hob.

Er sah Lancelot an. Und plötzlich wurde Lancelot entsetzt klar, welch unentschuldbare Freiheit er sich gerade hatte herausnehmen wollen.

Bis zu diesem Moment hatte Lancelot Mulliner trotz des Postskriptums im Brief seines Onkels, das ihn hätte warnen sollen, keine Ahnung, was für eine Katze er sich ins Haus genommen hatte. Jetzt sah er ihn zum ersten Mal in aller Ruhe genau an.

Webster war sehr groß, sehr schwarz und sehr gelassen. Er erweckte den Eindruck einer Katze von großer Zurückhaltung. Als Nachkomme einer langen Reihe von kirchlichen Vorfahren, die im Schatten von Kathedralen und auf den rückwärtigen Mauern von Bischofspalästen auf Freiersfüßen wandelten, hatte er diese erlesene Haltung, die man bei hohen kirchlichen Würdenträgern sehen kann. Seine Augen waren klar und ruhig und schienen bis in die tiefste Tiefe der Seele des jungen Mannes hinabzuschauen und ihn mit einem Schuldgefühl zu erfüllen.

Einmal, in seiner wilden Kindheit vor langen Jahren, hatte Lancelot die Sommerferien im Dekanat verbracht und sich von Ingwerbier und der Erbsünde dazu verleiten lassen, einem Domherrn mit seiner Luftpistole ins Bein zu schießen – um dann im Wegdrehen zu entdecken, daß ein zu Besuch weilender Archidiakon den gesamten Vorfall hinter ihm stehend mitangesehen hatte. So wie er sich damals fühlte, als er den Blick des Archidiakons erwiderte, so fühlte er sich jetzt, als Websters Blick ihn schweigend musterte.

Allerdings hatte Webster nicht die Augenbrauen hochgezogen. Doch Lancelot glaubte, daß er dies auch nur deshalb nicht tat, weil er keine Brauen besaß.

Er wich errötend zurück. „Entschuldigung!" murmelte er.

Es entstand eine Pause. Webster behielt seinen forschenden Blick bei. Lancelot schob sich in Richtung Tür.

„Äh ... entschuldige mich bitte ... nur einen Moment ...", raunte er. Und dann schlich er sich aus dem Raum und rannte verwirrt nach oben.

„Hör mal", sagte Lancelot.

„Was denn?" fragte Gladys.

„Brauchst du den Spiegel noch?"

„Warum?"

„Nun, ich ... äh ... ich dachte", sagte Lancelot, „daß ich mich rasieren könnte."

Das Mädchen sah ihn erstaunt an.

„Rasieren? Du hast dich doch erst vorgestern rasiert."

„Ich weiß. Aber trotzdem ... ich wollte sagen, daß es einfach höflich ist. Der Katze gegenüber, meine ich."

„Was ist mit ihr?"

„Er scheint es irgendwie zu erwarten. Hat natürlich nichts gesagt, aber man kann es seinem Verhalten ansehen. Ich dachte, ich rasiere mich schnell und zieh mir dann meinen blauen Serge-Anzug an ..."

„Er hat wahrscheinlich Durst. Warum gibst du ihm nicht etwas Milch?"

„Glaubst du, daß man das sollte?" sagte Lancelot unschlüssig. „Ich meine, ich kenne ihn doch noch nicht gut genug." Er hielt inne. „Hör mal, altes Mädchen", fuhr er mit einem Hauch von Zögern fort.

„Hallo?"

„Ich weiß, daß du nichts dagegen haben wirst, wenn ich dir sage, daß du ein paar Tintenflecke auf der Nase hast."

„Natürlich habe ich die. Ich habe immer Tintenflecke auf der Nase."

„Nun ... meinst du nicht ... ein schnelles Waschen mit ein wenig Bimsstein ... ich wollte sagen, du weißt doch, wie wichtig der erste Eindruck ist ..."

Das Mädchen starrte ihn an.

„Lancelot Mulliner", sagte sie, „wenn du glaubst, daß ich mir die Nase bis auf die Knochen enthäute, nur um einer räudigen Katze zu gefallen ..."

„Scht!" schrie Lancelot entsetzt.

„Komm, laß mich hinuntergehen und ihn anschauen", sagte Gladys gereizt.

Als sie das Atelier wieder betraten, betrachtete Webster mit ruhigem Abscheu eine Illustration aus *La Vie Parisienne,* die eine der Wände zierte. Lancelot riß sie hastig herunter.

Gladys schaute Webster unfreundlich an.

„Das also ist der Mistkerl!"

„Scht!"

„Wenn du mich fragst", sagte Gladys, „dann hat diese Katze viel zu üppig gelebt. Es ist ihm verflixt noch mal zu gut gegangen. Du solltest seine Mahlzeiten ein wenig kürzen."

Im wesentlichen war ihre Kritik nicht unbegründet. Webster war sicherlich mehr als nur ein wenig korpulent. Er hatte diese Ausstrahlung von stattlichem Wohlergehen, die wir mit jenen verbinden, die in der Zurückgezogenheit von Kathedralen leben. Doch Lancelot wand sich unbehaglich. Er hatte so gehofft, daß Gladys einen guten Eindruck machen würde, und nun sagte sie gleich etwas dermaßen Taktloses.

Er hätte Webster gern erklärt, daß das nun mal ihre Art war und daß sie in Bohemien-Kreisen als Paradiesvogel anerkannt und sogar beliebt war. Doch es war zu spät. Das Unglück war geschehen. Webster drehte sich in pointierter Art weg und zog sich still hinter das Sofa zurück.

Gladys bemerkte all das nicht, denn sie war im Gehen.

„Also, Stöpsel", sagte sie locker. „Bis in drei Wochen. Ich vermute, daß du und diese Katze herumsumpfen werdet, sobald ich den Rücken gedreht habe."

„Bitte! Bitte!" stöhnte Lancelot. „Bitte!"

Er hatte die Spitze des schwarzen Schwanzes entdeckt, die hinter dem Sofa hervorschaute. Sie zuckte leicht, und Lancelot konnte das sofort verstehen. Mit einem widerlich entsetzten Gefühl wußte er, daß Webster sich schon ein vorschnelles Urteil über seine Verlobte gebildet und sie als frivol und unwürdig eingestuft hatte.

Ungefähr zehn Tage später traf Bernard Worple, der neovortizistische Bildhauer, der bei Puce Ptarmigan speiste, zufällig Rodney Scollop, den mächtigen jungen Surrealisten. Nachdem sie eine Weile über ihre Kunst gesprochen hatten, fragte Worple: „Was ist eigentlich an dem dran, was ich über Lancelot Mulliner gehört habe. Eine wilde Geschichte macht die Runde, daß man ihn mitten in der Woche rasiert gesehen hat. Das stimmt doch nicht, oder?"

Scollop schaute ernst drein. Er hatte selbst gerade Lancelot erwähnen wollen, weil er den Jungen liebte und tief besorgt um ihn war.

„Das ist wirklich wahr", sagte er.

„Es klingt unglaublich."

Scollop beugte sich vor, sein feines Gesicht sorgenvoll.

„Soll ich dir etwas sagen, Worple?"

„Bitte?"

„Ich weiß ganz genau", sagte Scollop, „daß Lancelot Mulliner sich jetzt sogar jeden Morgen rasiert."

Worple schob die Spaghetti beiseite, mit denen er behängt war, und starrte seinen Gefährten durch eine Lücke an. „Jeden Morgen?"

„Jeden neuen Morgen. Als ich ihn neulich besucht habe, trug er einen ordentlichen blauen Serge-Anzug und war perfekt rasiert. Und noch dazu hatte ich den deutlichen Eindruck, daß er anschließend auch noch Talkumpuder benutzt hatte."

„Das ist nicht dein Ernst!"

„Doch. Und ich werde dir noch etwas sagen. Ein Buch lag aufgeschlagen auf dem Tisch. Er versuchte es zu verstecken, doch er war nicht schnell genug. Es was ein Benimm-Buch!"

„Ein Benimm-Buch!"

„*Höfliches Benehmen* von Lady Constance Bodbank."

Worple zog eine verirrte Spaghetti-Ranke von seinem Ohr herunter. Er war tief bewegt. Er liebte Lancelot genauso wie Scollop.

„Demnächst zieht er sich noch zum Dinner um!" rief er aus.

„Ich habe Grund zu glauben", sagte Scollop ernst, „daß er dies bereits tut. Jedenfalls wurde ein Mann, der ihm sehr ähnelte, dabei gesehen, wie er heimlich bei Hope Brothers in der King's Road am vergangenen Dienstag drei steife Kragen und eine schwarze Krawatte kaufte."

Worple stieß seinen Stuhl zurück und stand auf. Sein Verhalten war sehr bestimmt.

„Scollop", sagte er, „du und ich sind Mulliners Freunde. Nach allem, was du mir erzählt hast, ist klar, daß da subversive Kräfte am Werk sind und er nie zuvor unsere Freundschaft nötiger hatte. Sollten wir ihn nicht sofort besuchen gehen?"

„Das wollte ich auch gerade vorschlagen", sagte Rodney Scollop.

Zwanzig Minuten später waren sie in Lancelots Atelier, und mit bedeutsamem Blick machte Scollop seinen Freund auf das Aussehen ihres Gastgebers aufmerksam. Lancelot Mulliner war hübsch und fast schon affig in blaues Serge gekleidet, mit Bügelfalten in den Hosenbeinen, und sein Kinn, bemerkte Worple schmerzlich, leuchtete glatt im Nachmittagslicht.

Als er die Zigarren seiner Freunde sah, zeigte Lancelot unmißverständliche Betroffenheit.

„Es macht euch doch nichts aus, sie wegzuwerfen", bat er.

Rodney Scollop richtete sich ein wenig hochnäsig auf.

„Und seit wann", fragte er, „ist die beste Vier-Penny-Zigarre von Chelsea nicht mehr gut genug für dich?"

Lancelot beeilte sich, ihn zu beruhigen.

„Um mich geht es gar nicht", rief er aus. „Es geht um Webster. Meine Katze. Ich weiß, daß er etwas gegen Tabakrauch hat. Aus Höflichkeit ihm gegenüber mußte ich meine Pfeife aufgeben."

Bernard Worple schnaubte verächtlich.

„Du willst uns doch nicht sagen", sagte er höhnisch, „daß Lancelot Mulliner sich von einer verdammten Katze Vorschriften machen läßt?"

„Pscht!" schrie Lancelot zitternd. „Wenn ihr wüßtet, wie sehr er Kraftausdrücke verabscheut!"

„Wo ist diese Katze?" fragte Rodney Scollop. „Ist das das Tier?" sagte er und deutete aus dem Fenster auf einen robust aussehenden Kater mit zerfetzten Ohren, der im Hof stand und aus der Ecke seines Mauls heraus irgendwie abgebrüht miaute.

„Lieber Himmel, nein!" sagte Lancelot. „Das ist eine Straßenkatze, die von Zeit zu Zeit vorbeikommt und sich aus dem Mülleimer ernährt. Webster ist völlig anders. Webster hat eine natürliche Würde und ein zurückhaltendes Benehmen. Webster ist ein Kater, der stolz darauf ist, daß er immer gepflegt aussieht und dessen strenge Grundsätze und hohe Ideale wie Leuchtfeuer aus seinen Augen strahlen ..." Und dann änderte sich Lancelot Verhalten plötzlich, er brach ab und fügte mit leiser Stimme hinzu: „Verflucht ihn! Verflucht ihn! Verflucht ihn!"

Worple sah Scollop an. Scollop sah Worple an.

„Komm schon, Alter", sagte Scollop und legte die Hand sanft auf Lancelots gebeugte Schulter. „Wir sind deine Freunde. Vertrau uns."

„Erzähl uns alles", sagte Worple. „Was ist los?"

Lancelot stieß ein bitteres und freudloses Lachen aus.

„Ihr wollt wissen, was los ist? Dann hört zu. Ich stehe unter der Fuchtel einer Katze!"

„Unter der Fuchtel einer Katze?"

„Ihr habt doch schon von Männern gehört, die unter dem Pantoffel stehen", sagte Lancelot mit einem Hauch von Verwirrtheit. „Nun, und ich stehe sozusagen unter der Pfote einer Katze."

Und in abgehackter Sprache erzählte er seine Geschichte. Er gab einen Überblick über seine Beziehung zu Webster, seitdem dieser zum ersten Mal in sein Atelier gekommen war. Da er jetzt sicher war, daß das Tier nicht in Hörweite war, schüttete er ihnen rückhaltlos das Herz aus.

„Da ist etwas in den Augen des Tiers", sagte er mit zitternder Stimme. „Etwas Hypnotisches. Er verzaubert mich. Er sieht mich an und tadelt mich. Nach und nach und Stück für Stück degeneriere ich unter seinem Einfluß von einem gesunden Künstler, der etwas von sich hält, zu ... ach, ich weiß nicht, wie ihr das nennen wollt. Es reicht ja wohl, wenn ich gestehe, daß ich das Rauchen aufgegeben habe, keine Hausschuhe mehr trage, mit einem Kragen herumgehe und mir nicht mehr einfallen lasse, mein bescheidenes Abendessen zu mir zu nehmen, ohne mich vorher umgezogen zu haben und ...", er würgte, „... ich habe meine Ukulele verkauft."

„Das nicht!" sagte Worple und erblaßte.

„Doch", sagte Lancelot. „Ich hatte das Gefühl, daß er sie für frivol hielt."

Es entstand ein langes Schweigen.

„Mulliner", sagte Scollop, „das ist viel ernster, als ich vermutet hatte. Wir müssen über deinen Fall nachdenken."

„Vielleicht", sagte Worple, „läßt sich ja eine Lösung finden."

Lancelot schüttelte hoffnungslos den Kopf.

„Es gibt keine Lösung. Ich habe schon über jede Möglichkeit nachgedacht. Das einzige, was mich vielleicht aus dieser unerträglichen Knechtschaft befreien könnte, wäre, wenn ich die Katze einmal – nur einmal – dabei erwische, daß sie sich nicht unter Kontrolle hat. Wenn sie einmal – nur einmal – für einen einzigen Moment in meiner Gegenwart ihre strenge Würde verlöre, dann wäre der Bann gebrochen, glaube ich. Doch was ist das denn für eine Hoffnung?" schrie Lancelot leidenschaftlich heraus. „Ihr habt gerade auf die Straßenkatze im Hof gedeutet. Das ist ein Kater, der all seine Nerven angespannt und keine Mühe gescheut hat, um Websters unmenschliche Selbstkontrolle zu durchbrechen. Ich habe gehört, wie dieses Tier Dinge zu ihm gesagt hat, von denen man annehmen müßte, daß keine lebendige Katze sie auch nur eine Sekunde ertragen könnte. Und Webster sieht ihn nur an, wie ein Weihbischof einen sündigen Chorknaben anschauen würde, dreht den Kopf weg und fällt in einen erfrischenden Schlaf."

Er brach mit einem trockenen Schluchzer ab. Der Optimist Worple versuchte in seiner freundlichen Art, die Tragödie herunterzuspielen.

„Ach, ja", sagte er. „Das ist natürlich übel, doch ich vermute, daß es nicht wirklich schlimm ist, wenn man sich rasiert und zum Abendessen umzieht und so weiter. Viele große Künstler ... Whistler zum Beispiel ..."

„Halt!" schrie Lancelot. „Ihr habt das Schlimmste noch nicht gehört."

Er erhob sich fiebrig, ging zur Staffelei und enthüllte das Porträt von Brenda Carberry-Pirbright.

„Seht euch das an", sagte er, „und sagt mir, was ihr davon haltet."

Seine beiden Freunde betrachteten schweigend das Gesicht vor ihnen. Miss Carberry-Pirbright war eine affektierte, eisige junge Frau. Man suchte vergeblich nach den Gründen, die sie bewogen haben könnte, ihr Portrait malen zu lassen. Es wäre ganz entsetzlich, solch ein Bild im Haus zu haben.

Scollop brach das Schweigen.

„Eine Freundin von dir?"

„Ich kann ihren Anblick nicht ertragen", sagte Lancelot heftig.

„Dann", sagte Scollop, „darf ich ja offen sein. Ich halte sie für ein Ekel."

„Eine Blase", sagte Worple.

„Ein Furunkel und eine Krankheit", faßte Scollop zusammen.

Lancelot lachte trocken.

„Ihr habt sie aufs genaueste beschrieben. Sie verkörpert all das, was meiner Künstlerseele fremd ist. Sie geht mir auf die Nerven. Ich werde sie heiraten."

„Was!" schrie Scollop.

„Aber du heiratest doch Gladys Bingley", sagte Worple.

„Webster ist nicht dafür", sagte Lancelot bitter. „Bei ihrem ersten Treffen hat er Gladys taxiert und festgestellt, daß sie seiner Vorstellung nicht entspricht. Doch als er Brenda Carberry-Pirbright sah, hat er den Schwanz hoch erhoben, ein herzliches Gurgeln von sich gegeben und seinen Kopf an ihrem Bein gerieben. Dann hat er sich umgedreht und mich angeschaut. Ich konnte diesen Blick deuten. Ich wußte, was er dachte. Von diesem Augenblick an hat er alles getan, was in seinen Kräften stand, um diese Verbindung herbeizuführen."

„Aber Mulliner", sagte Worple wie immer darauf erpicht, das Gute zu betonen, „warum sollte dieses Mädchen einen elenden, armseligen und in Geldnöten steckenden Dummkopf wie dich heiraten? Nur Mut, Mulliner. Es ist nur eine Frage der Zeit, bis du sie zurückweist und ihrer überdrüssig wirst."

Lancelot schüttelte den Kopf.

„Nein", sagte er. „Du sprichst wie ein treuer Freund, Worple, doch du verstehst das nicht. Die alte Ma Carberry-Pirbright, die Mutter dieser jungen Frau, die sie bei den Sitzungen als Anstandsdame begleitet, hat schon sehr früh herausgefunden, daß ich mit Onkel Theodore verwandt bin, der ja, wie ihr wißt, haufenweise Geld hat. Sie weiß genau, daß ich eines Tages ein reicher Mann sein werde. Sie kennt meinen Onkel Theodore aus der Zeit, als er Vikar von St. Botolph in Knightsbridge war, und vom ersten Augenblick an legte sie mir gegenüber die abstoßende plumpe Vertraulichkeit einer alten Familienfreundin an den Tag. Sie hat immer wieder versucht, mich zu ihren zwanglosen Empfängen zu locken, zu ihren Sonntagsessen, ihren kleinen Abendessen. Einmal hat sie doch tatsächlich vorgeschlagen, daß ich sie und ihre scheußliche Tochter zur Royal Academy begleiten sollte."

Er lachte bitter. Lancelot Mulliners bissige Bemerkungen über die Royal Academy wurden von der Tite Street im Süden bis zum Holland Park im Norden und in östlicher Richtung bis Bloomsbury zitiert.

„Auf all diese Annäherungsversuche", faßte Lancelot zusammen, „habe ich nicht reagiert. Meine Haltung war von Anfang an von eisiger Zurückhaltung. Ich habe zwar nicht ausgesprochen, daß ich lieber im Straßengraben sterben würde, als an ihren zwanglosen Empfängen teilzunehmen, doch mein Verhalten hat das zu verstehen gegeben. Und ich hatte gerade gedacht, daß ich sie abgewürgt hätte, als Webster hereinplatzte und alles durcheinander brachte. Habt ihr eine Ahnung, wie oft ich in der letzten Woche in diesem infernalischen Haus gewesen bin? Fünfmal. Webster scheint das zu wollen. Ich sage euch, ich bin ein verlorener Mann."

Er vergrub das Gesicht in den Händen. Scollop berührte Worples Arm, und gemeinsam stahlen sie sich lautlos davon.

„Schlimm!" sagte Worple.

„Sehr schlimm", sagte Scollop.

„Es ist unvorstellbar."

„Oh, nein. Fälle wie diese sind, leider, gar nicht so ungewöhnlich bei Menschen wie Mulliner, die ein äußerst nervöses und überempfindliches künstlerisches Temperament besitzen. Ein Freund von mir, ein rhythmischer Innenarchitekt, erbot sich einmal übereilt, den Papagei seiner Tante in seinem Atelier aufzunehmen, als sie Freunde im Norden Englands besuchen fuhr. Sie war eine Frau mit strengen evangelischen Ansichten, die der Vogel von ihr übernommen hatte. Er hielt den Kopf auf besonderes Weise schief, machte ein Geräusch, als ob ein Korken aus einer Flasche gezogen wurde, und fragte meinen Freund, ob er gerettet sei. Um es kurz zu machen, ich besuchte ihn zufällig einen Monat später, und er hatte ein Harmonium in seinem Atelier aufgestellt und sang mit satter Tenorstimme alte und moderne Kirchenlieder, und der Papagei stand auf einem Bein auf seiner Stange und übernahm die Baßstimme. Eine sehr traurige Sache. Wir waren alle ganz entsetzt darüber."

Worple erschauerte.

„Du erschreckst mich, Scollop! Können wir denn gar nichts tun?"

Rodney Scollop überlegte einen Moment lang.

„Wir könnten Gladys Bingley per Telegramm bitten, sofort nach Hause zurückzukehren. Sie könnte vielleicht mit dem unglücklichen Mann vernünftig reden. Der sanfte Einfluß einer Frau ... Ja, das könnten wir tun. Schau doch auf dem Heimweg im Postamt vorbei, und schick Gladys ein Telegramm. Ich übernehme die Hälfte der Kosten."

In dem Studio, das sie verlassen hatten, starrte Lancelot stumm auf die schwarze Gestalt, die eben den Raum betrat. Er sah aus wie ein in die Enge getriebener Mann.

„Nein!" schrie er. „Nein! Ich werde das, verflixt noch mal, nicht tun!"

Webster sah ihn weiter an.

„Warum sollte ich?" fragte Lancelot schwach.

Websters Blick bewegte sich nicht.

„Ach, in Ordnung", sagte Lancelot verdrossen.

Er verließ den Raum mit bleiernen Schritten, ging nach oben, zog seine Besuchskleidung an und nahm einen Zylinder. Dann machte er sich mit einer Gardenie im Knopfloch auf den Weg zu 11 Maxton Square, wo Mrs. Carberry-Pirbright eine ihrer intimen kleinen Teegesellschaften gab (‚nur ein paar Freunde'), um Clara Throckmorton Stooge kennenzulernen, die Autorin von *A Strong Man's Kiss.*

Gladys Bingley aß in ihrem Hotel in Antibes zu Mittag, als Worples Telegramm sie erreichte. Es stürzte sie in größte Sorge.

Worum es genau ging, konnte sie nicht herausfinden, denn die Erregung hatte Bernard Worple ziemlich wirr schreiben lassen. Zeitweise kam es ihr vor, als sei Lancelot in einen schweren Unfall verwickelt worden; dann wieder schien es, als hätte er seinen Verstand in einem Maß verloren, daß rivalisierende Irrenhäuser sich eifrig darum bemühten, ihn für sich zu gewinnen; dann jedoch schien Worple anzudeuten, daß er mit der Katze zusammen einen Harem gründen wolle. Eines war jedoch klar. Ihr Liebster war in irgendwelchen Schwierigkeiten, und seine besten Freunde waren der übereinstimmenden Meinung, daß nur ihre sofortige Heimkehr ihn retten könne.

Gladys zögerte nicht. Innerhalb einer halben Stunde nach Erhalt des Telegramms hatte sie ihren Koffer gepackt, ein Stück Spargel von ihrer rechten Augenbraue entfernt und sich um eine Karte für den ersten Zug gen Norden bemüht.

Bei ihrer Ankunft in London wollte sie Lancelot sofort aufsuchen. Doch eine normale weibliche Neugierde drängte sie, sich erst mit Bernard Worple in Verbindung zu setzen, um etwas Licht in die eher abstrusen Passagen seines Telegramms zu bringen.

In seiner Eigenschaft als Autor mochte Worple vielleicht zur Unverständlichkeit neigen, doch wenn er sich auf das gesprochene Wort beschränkte, erzählte er eine einfache Geschichte gut und klar. Nach fünf Minuten Zusammensein mit ihm hatte Gladys die wesentlichen Fakten erfaßt, und auf ihrem Gesicht tauchte dieser grimmige, verkniffene Ausdruck auf, den man nur auf dem Gesicht einer Verlobten sehen kann, die nach Rückkehr von einer kurzen Reise feststellen muß, daß ihr Liebster in ihrer Abwesenheit vom Pfad der Tugend abgewichen ist.

„Brenda Carberry-Pirbright, ja?" sagte Gladys mit drohender Ruhe. „Brenda Carberry-Pirbright kann ihn haben! Mensch, wenn man nicht zur kleinsten Verschnaufpause nach Antibes gehen kann, ohne daß der Verlobte sich gleich so langweilt, daß er sich wie der Älteste einer Mormonen-Kirchengemeinde aufführt, dann ist das ganz schön hart für ein Mädchen."

Der gutherzige Bernhard Worple tat sein Bestes.

„Ich gebe der Katze die Schuld", sagte er. „Meiner Ansicht nach ist Lancelot eher gegen die Sünde als selbst sündig. Ich glaube, daß er unter einem unguten Einfluß oder unter Zwang handelt."

„Typisch Mann!" sagte Gladys. „Alles auf eine unschuldige Katze zu schieben!"

„Lancelot sagte, daß sie irgendwas in ihrem Blick hätte."

„Na, als ich Lancelot kennenlernte", sagte Gladys, „fand er auch, daß ich etwas in meinem Blick hätte."

Sie ging fort und atmete ruhig Flammen durch ihre Nase aus. Der traurige Worple seufzte tief und nahm dann seine neovortizistische Bildhauerei wieder auf.

Kaum fünf Minuten später blieb Gladys auf ihrem Weg zur Bott Street bei der Überquerung des Maxton Square plötzlich wie erstarrt stehen. Der Anblick, der sich ihr bot, hätte jede andere Verlobte ebenso handeln lassen.

Auf dem Bürgersteig, der zu Nr. 11 führte, gingen zwei Gestalten. Oder drei, wenn man einen verdrießlich aussehenden Hund dazuzählte, einen Dackelmischling, der vor ihnen her an der Leine lief. Eine der Gestalten war Lancelot Mulliner, piekfein in grauem Fischgräten-Tweed und neuem Homburger. Er hielt die Hundeleine. Die andere Person erkannte Gladys aufgrund des Porträts, das sie auf Lancelots Staffelei gesehen hatte, als die moderne Ausgabe der DuBarry, dieser notorischen Zerstörerin von Familien und Liebesnestern – Brenda Carberry-Pirbright.

Im nächsten Augenblick waren sie die Stufen zu Nr. 11 hinaufgestiegen und zum Tee eingetreten, vielleicht mit ein wenig Musikuntermalung.

Ungefähr anderthalb Stunden später hatte sich Lancelot mühsam aus der

Höhle der Spießbürger befreit und eilte in einem schnellen Taxi nach Hause. Wie immer nach einem ausgedehnten Tête-à-tête mit Miss Carberry-Pirbright fühlte er sich betäubt und verwirrt, als hätte er in einem Meer aus Leim geschwommen und einiges davon geschluckt. Der einzig klare Gedanke, den er fassen konnte, war, daß er einen Drink brauchte und daß sich die Zutaten für diesen Drink in dem Schrank hinter dem Chesterfield-Sofa in seinem Atelier befanden.

Er bezahlte das Taxi und stürzte mit einer Zunge ins Haus, die vor Trockenheit gegen seine Vorderzähnen klapperte. Und vor ihm stand Gladys Bingley, die er weit, weit entfernt vermutet hatte.

„Du!" rief Lancelot aus.

„Ja, ich", sagte Gladys.

Das lange Warten hatte nicht zu ihrer Gelassenheit beigetragen. Seit sie im Atelier eingetroffen war, hatte sie genug Zeit gehabt, um mit dem Fuß dreitausendeinhundertundzweiundvierzig Mal auf den Teppich zu tippen, und die Anzahl der bitteren Lächeln, die über ihr Gesicht gehuscht waren, lag bei neunhundertundelf. Sie war für den Kampf des Jahrhunderts gerüstet.

Sie erhob sich und trat vor ihn hin, während das Weib in ihr in ihren Augen loderte.

„Na, du Casanova!" sagte sie.

„Du-hu?" fragte Lancelot gedehnt.

„Sag nicht juhu zu mir!" schrie Gladys. „Spar dir das für deine Brenda Carberry-Pirbright auf. Ja, ich weiß alles darüber, Lancelot Don Juan Heinrich VIII. Mulliner! Ich habe euch vorhin gesehen. Ich habe gehört, daß du und sie

unzertrennlich seid. Bernard Worple sagte mir, daß du gesagt hast, du werdest sie heiraten."

„Du mußt nicht alles glauben, was ein neovortizistischer Bildhauer dir erzählt", stammelte Lancelot mit zitternder Stimme.

„Ich vermute, daß du heute abend zum Dinner zu ihr zurückkehren wirst", sagte Gladys.

Sie hatte das nur aufs Geratewohl gesagt, was sich einzig und allein darauf gründete, daß sie bei ihrem letzten Zusammentreffen eine besitzergreifende Kopfhaltung bei Brenda Carberry-Pirbright bemerkt hatte. Dort, hatte sie sich zu diesem Zeitpunkt gesagt, geht ein Mädchen, das Lancelot Mulliner zu einem verschwiegenen Essen einladen will – oder gerade eingeladen hat, der sie anschließend ins Kino ausführen wird. Doch der Schuß traf ins Schwarze. Lancelot ließ den Kopf hängen.

„So etwas wurde angedeutet", gab er zu.

„Ah!" rief Gladys aus.

Lancelots Blick war gequält.

„Ich möchte nicht hingehen", verteidigte er sich. „Wirklich nicht. Doch Webster besteht darauf."

„Webster!"

„Ja, Webster. Wenn ich Anstalten mache, die Verabredung abzusagen, setzt er sich vor mich hin und starrt mich an."

„Pah!"

„Doch, wirklich. Frag ihn doch selbst."

Gladys tippte mit dem Fuß sechsmal schnell hintereinander auf den Teppich, was insgesamt dreitausendeinhundertundachtundvierzig ergab. Ihr Verhalten hatte sich verändert und war jetzt von gefährlicher Ruhe.

„Lancelot Mulliner", sagte sie, „du kannst wählen: mich oder Brenda Carberry-Pirbright. Ich kann dir ein Heim bieten, in dem du im Bett rauchen, die Asche auf dem Boden verstreuen, den ganzen Tag in Schlafanzug und Pantoffeln bleiben darfst und dich nur am Sonntag morgen rasieren mußt. Was hast du denn von ihr zu erhoffen? Ein Haus in Süd-Kensington – vielleicht in der Brompton Road – wahrscheinlich zusammen mit ihrer Mutter. Ein Leben, das nur aus steifen Kragen, engen Schuhen, Morgenanzügen und Zylindern besteht."

Lancelot zitterte, doch sie fuhr gnadenlos fort.

„Du wirst jeden zweiten Donnerstag zuhause sein, und man wird von dir erwarten, daß du die Gurkensandwiches herumreichst. Jeden Tag mußt du den Hund ausführen, bis du ein eingefleischter Hundeführer geworden bist. Du wirst in Bayswater speisen und im Sommer nach Bournemouth oder Dinard fahren. Wähle gut, Lancelot Mulliner! Ich werde dir Zeit zum Nachdenken geben. Noch ein letztes Wort. Wenn du Punkt halb acht nicht in 6 A Garbidge Mews aufgetaucht bist, um mit mir zum Essen ins Ham and Beef zu gehen, werde ich meine Schlüsse daraus ziehen und entsprechend handeln."

Sie wischte sich die Zigarettenasche vom Kinn und verließ hochnäsig den Raum.

„Gladys!" schrie Lancelot.

Doch sie war fort.

Einige Minuten lang blieb Lancelot Mulliner wie erstarrt stehen. Dann fiel ihn plötzlich ein, daß er diesen Drink noch nicht gehabt hatte. Er eilte zum Schrank und holte die Flasche heraus. Er entkorkte sie und goß sich einen großen Schluck ein, als eine Bewegung auf dem Boden vor ihm seine Aufmerksamkeit erregte.

Webster stand dort und sah zu ihm auf. Und in seinen Augen war dieser vertraute Ausdruck von stillem Tadel.

„So etwas bin ich vom Dekanat her nicht gewöhnt", schien er sagen zu wollen.

Lancelot war wie gelähmt. Das Gefühl, an Händen und Füßen gefesselt zu sein und in einer Falle zu sitzen, aus der es kein Entrinnen gab, verstärkte sich immer mehr. Die Flasche fiel ihm aus den schlaffen Fingern, rollte über den Boden und verspritze ihren Inhalt mit einem bernsteinfarbenen Fluß. Doch er war zu sehr in seine Gedanken verstrickt, um das zu bemerken. Mit einer Geste, die Hiob gemacht haben könnte, als er ein neues Geschwür entdeckte, ging er zum Fenster und schaute verstimmt hinaus.

Als er sich dann mit einem Seufzer umdrehte, schaute er Webster wieder an – und blieb wie verhext stehen.

Das Schauspiel, das sich ihm bot, hätte auch einen stärkeren Mann als Lancelot Mulliner verblüfft. Anfangs wollte er seinen Augen nicht trauen. Dann wurde ihm langsam klar, daß das, was er sah, nicht einem verwirrten Geist entsprungen war. Das Unglaubliche geschah tatsächlich.

Webster saß geduckt auf dem Boden neben dem sich ausbreitenden Whisky-See. Doch nicht Entsetzen und Ekel hatten ihn sich hinkauern lassen. Er duckte sich, weil er kriechend näher an den Stoff kam und flotter vorankam. Seine Zunge bewegte sich wie ein Kolben hinein und heraus.

Und dann hörte er für einen flüchtigen Moment abrupt mit dem Lecken auf und sah zu Lancelot auf, und über sein Gesicht huschte ein schnelles Lächeln – so herzlich, so innig, so voll jovialer Kameraderie, daß der junge Mann automatisch zurücklächelte und auch noch zwinkerte. Und als Antwort auf das Zwinkern, zwinkerte Webster ebenfalls – ein aufrichtiges, schelmisches Zwinkern, das so deutlich sagte, als hätte er die Worte ausgesprochen: „Wie lange geht das denn schon so?"

Dann kehrte er mit einem leichten Schluckauf zu der Aufgabe zurück, seinen Drink zu ergattern, ehe der im Boden versickerte.

In Lancelot Mulliners düstere Seele fiel plötzlich ein breiter Sonnenstrahl. Ihm war, als hätte sich gerade eine schwere Bürde von seinen Schultern gehoben. Die unerträgliche Besessenheit der letzten beiden Wochen plagte ihn nicht mehr, und er fühlte sich wie befreit. Zur elften Stunde war er begnadigt worden. Webster, dieses angebliche Muster an Tugendhaftigkeit, war dann also doch einer von ihnen. Das war nur zu seinem Besten.

Webster hatte jetzt genug getrunken. Er hatte den Alkoholsee verlassen und ging langsam und versunken im Kreis herum. Von Zeit zu Zeit miaute er probeweise, als ob er zu sagen versuchte ‚Britische Verfassung'. Seine Unfähigkeit, die Silben auszusprechen, schien ihn zu kitzeln, denn nach jedem Versuch gab er ein schleppendes amüsiertes Kichern von sich. Ungefähr zu diesem Zeitpunkt verfiel er plötzlich in einen rhythmischen Tanz, der einer alten Sarabande ähnelte.

Es war ein interessantes Schauspiel, das sich Lancelot zu jeder anderen Zeit verzückt angesehen hätte. Doch jetzt war er an seinem Schreibtisch damit beschäftigt, eine kurze Mitteilung an Mrs. Carberry-Pirbright zu verfassen, deren Kerngedanke war: Wenn sie glaubte, daß er heute nacht oder in irgendeiner anderen Nacht ihrem widerlichen Haus näher als auf eine Meile kam, dann hatte sie die Drückeberger-Qualitäten eines Lancelot Mulliner völlig unterschätzt.

Und was war mit Webster? Der Teufel Alkohol hatte ihn im eisernen Griff. Eine lebenslängliche Abstinenz hatte ihn zu einem willigen Opfer der verhängnisvollen Flüssigkeit werden lassen. Er hatte jetzt den Zustand erreicht, da die Freundlichkeit in Streitlust umschlug. Das reichlich dümmliche Lächeln war von seinem Gesicht verschwunden, und statt dessen schaute er finster und kämpferisch drein. Ein paar Momente lang stand er auf den Hinterbeinen und sah sich nach einem geeigneten Widersacher um: Dann verlor er jede Selbstkontrolle, rannte fünfmal mit hohem Tempo im Zimmer herum. Und als er über einen kleinen Fußschemel stolperte, fiel er äußerst wild mit Klauen und Zähnen über ihn her.

Doch Lancelot sah das nicht. Lancelot war nicht da. Lancelot war draußen in der Bott Street und rief ein Taxi herbei.

„6 A Garbidge Mews, Fulham", sagte Lancelot zu dem Fahrer.

Der gelbe Schrecken

W. L. Alden

„Ehrlich gesagt", sagte Kapitän Foster, „mag ich Katzen überhaupt nicht. Ich kann es nicht leiden, von oben herab behandelt zu werden, sei es nun von einem Menschen oder einer Katze. Ich weiß, daß ich nicht der Präsident der Vereinigten Staaten bin, auch kein Millionär und auch nicht der Chef von New York, dennoch halte ich mich für einen Mann und habe auch das Recht, als solcher behandelt zu werden. Ich kenne keine Katze, die nicht auf mich herabgesehen hat, wie das Katzen bei jedem machen. Eine Katze hält Menschen gerade mal für den Schmutz unter ihren Pfoten. Ich weiß nicht, was eine Katze glauben läßt, daß sie auf ewig allen Menschen überlegen ist, die je gelebt haben, doch es kann nicht bestritten werden, daß sie das glaubt und sich entsprechend verhält. Einmal war ein Professor hier, der über alle möglichen Tiere gesprochen hat, und ich bat ihn, mir dieses ärgerliche Verhalten der Katzen zu erklären. Er sagte, daß Katzen vor Tausenden von Jahren in Ägypten Götter gewesen seien, doch ich glaubte ihm nicht. Ägypten ist ein biblisches Land, und daher sollten wir nichts glauben, was wir nicht in der Bibel darüber lesen können. Man zeige mir, wo in der Bibel erwähnt wird, daß die ägyptischen Katzen sich wie Götter verhalten haben, und ich werde es glauben. Bis man mir das nicht gezeigt hat, nehme ich mir die Freiheit, keiner weltlichen Äußerung über Ägypten zu glauben, ob sie nun von Professoren oder anderen Menschen stammt.

Die berüchtigste Katze, die ich je gesehen habe, war der Gelbe Schrecken des alten Kapitäns Smedley. Sein wirklicher Name war einfach Tom. Doch da er gelb war und in vieler Hinsicht eine Nervensäge, gewöhnten sich die, die ihn kannten, an, ihn ‚Gelber Schrecken' zu nennen.

Er war ein ungeheuer großer Kater, der schon fünf Jahre bei Kapitän Smedley lebte, als ich ihn zum ersten Mal sah.

Smedley war einer der besten Männer, die ich kannte. Ich gebe zu, daß er seinen Seeleuten gegenüber ziemlich hart war und sein Schiff den Ruf eines Schlachthauses hatte, den es wirklich nicht verdiente. Und es läßt sich nicht leugnen, daß er ein sehr frommer Mann war, was ihn bei den Männern auch nicht sehr beliebt machte. Ich bin selbst fromm, auch wenn ich auf See bin, doch ich habe nie etwas davon gehalten, für die Besatzung Gottesdienste abzuhalten und ihnen die Frömmigkeit mit Belegnägeln einzutrichtern. Das ist genau das, was der alte Smedley getan hat. Als ich ihn kannte, hatte er das Kommando über die Barke *Medford* aus Boston. Ich meine die Stadt Boston in Massachusetts und nicht das Städtchen, daß die Leute drüben in England Boston nennen: Und ich muß sagen, daß ich keinen Sinn darin sehe, daß sie die Namen unserer Städte übernehmen, auch wenn diese noch so berühmt sind. Nun! Die *Medford* brachte regelmäßig Getreide von Boston nach London, wo die Ladung gelöscht und für China neue Ladung an Bord genommen wurde. Auf der Rückfahrt stoppten wir in Madeira, am Kap und normalerweise in Bangkok und fuhren weiter nach Kanton, wo wir Tee luden, und dann fuhren wir auf direktem Weg nach Hause.

Dieser gelbe Schrecken stand nun seit fünf Jahren in den Büchern des Schiffs, als ich ihn kennenlernte. Smedley hatte ihn ganz ordnungsgemäß angeheuert und seinen Namen in den Schiffspapieren vermerkt, wobei er ihm genauso die Pfote mit dem Stift hielt, während er ein Kreuz machte, wie er es mit einem verdammten Ausländer gemacht hätte. Wissen Sie, in jenen Tagen haben die Versicherer kein Schiff auf Fahrt gehen lassen, wenn es nicht eine Katze an Bord hatte, um die Ratten von der Ladung fernzuhalten. Ich weiß nicht, wie es bei Landkatzen ist, aber es gibt keine zur See fahrende Katze, die eine Ratte auch nur ansehen würde. Wenn der Steward und der Koch und alle anderen Männer bereit sind, der Schiffskatze ständig Happen zuzuschieben, dann ist die Katze vom Binnenkiel bis zum Deck gefüllt und macht sich nicht die Mühe, mit einer Ratte auch nur zu sprechen, es sei denn, sie beißt sie in den Schwanz. Aber schließlich wissen Versicherer nicht, wie es auf See zugeht, und es ist eine Schande, daß ein Seemann gezwungen ist, sich ihren Vorstellungen anzupassen. Gelber Schrecken war ganz allgemein der Ansicht, daß die *Medford* seine Privatyacht war, und daß alle dazu da waren, ihn zu bedienen. Und Smedley unterstützte ihn darin gewissermaßen auch noch, weil er ihn mit mehr Respekt behandelte als seine Schiffseigner, wenn er an Land war. Dem Kater konnte ich kaum einen Vorwurf machen, und nachdem ich erfahren hatte, was für eine Persönlichkeit er wirklich war, kann ich es auch Smedley nicht übermäßig verübeln.

Ich sagte ja wohl schon, daß der Kater in Wirklichkeit Tom hieß. Er war weit und breit der bester Kämpfer unter allen Katzen Europas, Asiens, Afrikas und Amerikas. Wann immer wir Land sahen, richtete er sich her, verbrachte Stunden damit, sein Fell zu bürsten und zu polieren und biß sich die Krallen, als wollte er sicherstellen, daß sie so scharf wie möglich waren. Sobald das Schiff am Kai festgemacht hatte oder im Hafen ankerte, ging Gelber Schrecken auf der Suche nach Ärger an Land. Den fand er auch, doch er hatte einen solchen Ruf als Kämpfer, daß jede Katze, die ihn erkannte, Reißaus nahm und sich versteckte, wo immer er sich auch zeigte. Der Wächter in den Londoner Docks – ich meine den an der Shadwell-Einfahrt – erzählte mir, daß er immer wußte, wann die *Medford* in die Docks einfuhr, weil dann Ströme von Katzen durch das Tor verschwanden, als ob eine Horde Hunde hinter ihnen her wären. Sobald die *Medford* angekündigt wurde und die Nachricht unter den Katzen, die zu den Schiffen im Dock gehörten, die Runde machte, daß der Gelbe Schrecken angekommen war, dachten sie, daß es Zeit für sie wurde, an Land zu gehen und dort zu bleiben, bis die *Medford* wieder lossegelte. Whitechapel wurde regelmäßig von Katzen überflutet, und die Zeitungen bekamen Briefe von wissenschaftlichen Knaben, die versuchten, die – wie sie es nannten – Welle von Katzen zu erklären, die sich über Ostlondon ausgebreitet hatte.

Ich erinnere mich daran, daß wir einmal unten im Becken bei der Old Gravel Lane längsseits einer russischen Brigg lagen. Ein ungeheuer großer schwarzer Kater saß auf dem Achterdeck, und sobald er unseren Tom entdeckte, schrie er zu ihm herüber, daß er bereit wäre, mit ihm jederzeit das Deck aufzuwischen. Wir nahmen alle an, daß der Russe ein Neuankömmling war und noch nie etwas vom Gelben Schrecken gehört hatte, und wir wußten, daß er – wie die Bibel sagt – seinem Schicksal entgegeneilte. Tom saß auf der Reling in der Nähe der Besantakelage, als der Russe ihm das zuschrie, und er tat so, als hätte er ihn nicht gehört. Doch kurz danach sahen wir ihn langsam nach oben gehen, bis er unsere Bagienrah erreichte. Er streckte sich auf dem Rahausleger aus, bis er nahe genug war, um auf die Großrah des Russen springen zu können, und noch ehe sich die russische Katze versah, landete Tom quer auf seinem Rücken. Der Kampf ging nur über eine Runde, und danach schlich das, was von der russischen Katze übriggeblieben war, hinter eine Wassertonne, und Gelber Schrecken kam über die Bagienrah zurück und putzte sein Fell weiter, als ob nichts geschehen wäre.

Wenn Tom in einem fremden Hafen an Land ging, blieb er normalerweise dort, bis wir wieder lossegelten. Ein paar Stunden, bevor wir die Trossen abwarfen, kam Tom an Bord zurück. Er wußte immer, wann wir segelten, und er blieb niemals zurück. Ich erinnere mich, als wir einmal im Hafen von Kapstadt gerade den Anker lichteten und alle sicher waren, daß wir diesmal ohne Tom würden lossegeln müssen, weil er offensichtlich etwas zu lange an Land geblieben war. Doch kurz danach kam ein Boot längsseits, in dem Tom wie ein betrunkener Seemann, der zu spät zu seinem Schiff kam und auch noch stolz darauf war, lang ausgestreckt auf den Bugleinen lag. Der Bootsmann sagte, daß Tom zum Pier gekommen und in sein Boot gesprungen sei, weil er genau wußte, daß der Mann ihn zum Schiff ruderte und damit rechnete, daß Smedley bereitwillig für den Schaden aufkäme. Ich glaube, wenn Tom keinen Bootsmann gefunden hätte, hätte er die Regierungsbarkasse gechartert. Er hatte die Stirn, das und ähnliches zu tun.

Das Kämpfen war wirklich Toms einziges Laster, und man konnte es kaum ein Laster nennen, wenn man sah, wie er jedesmal die andere Katze verdrosch und er so gut wie nie mit einem zerrissenen Ohr oder einem blauen Auge aus einem Kampf hervorging. Smedley behauptete stets, Tom wäre fromm. Ich habe das immer für Unsinn gehalten, doch nachdem ich ein paar Fahrten mit Tom gemacht hatte, änderte ich meine Meinung über das, was Smedley gesagt hatte. Wenn es das Wetter erlaubte, hielt Smedley jeden Sonntag auf dem Achterdeck einen Gottesdienst ab. Er war Methodist, und wenn es darum ging, aus der Heiligen Schrift zu zitieren oder ein Kirchenlied zu singen, dann konnte er fast jedem Prediger noch etwas vormachen. Außer dem Mann am Ruder und dem Ausguck mußten alle Männer an dem sonntäglichen Gottesdienst teilnehmen, was natürlich erhebliches Murren verursachte, weil die Wachen unter Deck der Ansicht waren, daß sie ein Recht auf einen friedlichen Schlaf hatten, statt aufs Achterdeck zum Gottesdienst gezerrt zu werden. Doch sie mußten klein beigeben, und was viel schlimmer für sie war, sie mußten singen, weil der alte Mann beim Singen genau aufpaßte. Und wenn er einen der Männer dabei erwischte, daß er simulierte und beim Singen nicht richtig mitmachte, nahm er sich den Mann nach dem Gottesdienst vor, entweder mit einem Belegnagel oder mit dem Ende eines Taus.

Tom verpaßte nie einen Gottesdienst und gab sein Bestes.

Er saß irgendwo in der Nähe des alten Mannes und verfolgte das Geschehen aufmerksamer, als ich es bei manchen Menschen in erstklassigen Kirchen an Land gesehen hatte. Wenn die Männer sangen, fiel Tom mit ein, indem er hier und da einen Schrei von sich gab, was zeigte, daß er es gut meinte, auch wenn er nie eine Gesangsschule besucht hatte und auch nicht so gut singen konnte wie Gunther. Anfangs dachte ich, daß der Kater rein zufällig am Gottesdienst teilnahm und sein Schreien während des Singens bedeutete, daß er es nicht leiden konnte. Doch nach einer Weile mußte ich zugeben, daß Tom den Sonntagsgottesdienst genauso genoß wie der Kapitän, und stimmte mit Smedley überein, daß der Kater durch und durch ein Methodist war.

Nachdem ich ungefähr sechs Jahre lang mit Smedley zusammen war, heiratete er plötzlich. Ich konnte ihm das nicht verübeln, weil es mich erstens nichts anging und ich zweitens der Ansicht war, daß ein Schiffskapitän eine Frau haben sollte und die Versicherer besser daran täten, darauf zu bestehen, daß alle Kapitäne verheiratet seien, statt daß alle Schiffe eine Katze haben sollten. Wenn nämlich ein Schiffskapitän eine Frau hat, will er natürlich dringend zu ihr zurückkehren, um seine beste Kleidung in Ordnung halten und sich das Essen kochen zu lassen, das er mag. Also möchte er gute Fahrten machen und nicht riskieren, daß er ertrinkt oder sich mit seinen Schiffseignern überwirft und seinen Posten verliert. Wenn Sie sich eingehender damit befassen, werden Sie feststellen, daß verheiratete Kapitäne tatsächlich länger leben und besser zurechtkommen als unverheiratete Männer. Leider stellte sich heraus, daß die Frau, die Smedley heiratete, Atheistin war, was heißt, daß sie an

gar nichts glaubt außer an das Einmaleins und ähnliche menschliche Nichtigkeiten. In allerkürzester Zeit hatte sie Smedley auf ihre Seite gezogen, und statt an seinem Glauben festzuhalten, warf er ihn über Bord und diskutierte gelegentlich stundenlang mit mir, um mich davon zu überzeugen, daß die Religion eine Zeitverschwendung sei und er keine Seele habe und nie erschaffen worden, sondern lediglich der Abkömmling einer Familie von seefahrenden Affen sei. Es widerte mich an, einen so respektablen Seemann solchen Unsinn reden zu hören, doch da er mein kommandierender Offizier war, konnte ich ihm natürlich nicht einfach widersprechen. Ich teilte keines seiner Argumente und sagte ihm so respektvoll wie möglich, daß er den größten Fehler seines Lebens begehe. „Schauen Sie den Kater an", sagte ich, „er hat Verstand genug, um gläubig zu sein, und wenn Sie ihm sagen würden, daß er von einem Affen abstammt, wäre er sehr verletzt." Doch es half alles nichts. Smedley war erfüllt von seinen neuen atheistischen Ideen, und je mehr ich ihm widersprach, desto stärker hielt er an seinen Ansichten fest.

Natürlich hielt er keine Gottesdienste mehr am Sonntag morgen ab, und die Männer hätten sich eigentlich darüber freuen müssen, wenn man bedenkt, wie sehr sie zuvor geknurrt hatten, wenn sie aufs Achterdeck kommen und Kirchenlieder singen mußten, während sie lieber unter Deck geblieben wären. Doch Seeleute sind schwer einzuschätzen. Sie waren wirklich enttäuscht, als es am Sonntag keinen Gottesdienst mehr gab. Sie sagten, daß wir eine unglückliche Fahrt haben würden und daß für den alten Mann die Seeleute nicht mehr gut genug seien, um aufs Achterdeck zu kommen und mit ihnen zu singen, nachdem er jetzt eine reiche Frau habe. Smedley interessierte sich nicht für ihre Ansichten, doch er machte sich erhebliche Sorgen um Gelber Schrecken. Tom vermißte den Sonntagsgottesdienst, und er verkündete das auch so direkt wie möglich. Drei oder vier Wochen lang ging er jeden Sonntag an Deck, setzte sich auf seinen gewohnten Platz neben den Kapitän und wartete auf den Beginn des Gottesdienstes. Als ihm klar wurde, daß es keinen Zweck hatte zu warten, machte er mehr als deutlich, wie sehr er Smedleys Verhalten verabscheute. Er zog sich von dem alten Mann zurück, und als Smedley einmal versuchte, ihn zu streicheln, verfluchte er ihn und biß ihn ins Bein – nicht ärgerlich, müssen Sie wissen, sondern nur um zu zeigen, wie sehr er Smedleys ungläubiges Verhalten verurteilte.

Als wir nach London kamen, ging Tom nicht an Land und kämpfte auch mit niemandem. Er schien alles Interesse an weltlichen Dingen verloren zu haben.

Er saß melancholisch auf dem Achterdeck, kümmerte sich nicht darum, wie sein Fell aussah, und gab auch keine Antwort, wenn eine fremde Katze ihn anschrie. Als wir London wieder verließen, blieb er die meiste Zeit unter Deck, und als wir schließlich den Äquator überquerten, legte er sich sozusagen ins Bett und wurde so dünn und schwach, als hätte er auf dem Vorderdeck eines Zitronensaftschiffes gelebt. Und er war derart melancholisch, daß man ihn für nichts interessieren konnte. Smedley machte sich solche Sorgen um ihn, daß er in seinem Medizinbuch nachlas, um herauszufinden, was mit ihm los war. Und schließlich kam er zu dem Schluß, daß der Kater eine ernstzunehmende Krankheit mit einem gewaltigen Namen hatte, der wie Spinale Menagerie klang. Das befriedigte Smedley ein wenig, half jedoch dem Kater nicht, denn Smedley konnte Tom nicht dazu bringen, Medizin zu nehmen. Er wollte nicht einmal an Riechsalz schnuppern. Und als Smedley ihm einen Halsumschlag anzulegen versuchte, war er arg beleidigt und wütend genug, um ein Stück aus dem Ohr des alten Mannes herauszubeißen.

Ungefähr zu dieser Zeit landeten wir in Funchal, und Smedley schickte jemanden an Land, um einen anderen Kater zu holen, weil er dachte, daß ein Kampf Tom ein wenig stärken würde. Doch als der neue Kater neben Tom gelegt wurde und ihn höchst unverschämt anschrie, drehte Tom sich auf die andere Seite und tat so, als schliefe er ein.

Danach dachten wir alle, daß es mit dem Gelben Schrecken zu Ende gehen würde. Smedley schickte den neuen Kater zurück an Land und sagte zu mir, daß Tom dem Tod geweiht sei und wir auf dieser Reise kein Glück mehr hätten.

Ich ging hinunter, um mir den Kater anzusehen, und obwohl er dünn und schwach war, konnte ich doch keine Anzeichen für eine schwere Krankheit bei ihm feststellen. Also sagte ich zu Smedley, daß ich glaubte, der Kater sei überhaupt nicht krank.

„Was ist denn dann aber mit ihm los?" fragte der alte Mann. „Sie haben doch selbst gesehen, daß er nicht gekämpft hat. Und wenn es schon so weit mit ihm gekommen ist, dann hat er doch mit dieser Welt und ihren Freuden und Klagen abgeschlossen."

„Seine Nase ist in Ordnung", sagte ich. „Als ich sie eben anfühlte, war sie so kühl wie die Nase eines Abstinenzlers."

„Dann scheint er kein wesentliches Fieber zu haben", sagt Smedley. „Und das Buch sagt, daß man bei Spinaler Menagerie Fieber hat."

„Toms Problem ist seelischer Natur", antworte ich. „Ihn belastet etwas, das ihn aufreibt."

„Womit kann er sich denn herumschlagen?" fragt der Kapitän. „Er hat hier auf dem Schiff alles, was er braucht. Selbst wenn er ein Millionär wäre, könnte es ihm nicht besser gehen. Er hat alle Kämpfe gewonnen, als wir in Boston waren, und er hat seither keinen Kampf mehr bestritten, was beweist, daß er nicht wegen einer Niederlage bedrückt ist. Nein, Sir! Toms Seele ist völlig in Ordnung."

„Warum hat er denn dann einen so traurigen Blick?" frage ich. „Als Sie heute morgen mit ihm sprachen, sah er aus, als wollte er über Ihre Mißgeschicke gleich in Tränen ausbrechen – wenn Sie überhaupt welche haben. Wenn ich darüber nachdenke, dann hat Toms Verfall gleich nach Ihrer Heirat begonnen. Vielleicht ist das der Grund."

Doch Smedley ließ sich nicht davon überzeugen, daß Toms Problem seelisch war. Da er so sicher war, daß der Kater sterben würde, wurde er genauso niedergeschlagen wie Tom. „Ich wünschte", sagt Smedley eines Morgens zu mir, „daß ich wieder ein Methodist wäre und an ein Leben nach dem Tod glauben könnte. Es kommt mir so hart vor, daß ein so erstklassiger Katzenkämpfer wie Tom keine Chance mehr haben soll, wenn er gestorben ist. Er war ein guter frommer Kater, und ich würde gern glauben, daß er in eine besser Welt überwechselt."

In diesem Moment kam mir eine Idee. „Kapitän Smedley", sage ich, „erinnern Sie sich daran, wie Tom diese Gottesdienste genoß, die wir sonntags morgens hier abhielten!"

„Ja, das ist wahr", sagte Smedley. „Ich habe nie einen Menschen gesehen, der an diesen sonntäglichen Feiern so viel Freude hatte wie Tom."

„Kapitän Smedley", sage ich, während ich die Hand auf den Ärmel des alten Mannes lege. „Tom bekümmert, daß Sie sich von dem Glauben getrennt haben, mit dem Sie aufgewachsen sind, und ein Atheist geworden sind oder wie immer Sie es nennen. Ich nenne es einfach ungläubig. Tom beklagt Ihre Seele, und er ist unglücklich darüber, daß Sie keinen Sonntagsgottesdienst mehr abhalten. Ich sagte Ihnen doch, daß sein Problem seelisch ist, und nun haben Sie den Beweis dafür."

„Vielleicht haben Sie recht", sagt Smedley friedfertig, anstatt sofort wütend zu werden, wie ich erwartet hatte. „Um die Wahrheit zu sagen, bin ich nicht mehr so zufrieden mit meiner eigenen Seele, wie ich es war. Und in der vergangenen Nacht dachte ich, als ich einfach aus Gewohnheit anfing zu sagen ‚Nun lege ich', daß es mir jetzt viel besser ginge, wenn ich an meinem methodistischen Glauben festgehalten hätte."

„Morgen ist Sonntag", antworte ich, „und ich an Ihrer Stelle, Kapitän, würde wie früher die Glocke zum Gottesdienst läuten lassen, Tom an Deck holen und ihm den Trost der prächtigsten Kirchenlieder zuteil werden lassen, die Sie nur finden können. Es wird Ihnen nicht weh tun, doch ihm wird es sehr sehr gut tun. Jedenfalls ist es einen Versuch wert, wenn Sie wirklich wollen, daß Gelber Schrecken sich wieder erholt."

„Ich scheue mich nicht, zu sagen", sagt Smedley, „daß ich fast alles tun würde, um sein Leben zu retten. Er lebt nun schon fast sieben Jahre mit mir zusammen, und wir haben uns nie gestritten. Wenn ein Sonntagsgottesdienst ihn trösten wird, soll er ihn haben. Wenn er ihn nicht heilen sollte, so ebnet er ihm vielleicht den Weg ins Grab."

Der nächste Tag war ein Sonntag, und um sechs Uhr ließ der Kapitän die Glocke für den Gottesdienst läuten, und den Männern wurde gesagt, daß sie sich auf dem Achterdeck einfinden sollten. Die Glocke war noch kaum verklungen, als Tom Schritt für Schritt die Kajütstreppe heraufkam und dabei aussah, als wäre er auf dem Weg zu seiner eigenen Beerdigung. Er ging zu seinem üblichen Platz neben dem Kapitän, legte sich dort zu Füßen des alten Mannes auf die Seite und warf ihm einen Blick zu, den jeder dankbar genannt hätte. Ich konnte sehen, daß Smedley sehr zumute feierlich war. Er verstand, was der Kater sagen wollte, und als er ein Kirchenlied anstimmte, klang seine Stimme halb erstickt. Es war ein prächtiges Kirchenlied mit wahrlich stürmischem Chor, und die Männer sangen aus vollem Hals und hofften, daß es Toms Geschmack traf. Er war zu schwach, um mit einem seiner früheren Schreie einzustimmen, doch er klopfte mit dem Schwanz aufs Deck, und man konnte ihm ansehen, wie sehr er es genoß.

Der Gottesdienst nahm seinen üblichen Fortgang, und Smedley wärmte sich dabei sozusagen auf, und nach und nach kehrte der methodistische Glanz auf sein Gesicht zurück. Als er vorüber war und die Männer sich zerstreut hatten, beugte Smedley sich herab, nahm Tom hoch und küßte ihn, und der Kater kuschelte sich an den Hals des alten Mannes und leckte ihm das Kinn. Smedley trug Tom hinunter in den Salon und befahl dem Steward, frisches Fleisch zu bringen. Der Kater nahm es an und aß soviel, wie er in seinen besten Tagen gegessen hatte, und als er fertig war, ging er in Smedleys Kabine, rollte sich auf der Koje des alten Mannes zusammen und schnurrte im Schlaf so laut, daß es fast das Deck anhob. Von diesem Tag an verbesserte sich Toms Zustand ständig, und als wir nach Kapstadt kamen, ging es ihm schon so gut, daß er an Land gehen konnte, obwohl er noch immer ziemlich schwach war. Ich ging zur gleichen Zeit an Land und behielt Tom im Auge, weil ich wissen wollte, was er machte. Ich sah, daß er sich eine kleine, elend aussehende Katze aussuchte, die nicht einmal gegen eine ausgewachsene Maus hätte bestehen können, und machte sie in nicht mal einer Minute fertig. Da wußte ich, daß Tom wieder in Ordnung war, und ich bewunderte sein Urteilsvermögen, daß er sich eine kleine Katze ausgesucht hatte, die zu seinem geschwächten Zustand paßte. Als wir nach Kanton kamen, war Tom körperlich und seelisch wieder ganz der Alte, und als wir absegelten, kam er mit einem fünf Zentimeter kürzeren Schwanz und ohne sein Steuerbordohr an Bord, doch er sah so aus, als hätte er alle Geschöpfe der Welt zusammengeschlagen, woran ich keinen Moment lang zweifelte; das heißt, alle Geschöpfte, die er in Kanton hatte aufstöbern können.

Ich habe nichts mehr von Smedleys atheistischem Unsinn gehört. Er kehrte zu den Methodisten zurück und sagte stets, daß Tom das gesegnete Zeichen gewesen sei, das ihm bewußt machen sollte, daß er sich auf einem falschen Weg befunden hatte. Ich hörte, daß er bei seiner Rückkehr nach Boston Mrs. Smedley mitteilte, daß er von ihr erwartete, daß sie ihn jeden Sonntag zu den methodistischen Zusammenkünften begleitete. Und wenn sie dazu nicht bereit sei, würde er das als einen Bruch des Ehevertrags ansehen, der einer Meuterei gleichkäme. Ich weiß nicht, wie sie es aufgenommen hat oder was daraus resultierte, denn zu jenem Zeitpunkt verließ ich die *Medford* und übernahm die Führung einer Barke, die die Route zwischen Boston und den Westindischen Inseln befuhr. Ich habe nach dieser Reise nichts mehr vom Gelben Schrecken gehört, doch ich habe oft an ihn gedacht und ihn immer für die fähigste Katze gehalten, die je ein Mensch auf See oder an Land kennengelernt hat."

Besonders Katzen

Doris Lessing

Ich zog ins Katzenland, um dort zu leben. Die Häuser sind alt, und sie haben schmale Gärten mit Mauern. Durch unsere rückwärtigen Fenster sind ein Dutzend Mauern zu sehen, die in die eine Richtung, und ein Dutzend Mauern, die in die andere Richtung gehen, Mauern aller Größen und Höhen. Bäume, Gras, Büsche. Da ist ein kleines Theater, das Dächer von verschiedener Höhe hat. Katzen gedeihen dort. Immer sind Katzen auf den Mauern, Dächern und in den Gärten. Sie leben die gleichen komplizierten, geheimen Leben wie die Nachbarskinder, die sich nach imaginären geheimen Regeln bewegen, von denen Erwachsene nichts ahnen.

Ich wußte, daß es eine Katze im Haus geben würde. So, wie man weiß, wenn ein Haus zu groß ist, daß Menschen kommen und darin leben werden, genauso sicher müssen Häuser Katzen haben. Doch eine Weile wies ich all die Katzen ab, die schnuppernd vorbeikamen, um zu sehen, was für ein Ort das sei.

Während des ganzen schrecklichen Winters 1962 wurde der Garten und das Dach über der hinteren Veranda von einem alten schwarzweißen Kater besucht. Er saß im matschigen Schnee auf dem Dach; er schlich über den gefrorenen Boden; wenn die Hintertür kurz offenstand, setzte er sich draußen davor und schaute in die Wärme hinein. Er war sehr unhübsch, mit einem weißen Fleck über einem Auge, einem zerrissenen Ohr und einem Unterkiefer, der immer ein wenig offenstand und sabberte. Doch er war kein Streuner. Er hatte eine gutes Zuhause in der gleichen Straße, und warum er dort nicht blieb, schien niemand sagen zu können.

Jener Winter kam einer weiteren Demonstration der ungewöhnlichen freiwilligen Duldsamkeit der Engländer gleich.

Diese Häuser gehören überwiegend dem L. C. C., und nach einer Woche Kälte waren die Rohre geborsten und eingefroren und die Menschen ohne Wasser. Alles blieb eingefroren. Die Behörden öffneten ein Hauptwasserrohr an der Straßenecke, und wochenlang gingen die Frauen der Straße in Hausschuhen mit Krügen und Kannen zum Wasserholen über Bürgersteige, die mit zentimeterdickem Eismatsch bedeckt waren. Die Hausschuhe trugen sie für die Wärme. Matsch und Eis wurden nicht von den Bürgersteigen entfernt. Sie zapften Wasser aus dem Hahn, der mehrmals abbrach, und sagten, daß es nur das heiße Wasser gäbe, das sie auf dem Herd aufkochten, ein Woche lang, zwei Wochen – dann drei, vier und fünf Wochen lang. Es gab natürlich kein heißes Wasser zum Baden. Wenn sie gefragt wurden, warum sie sich nicht beschwerten, da sie doch Miete zahlten und Gebühren für das Wasser, heiß wie kalt, erwiderten sie, der L. C. C. kenne seine Rohre und würde nichts unternehmen. Der L. C. C. hatte betont, daß es eine Kältewelle gab, und dieser Einschätzung stimmten sie zu.

Ihre Stimmen waren traurig, doch sie waren so tief erfüllt wie alle in diesem Land, wenn sie es mit völlig vermeidbarer höherer Gewalt zu tun haben. Im Laden an der Ecke verbrachten ein alter Mann, eine mittelalte Frau und ein kleines Kind die Wintertage. Durch die Tiefkühlgeräte war der Laden noch viel kälter als die Unter-Null-Temperaturen, die die Natur brachte. Die Tür war ständig zu den Schneewehen davor geöffnet. Es gab überhaupt keine Heizung. Der alte Mann bekam eine Rippenfellentzündung und wurde für zwei Monate ins Krankenhaus eingewiesen. Das Kind saß auf dem Zementfußboden, weinte ständig vor Kälte und wurde von seiner Mutter geschlagen. Sie stand in einem leichten Wollkleid, Männersocken und einer dünnen Strickjacke hinter dem Ladentisch und sagte, wie schrecklich das alles sei, während ihre Augen und Nase liefen und ihre Finger vor Frostbeulen anschwollen. Der alte Mann im Nebenhaus, der als Marktträger arbeitete, rutschte auf dem Eis vor seiner Haustür aus, verletzte sich den Rücken und lebte anschließend wochenlang von Arbeitslosengeld. In diesem Haus, in dem sich neun oder zehn Menschen aufhielten, darunter auch zwei Kinder, kämpfte nur ein einziger elektrischer Heizstrahler gegen die Kälte an. Drei von ihnen kamen ins Krankenhaus, einer mit Lungenentzündung.

Und die Rohre blieben geborsten und waren mit ausgezackten Eis-Stalaktiten versiegelt. Die Bürgersteige waren weiterhin eisige Rutschbahnen, und die Behörden unternahmen nichts. In den Straßen der Mittelklasse wurde natürlich der Schnee entfernt, sobald er herabgefallen war, und die Behörden reagierten auf wütende Einwohner, die ihre Rechte einforderten und ihnen mit Prozessen drohten. In unserem Gebiet durchlitten die Menschen alles bis zum Frühling.

Wenn man von Menschen umgeben ist, die dem Winter so ausgeliefert sind, als seien sie Höhlenbewohner von vor zehntausend Jahren, verlieren die Eigenheiten eines alten Katers, der seine Nacht auf einem vereisten Dach verbringt, jede Bedeutung.

Mitten in diesem Winter wurde Freunden ein Kätzchen angeboten. Freunde von ihnen hatten eine Siam-Katze, die sich mit einem Straßenkater eingelassen hatte. Die Mischlingskätzchen wurden fortgegeben. Sie hatten ein winziges Apartment und arbeiteten beide den ganzen Tag, doch als sie das Kätzchen sahen, konnten sie nicht widerstehen. Am ersten Wochenende wurde es mit Hummersuppe aus der Dose und durchgedrehtem Hühnerfleisch gefüttert, und es störte ihre langjährigen Schlafgewohnheiten, weil es unter dem Kinn oder zumindest mit Hautkontakt von H., dem Mann, schlafen mußte. Seine Frau S. sagte am Telefon, daß sie die Zuneigung ihres Mannes an eine Katze verlöre, wie die Frau in Colettes Geschichte. Am Montag gingen sie beide zur Arbeit und überließen das Kätzchen sich selbst, und als sie nach Hause kamen, weinte es und war traurig, daß es den ganzen Tag über allein gewesen war. Sie sagten, daß sie es uns bringen würden. Und das machten sie dann auch.

Das Kätzchen war sechs Wochen alt. Es war eine bezaubernde märchenhafte Katze, deren siamesische Erbmasse sich in der Form von Gesicht,

Ohren, Schwanz und den feinen Linien ihres Körpers ausdrückten. Ihr Rücken war getigert: Oben oder von hinten war sie ein hübsches grau und cremefarben gestreiftes Tigerkätzchen. Doch ihre Brust und ihr Bauch waren von einem rauchigen Gold, siamesischem Creme, und im Nacken hatte sie halbe schwarze Streifen. Ihr Gesicht war schwarz gezeichnet – feine dunkle Ringe unter den Augen, feine dunkle Streifen auf ihren Wangen, eine von schwarz eingefaßte cremefarbene Nase mit einer rosa Spitze. Wenn sie mit ihren schmalen geraden Pfoten dasaß, war sie von vorn gesehen ein exotisch schönes Tier. Dieses kleine Dingelchen saß mitten auf einem gelben Teppich und war von fünf Anbetern umringt, vor denen es sich überhaupt nicht fürchtete. Dann stolzierte sie über den Fußboden des Hauses, inspizierte jeden Zentimeter, kletterte auf mein Bett, kroch unter die Falte einer Decke und war zuhause.

S. ging mit H. davon und sagte: Das war höchste Zeit, sonst hätte ich bald keinen Mann mehr gehabt.

Und er ging brummend davon und sagte, daß es nichts Köstlicheres gäbe, als von der zarten Berührung einer rosa Zunge auf seinem Gesicht geweckt zu werden.

Das Kätzchen ging oder eher hüpfte die Treppenstufen hinunter, von denen jede doppelt so hoch war wie sie selbst: erst die Vorderpfoten, dann, plop, die Hinterpfoten, Vorderpfoten, dann, plop, die Hinterpfoten. Sie untersuchte das Untergeschoß, lehnte das Dosenfutter ab, das ihr angeboten wurde und verlangte miauend eine Katzentoilette. Sie lehnte Sägespäne ab, akzeptierte jedoch mit wählerischer Geste zerrissenes Zeitungspapier, wenn es nichts anderes gab. Es gab nichts anderes: Die Erde draußen war zugefroren.

Sie fraß kein Dosenfutter für Katzen. Sie tat es einfach nicht. Und ich war nicht bereit, sie mit Hummersuppe und Hühnchen zu füttern. Wir einigten uns auf Hackfleisch.

Sie war immer mit ihrem Futter so heikel wie ein studierter Gourmet. Mit zunehmendem Alter wurde es schlimmer. Schon als Kätzchen konnte sie ihren Ärger, ihre Freude oder ihre schlechte Laune durch das ausdrücken, was sie aß, halb aß oder ablehnte. Ihre Eßgewohnheiten sind eine ausdrucksvolle Sprache.

Doch ich glaube, daß sie einfach zu früh von ihrer Mutter getrennt worden war. Bei allem Respekt möchte ich die Katzenexperten darauf hinweisen, daß sie sich möglicherweise irren, wenn sie sagen, daß ein Kätzchen seine Mutter verlassen darf, wenn es gerade sechs Wochen alt geworden ist. Diese Katze war genau sechs Wochen alt, als es von seiner Mutter getrennt wurde. Der Grund für ihr heikles Verhältnis zum Futter entspricht der neurotischen Feindseligkeit und ablehnenden Haltung gegenüber Nahrung von Kindern mit Eßstörungen. Sie glaubte, daß sie essen mußte; sie aß auch: doch sie aß niemals voller Freude um des Essens willen. Und sie zeigt weitere Anzeichen dafür, daß sie nicht genug Nestwärme bekommen hat. Selbst jetzt noch kriecht sie instinktiv unter eine Zeitung oder in eine Schachtel oder einen Korb – in alles, was sie schützt und bedeckt. Und außerdem ist sie äußerst schnell beleidigt oder eingeschnappt. Und sie ist ein angstvoller Feigling.

Kätzchen, die man sieben oder acht Wochen lang bei ihrer Mutter läßt, essen problemlos und haben Selbstvertrauen. Doch sie sind natürlich nicht so interessant.

Als Kätzchen schlief dieses Tier niemals an der Außenseite des Bettes. Sie wartete, bis ich im Bett lag, marschierte über mich hinweg und erwog dabei verschiedene Möglichkeiten. Dann legte sie sich hin, entweder an meine Füße oder an meine Schulter, oder sie kroch unter das Kopfkissen. Wenn ich mich zu viel bewegte, wechselte sie ärgerlich den Platz und gab ihrer Empörung auch Ausdruck.

Wenn ich das Bett machte, ließ sie sich gern mit einwickeln und blieb als winziger Hügel manchmal stundenlang glücklich unter den Tüchern. Wenn man den Hügel streichelte, schnurrte und miaute er, doch sie kam erst heraus, wenn sie unbedingt mußte.

Der Hügel bewegte sich über das Bett hinweg und zögerte an der Kante. Sie gab mitunter ein verzweifeltes Miauen von sich, wenn sie zum Boden hinunterglitt. Da sie sich in ihrer Würde verletzt fühlte, leckte sie sich eilig, und ihre gelben Augen starrten die Beobachter an, die einen großen Fehler begingen, wenn sie lachten. Und dann ging sie voll Befangenheit in die Mitte einer fiktiven Bühne.

Zeit für das heikle, pingelige Essen. Zeit auch für die Katzentoilette, eine weitere köstliche Vorstellung. Zeit, um das cremefarbene Fell in Ordnung zu bringen. Und Zeit zum Spielen, das nicht unbeabsichtigt geschah, sondern nur, wenn sie beobachtet wurde.

Sie war sich ihrer selbst genauso arrogant bewußt wie ein hübsches Mädchen, das nichts anderes als seine Schönheit zu bieten hat: Körper und Gesicht wurden stets nach einem inneren Kontrollmonitor in Pose gebracht –

eine Haltung, die wie eine Maske war: Nein, nein, so bin ich, mit dieser aggressiven Brust und den trägen, feindseligen Augen immer auf Bewunderung aus.

Wenn die Katze ein Mensch gewesen wäre, hätte sie in dem Alter Kleider und Haare wie Waffen in der Gewißheit getragen, daß sie zu jedem ihr passenden Zeitpunkt in ihre Kindheit zurückfallen konnte, wenn ihr die Rolle zu schwierig wurde – diese Katze ging affektiert, prinzessinnenhaft und herausgeputzt durchs Haus, und wenn sie dann genug hatte, verzog sie sich ein wenig vergrätzt unter eine Zeitung oder hinter ein Kissen und beobachtete die Welt von dort aus mit sicherem Abstand.

Ihr schönstes Kunststück führte sie meist vor Publikum auf. Sie lag auf dem Rücken unter einem Sofa und zog sich mit den Krallen und schnellen, scharfen Bewegungen voran, hielt dann inne, drehte den eleganten kleinen Kopf zur Seite und wartete mit zusammengezogenen gelben Augen auf Applaus. „Ach, was für ein schönes Kätzchen! Köstliches Tier! Hübsche Katze!" Danach gab sie noch eine weitere Vorstellung.

Auf der passenden Unterlage, dem gelbem Teppich vielleicht oder dem blauen Kissen, legte sie sich auf den Rücken und rollte sich mit ausgestreckten Pfoten und zurückgelegtem Kopf langsam hin und her und zeigte ihre cremefarbene Brust und den Bauch, der schwach mit den schwarzen Flecken des Leopards gezeichnet war, als ob sie eine entzückende Unterart von ihm wäre. „Oh, schönes Kätzchen, ach, du bist ja so hübsch." Und sie war gern bereit, solange weiterzumachen, bis die Komplimente ausblieben.

Oder sie saß auf der hinteren Veranda. Doch nicht auf dem leeren Tisch, sondern auf einem kleinen Podest, auf dem Töpfe mit Narzissen und Hyazinthen standen. Zwischen den blauen und weißen Blüten warf sie sich in Pose, bis man sie bemerkte und bewunderte. Nicht nur von uns, sondern auch von dem alten rheumatischen Kater, der wie ein Mahner eines viel härteren Lebens durch den Garten schlich, in dem die Erde noch immer gefroren war. Er sah eine schöne, halbwüchsige Katze hinter dem Fenster. Sie sah ihn. Sie drehte den Kopf hierhin, dorthin, biß ein Stückchen Hyazinthe ab, ließ es fallen, leckte lässig ihr Fell und sprang dann mit einem unverschämten Rückwärtsblick herunter, ging nach drinnen und entschwand seinen Blicken. Oder wenn sie auf dem Weg nach oben auf einem Arm oder einer Schulter saß, schaute sie aus dem Fenster zu dem armen alten Tier hinaus, das so still dasaß, daß wir manchmal glaubten, daß es gestorben und festgefroren sei. Wenn die

Sonne zur Mittagszeit ein wenig wärmte und er sich leckte, waren wir jedesmal erleichtert. Manchmal saß sie auch am Fenster und beobachtete ihn, doch ihr Leben war noch immer in die Arme, Betten, Kissen und Ecken der Menschen eingebettet.

Und als dann der Frühling kam, war die Hintertür offen und die Katzentoilette Gott sei Dank überflüssig. Und der Hintergarten wurde ihr Territorium. Sie war sechs Monate alt und nach Ansicht der Natur ausgewachsen.

Sie war so schön und so perfekt, schöner noch als jene Katze vor so vielen Jahren, von der ich behauptete, daß ihr nie eine andere gleichkommen würde. So war es natürlich auch, denn jene Katze bestand aus Takt, Zartgefühl, Wärme und Grazie – daher mußte sie jung sterben, wie Märchen und alte Frauen sagen.

Unsere Katze, die Prinzessin, war und ist noch immer schön, doch es kann nicht geleugnet werden, daß sie ein selbstsüchtiges Tier ist.

Die Kater standen auf den Gartenmauern Schlange. Als erstes der melancholische alte Winterkater, der König der Hintergärten. Dann ein hübscher schwarzweißer aus dem Nebenhaus, der dem Aussehen nach sein Sohn sein konnte. Ein mit Kampfspuren bedeckter Tiger. Ein grauweißer Kater, der sich seiner Niederlage so sicher war, daß er niemals von der Mauer herunterkam. Und dann ein flotter junger Tigerkater, den sie offen bewunderte. Sinnlos, denn der alte König war noch nicht besiegt worden. Wenn sie mit aufgestelltem Schwanz hinausschlenderte, ignorierte sie alle.

Doch als sie den hübschen jungen Kater anschaute und er auf sie zusprang, brauchte sich der Winterkater auf der Mauer nur ein wenig zu bewegen, und der junge Kater brachte sich mit einem Rückwärtssprung in Sicherheit. So ging das wochenlang.

In der Zwischenzeit besuchten H. und S. ihr verlorenes Haustier. S. sagte, wie entsetzlich und unfair es sei, daß die Prinzessin keine Wahl habe, und H. sagte, daß es genau so sei, wie es sein sollte: Eine Prinzessin brauche einen König, auch wenn dieser alt und häßlich sei. Er habe soviel Würde, sagte H., so viel Persönlichkeit, und er verdiene die schöne junge Katze aufgrund seiner noblen Geduld während des langen Winters auch.

Doch dann wurde der häßliche Kater Mephistopheles genannt. Wir hörten, daß er in seinem eigenen Zuhause Billy gerufen wurde. Unserer Katze hatten wir viele verschiedene Namen gegeben, doch keinen für länger. Melissa und Franny, Marilyn und Sappho, Circe und Ayesha und Suzette. Doch im zärtlichen Gespräch reagierte sie mit Miauen und Schnurren und Gurgeln vor allem auf lang gedehnte Silben von Adjektiven – wuuuunderschööööne, herrliche Katze.

An einem sehr heißen Wochenende und soweit ich mich erinnere, dem einzigen in einem häßlichen Sommer, kam sie in Hitze.

H. und S. kamen am Sonntag zum Mittagessen, und wir saßen auf der hinteren Veranda und beobachteten die Wahl der Natur. Nicht unsere. Und auch nicht die unserer Katze.

Zwei Nächte lang hatten die Kämpfe gedauert, schreckliche Kämpfe, bei denen die Kater im Garten geheult, gejault und geschrien hatten. Dabei hatte die graue Katze am Fußende meines Betts gesessen und in die Dunkelheit gestarrt, mit gespitzten und bewegten Ohren und einem Schwanz, dessen Spitze kleine Kommentare abgab.

An jenem Sonntag war nur Mephistopheles zu sehen. Die graue Katze rollte sich wie im Rausch durch den ganzen Garten. Sie kam zu uns, rollte sich um unsere Füße und biß in sie hinein. Sie rannte den Baum am Ende des Gartens hinauf und hinunter. Sie rollte sich und schrie und rief und lockte.

„Das ist die erniedrigendste Zurschaustellung von Lust, die ich je gesehen habe", sagte S. mit einem Blick zu H., der in unsere Katze verliebt war.

„Ach, arme Katze", sagte H. „Wenn ich Mephistopheles wäre, würde ich sie nie so schlecht behandeln."

„Ach, H.", sagte S., „du bist widerlich. Wenn ich das jemandem erzähle, würde man es nicht glauben. Aber ich habe ja schon immer gesagt, daß du widerwärtig bist."

„Ach, das hast du also immer gesagt", sagte H., während er die erregte Katze streichelte.

Es war ein sehr heißer Tag, wir hatte viel Wein zum Essen getrunken, und das Liebesspiel ging den ganzen Nachmittag weiter.

Schließlich sprang Mephistopheles von der Mauer herab, vor der die graue Katze sich wand und rollte – doch leider verdarb er alles.

„Ach du liebe Güte", sagte H., der wirklich litt. „Das ist ja unverzeihlich."

Gequält beobachtete S. die Pein der Katze und zweifelte mehrfach, dramatisch und lauthals, ob der Sex das wert sei. „Seht euch das an", sagte sie. „Das sind wir. Wir sind genauso."

„So sind wir überhaupt nicht", sagte H. „Das ist Mephistopheles. Man sollte ihn erschießen."

Dann erschieß ihn sofort, sagten wir alle, oder sperr ihn wenigstens ein, damit der junge Tiger von nebenan seine Chance bekommt.

Doch der hübsche junge Kater ließ sich nicht sehen.

Wir tranken noch mehr Wein, die Sonne schien weiter, unsere Prinzessin tanzte, rollte und sauste den Baum hinauf und hinunter, und als schließlich alles klappte, wurde sie wieder und wieder von dem alten König gepackt.

„Was daran falsch ist", sagte H., „ist, daß er zu alt ist für sie."

„Du lieber Himmel", sagte S. „Ich werde dich nach Hause bringen. Sonst, wette ich, wirst du es noch selbst tun."

„Ach, ich wünschte, ich könnte es", sagte H. „Was für ein herrliches Tier, was für ein wunderbares Wesen, was für eine Prinzessin. Sie ist an einen Kater verschwendet, und ich kann es nicht ertragen."

Am nächsten Tag kehrte der Winter zurück. Der Garten war kalt und naß, und die graue Katze hatte wieder ihre wählerische und hochmütige Art angenommen. Und der alte König lag auf der Gartenmauer im langsamen englischen Regen, war noch immer der Sieger über alle anderen und wartete.

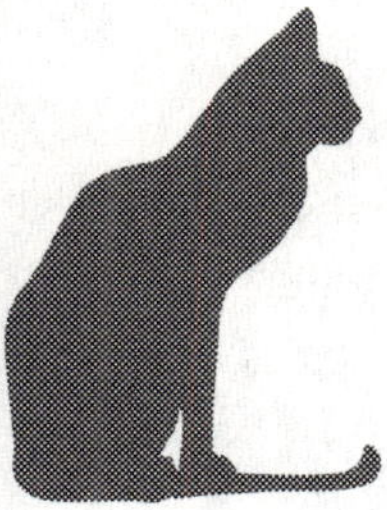

Die Katze

Charles Baudelaire

Komm, meine schöne Katze, an mein verliebtes Herz,
Zieh die Krallen deiner Tatze ein,
Und laß mich abtauchen in deine schönen Augen
Aus metallisch glänzenden Achaten.

Wenn meine Finger versunken dir den Kopf
Liebkosen und deinen elastischen Rücken,
Und die Berührung meiner Hand sich an
Deinem elektrischen Körper ergötzt,

Seh ich meine Frau vor mir. Ihren Blick,
Wie deiner, liebenswürdiges Tier,
Tief und kalt, eindringlich und stachelgleich,

Und von den Füßen bis zum Kopf
Umweht ein feiner Hauch, ein gefährliches Parfum
Ihre gebräunte Gestalt.

Spiegel, das Kätzchen.

Ein Märchen.
Gottfried Keller

Wenn ein Seldwyler eine schlechten Handel gemacht hat oder angeführt worden ist, so sagt man zu Seldwyla: Er hat der Katze den Schmer abgekauft! Dies Sprichwort ist zwar auch anderwärts gebräuchlich, aber nirgends hört man es so oft wie dort, was vielleicht daher rühren mag, daß es in dieser Stadt eine alte Sage gibt über den Ursprung und die Bedeutung dieses Sprichwortes.

Vor mehreren hundert Jahren, heißt es, wohnte zu Seldwyla eine ältliche Person allein mit einem schönen, grau und schwarzen Kätzchen, welches in aller Vergnügtheit und Klugheit mit ihr lebte und niemandem, der es ruhig ließ, etwas zuleide tat. Seine einzige Leidenschaft war die Jagd, welche es jedoch mit Vernunft und Mäßigung befriedigte, ohne sich durch den Umstand, daß diese Leidenschaft zugleich einen nützlichen Zweck hatte und seiner Herrin wohlgefiel, beschönigen zu wollen und allzusehr zur Grausamkeit hinreißen zu lassen. Es fing und tötete daher nur die zudringlichen und frechsten Mäuse, welche sich in einem gewissen Umkreise des Hauses betreten ließen, aber diese dann mit zuverlässiger Geschicklichkeit; nur selten verfolgte es eine besonders pfiffige Maus, welche seinen Zorn gereizt hatte, über diesen Umkreis hinaus und erbat sich in diesem Falle mit vieler Höflichkeit von den Herren Nachbaren die Erlaubnis, in ihren Häusern ein wenig mausen zu dürfen, was ihm gerne gewährt wurde, da es die Milchtöpfe stehen ließ, nicht an die Schinken hinaufsprang, welche etwa an den Wänden hingen, sondern seinem Geschäfte still und aufmerksam oblag und, nachdem es dieses verrichtet, sich mit dem Mäuslein im Maule anständig entfernte. Auch war das Kätzchen gar nicht scheu und unartig, sondern zutraulich gegen jedermann, und floh nicht vor vernünftigen Leuten; vielmehr ließ es sich von solchen einen guten Spaß gefallen und selbst ein bißchen an den Ohren zupfen, ohne zu kratzen; dagegen ließ es sich von einer Art dummer Menschen, von welchen es behauptete, daß die Dummheit aus einem unreifen und nichtsnutzigen Herzen käme, nicht das mindeste gefallen und ging ihnen entweder aus dem Wege oder versetzte ihnen einen ausreichenden Hieb über die Hand, wenn sie es mit einer Plumpheit molestierten.

Spiegel, so war der Name des Kätzchens wegen seines glatten und glänzenden Pelzes, lebte so seine Tage heiter, zierlich und beschaulich dahin, in anständiger Wohlhabenheit und ohne Überhebung. Er saß nicht zu oft auf der Schulter seiner freundlichen Gebieterin, um ihr die Bissen von der Gabel wegzufangen, sondern nur, wenn er merkte, daß ihr dieser Spaß angenehm war, auch lag und schlief er den Tag über selten auf feinem warmen Kissen hinter dem Ofen, sondern hielt sich munter und liebte es eher, auf einem schmalen Treppengeländer oder in der Dachrinne zu liegen und sich philosophischen Betrachtungen und der Beobachtung der Welt zu überlassen. Nur jeden Frühling und Herbst einmal wurde dies ruhige Leben eine Woche lang unterbrochen, wenn die Veilchen blühten oder die milde Wärme des Alteweibersommers die Veilchenzeit nachäffte. Alsdann ging Spiegel seine eigenen Wege, streifte in verliebter Begeisterung über die fernsten Dächer und sang die allerschönsten Lieder. Als ein rechter Don Juan bestand er bei Tag und Nacht die bedenklichsten Abenteuer, und wenn er sich zur Seltenheit einmal im Hause sehen ließ, so erschien er mit einem so verwegenen, burschikosen, ja liederlichen und zerzausten Aussehen, daß die stille Person, seine Gebieterin, fast unwillig ausrief: „Aber Spiegel! Schämst du dich denn nicht, ein solches Leben zu führen?"Wer sich aber nicht schämte, war Spiegel; als ein Mann von Grundsätzen, der wohl wußte, was er sich zur wohltätigen Abwechslung erlauben durfte, beschäftigte er sich ganz ruhig damit, die Glätte seines Pelzes und die unschuldige Munterheit seines Aussehens wiederherzustellen, und er fuhr sich so unbefangen mit dem feuchten Pfötchen über die Nase, als ob gar nichts geschehen wäre.

Allein dies gleichmäßige Leben nahm plötzlich ein trauriges Ende. Als das Kätzchen Spiegel eben in der Blüte seiner Jahre stand, starb die Herrin unversehens an Altersschwäche und ließ das schöne Kätzchen herrenlos und verwaist zurück. Es war das erste Unglück, welches ihm widerfuhr, und mit jenen Klagetönen, welche so schneidend den bangen Zweifel an der wirtlichen und rechtmäßigen Ursache eines großen Schmerzes ausdrücken, begleitete es die Leiche bis auf die Straße und strich den ganzen übrigen Tag ratlos im Hause und rings um dasselbe her. Doch seine gute Natur, seine Vernunft und Philosophie geboten ihm bald, sich zu fassen, das Unabänderliche zu tragen und seine dankbare Anhänglichkeit an das Haus seiner toten Gebieterin dadurch zu beweisen, daß er ihren lachenden Erben seine Dienste anbot und sich bereit machte, denselben mit Rat und Tat beizustehen, die Mäuse ferner im Zaune zu halten und überdies ihnen manche gute Mitteilung zu machen, welche die Törichten nicht verschmäht hätten, wenn sie eben nicht unvernünftige Menschen gewesen wären. Aber diese Leute ließen Spiegel gar nicht zu Wort kommen, sondern warfen ihm die Pantoffeln und das artige Fußschemelchen der Seligen an den Kopf, so oft er sich blicken ließ, zankten sich acht Tage lang untereinander, begannen endlich einen Prozeß und schlossen das Haus bis auf weiteres zu, so daß nun gar niemand darin wohnte.

Da saß nun der arme Spiegel traurig und verlassen auf der steinernen Stufe vor der Haustüre und hatte niemand, der ihn hineinließ. Des Nachts begab er sich wohl auf Umwegen unter das Dach des Hauses, und im Anfang hielt er sich einen großen Teil des Tages dort verborgen und suchte seinen Kummer zu verschlafen; doch der Hunger trieb ihn bald an das Licht und nötigte ihn, an der warmen Sonne und unter den Leuten zu erscheinen, um bei der Hand zu sein und zu gewärtigen, wo sich etwa ein Maul voll geringer Nahrung zeigen möchte. Je seltener dies geschah, desto aufmerksamer wurde der gute Spiegel, und alle seine moralischen Eigenschaften gingen in dieser Aufmerksamkeit auf, so daß er sehr bald sich selber nicht mehr gleichsah. Er machte zahlreiche Ausflüge von seiner Haustüre aus und stahl sich scheu und flüchtig über die Straße, um manchmal mit einem schlechten, unappetitlichen Bissen, dergleichen er früher nie angesehen, manchmal mit gar nichts zurückzukehren. Er wurde von Tag zu Tag magerer und zerzauster, dabei gierig, kriechend und feig; all sein Mut, seine zierliche Katzenwürde, seine Vernunft und Philosophie waren dahin. Wenn die Buben aus der Schule kamen, so kroch er in einen verborgenen Winkel, sobald er sie kommen hörte, und guckte nur hervor, um aufzupassen, welcher von ihnen etwa eine Brotrinde wegwürfe, und merkte sich den Ort, wo sie hinfiel. Wenn der schlechteste Köter von weitem ankam, so sprang er hastig fort, während er früher gelassen der Gefahr ins Auge geschaut und böse Hunde oft tapfer gezüchtigt hatte. Nur wenn ein grober und einfältiger Mensch daherkam, dergleichen er sonst klüglich gemieden, blieb

Glyzinien-Katze

„Er ist das würdevolle Abbild von Gelassenheit und perfekter Muskelkontrolle."
Die Untat von Morning Glory Adolphus

Markt-Katzen in Konstantinopel

„Als wir ihnen einen freundlichen Gruß zuriefen, sahen wir, wie ein Ausdruck von Entsetzen über ihre Gesichter glitt. ‚Guter Gott! Bloß weg hier!'"

Mein Chef, die Katze

Tobys Katze

„Die Freundschaft einer Katze zu erwerben, ist keine einfache Sache. ... Sie verschenkt ihre Gefühle nicht wahllos."
Die weißen und die schwarzen Herrscher

Die Katze von Brush Creek, 1995

„Er konnte stundenlang zufrieden an einem niedrigen Fenster sitzen und auf den Hohlweg schauen und zu den großen Bäumen hinüber, wobei er dabei auch die kleinste Bewegung wahrnahm."

Kater Calvin

er sitzen, obgleich das arme Kätzchen mit dem Reste seiner Menschenkenntnis den Lümmel recht gut erkannte; allein die Not zwang Spiegelchen, sich zu täuschen und zu hoffen, daß der Schlimme ausnahmsweise einmal es freundlich streicheln und ihm einen Bissen darreichen werde. Und selbst wenn er statt dessen nun doch geschlagen oder in den Schwanz gekneift wurde, so kratzte er nicht, sondern duckte sich lautlos zur Seite und sah dann noch verlangend nach der Hand, die es geschlagen und gekneift, und welche nach Wurst oder Hering roch.

Als der edle und kluge Spiegel so heruntergekommen war, saß er eines Tages ganz mager und traurig auf seinem Stein und blinzelte in der Sonne. Da kam der Stadthexenmeister Pineiß des Weges, sah das Kätzchen und stand vor ihm still. Etwas Gutes hoffend, obgleich es den Unheimlichen wohl kannte, saß Spiegelchen demütig auf dem Stein und erwartete, was der Herr Pineiß etwa tun oder sagen würde. Als dieser aber begann und sagte: „Na, Katze! Soll ich dir deinen Schmer abkaufen?" da verlor es die Hoffnung, denn es glaubte, der Stadthexenmeister wolle es seiner Magerheit wegen verhöhnen. Doch erwiderte er bescheiden und lächelnd, um es mit niemand zu verderben: „Ach, der Herr Pineiß belieben zu scherzen!" „Mit nichten!" rief Pineiß, „es ist mir voller Ernst! Ich brauche Katzenschmer vorzüglich zur Hexerei; aber er muß mir vertragsmäßig und freiwillig von den werten Herren Katzen abgetreten werden, sonst ist er unwirksam. Ich denke, wenn je ein wackeres Kätzlein in der Lage war, einen vorteilhaften Handel abzuschließen, so bist es du! Begib dich in meinen Dienst; ich füttere dich herrlich heraus, mache dich fett und kugelrund mit Würstchen und gebratenen Wachteln. Auf dem ungeheuer hohen alten Dache meines Hauses, welches nebenbei gesagt das köstlichste Dach von der Welt ist für eine Katze, voll interessanter Gegenden und Winkel, wächst auf den sonnigsten Höhen treffliches Spitzgras, grün wie Smaragd, schlank und fein in den Lüften schwankend, dich einladend, die zartesten Spitzen abzubeißen und zu genießen, wenn du dir an meinen Leckerbissen eine leichte Unverdaulichkeit zugezogen hast. So wirst du bei trefflicher Gesundheit bleiben und mir dereinst einen kräftigen brauchbaren Schmer liefern!"

Spiegel hatte schon längst die Ohren gespitzt und mit wässerndem Mäulchen gelauscht; doch war seinem geschwächten Verstande die Sache noch nicht klar und er versetzte daher: „Das ist so weit nicht übel, Herr Pineiß! Wenn ich nur wüßte, wie ich alsdann, wenn ich doch, um Euch meinen

Schmer abzutreten, mein Leben lassen muß, des verabredeten Preises habhaft werden und ihn genießen soll, da ich nicht mehr bin?" „Des Preises habhaft werden?" sagte der Hexenmeister verwundert, „den Preis genießest du ja eben in den reichlichen und üppigen Speisen, womit ich dich fett mache, das versteht sich von selber! doch will ich dich zu dem Handel nicht zwingen!" Und er machte Miene, sich von dannen begeben zu wollen. Aber Spiegel sagte hastig und ängstlich: „Ihr müßt mir wenigstens eine mäßige Frist gewähren über die Zeit meiner höchsten erreichten Rundheit und Fettigkeit hinaus, daß ich nicht so jählings von hinnen gehen muß, wenn jener angenehme und ach! so traurige Zeitpunkt herangekommen und entdeckt ist!"

„Es sei!" sagte Herr Pineiß mit anscheinender Gutmütigkeit, „bis zum nächsten Vollmond sollst du dich alsdann deines angenehmen Zustandes erfreuen dürfen, aber nicht länger! Denn in den abnehmenden Mond hinein darf es nicht gehen, weil dieser einen vermindernden Einfluß auf mein wohlerworbenes Eigentum ausüben würde."

Das Kätzchen beeilte sich zuzuschlagen und unterzeichnete einen Vertrag, welchen der Hexenmeister im Vorrat bei sich führte, mit seiner scharfen Handschrift, welche sein letztes Besitztum und Zeichen besserer Tage war.

„Du kannst dich nun zum Mittagessen bei mir einfinden, Kater!" sagte der Hexer, „Punkt zwölf Uhr wird gegessen!" „Ich werde so frei sein, wenn Ihr's erlaubt!" sagte Spiegel und fand sich pünktlich um die Mittagsstunde bei Herrn Pineiß ein. Dort begann nun während einiger Monate ein höchst angenehmes Leben für das Kätzchen; denn es hatte auf der Welt weiter nichts zu tun, als die guten Dinge zu verzehren, die man ihm vorsetzte, dem Meister bei der Hexerei zuzuschauen, wenn es mochte, und auf dem Dache spazieren zu gehen. Dies Dach glich einem ungeheuren schwarzen Nebelspalter oder Dreiröhrenhut, wie man die großen Hüte der schwäbischen Bauern nennt, und wie ein solcher Hut ein Gehirn voller Nücken und Finten überschattet, so bedeckte dies Dach ein großes, dunkles und winkliges Haus voll Hexenwerk und Tausendsgeschichten. Herr Pineiß war ein Kannalles, welcher hundert Ämtchen versah, Leute kurierte, Wanzen vertilgte, Zähne auszog und Geld auf Zinsen lieh; er war der Vormünder aller Waisen und Witwen, schnitt in seinen Mußestunden Federn, das Dutzend für einen Pfennig, und machte schöne schwarze Tinte; er handelte mit Ingwer und Pfeffer, mit Wagenschmiere und Rosoli, mit Häftlein und Schuhnägeln, er renovierte die Turmuhr und machte jährlich den Kalender mit der Witterung, den Bauernregeln, und dem Aderlaßmännchen; er verrichtete zehntausend rechtliche Dinge am hellen Tag um mäßigen Lohn, und einige unrechtliche nur in der Finsternis und aus Privatleidenschaft, oder hing auch den rechtlichen, ehe er sie aus seiner Hand entließ, schnell noch ein unrechtliches Schwänzchen an, so klein wie die Schwänzchen der jungen Frösche, gleichsam nur der Possierlichkeit wegen. Überdies machte er das Wetter in schwierigen Zeiten, überwachte mit seiner Kunst die Hexen, und wenn sie reif waren, ließ er sie verbrennen; für sich trieb er die Hexerei nur als wissenschaftlichen Versuch und zum Hausgebrauch, sowie er auch die Stadtgesetze, die er redigierte und ins Reine schrieb, unter der Hand probierte und verdrehte, um ihre Dauerhaftigkeit zu ergründen. Da die Seldwyler stets einen solchen Bürger brauchten, der alle unlustigen kleinen und großen Dinge für sie tat, so war er zum Stadthexenmeister ernannt worden und bekleidete dies Amt schon seit vielen Jahren mit unermüdlicher Hingebung und Geschicklichkeit, früh und spät. Daher war sein Haus von unten bis oben vollgestopft mit allen erdenklichen Dingen, und Spiegel hatte viel Kurzweil, alles zu besehen und zu beriechen.

Doch im Anfang gewann er seine Aufmerksamkeit für andere Dinge, als für das Essen. Er schlang gierig alles hinunter, was Pineiß ihm darreichte, und mochte kaum von einer Zeit zur andern warten. Dabei überlud er sich den Magen und mußte wirklich auf das Dach gehen, um dort von den grünen Gräsern abzubeißen und sich von allerhand Unwohlsein zu kurieren. Als der Meister diesen Heißhunger bemerkte, freute er sich und dachte, das Kätzchen würde solcherweise recht bald fett werden, und je besser er daran wende, desto klüger verfahre und spare er im ganzen. Er baute daher für Spiegel eine ordentliche Landschaft in seiner Stube, indem er ein Wäldchen von Tannenbäumchen aufstellte, kleine Hügel von Steinen und Moos errichtete und einen kleinen See anlegte. Auf die Bäumchen setzte er duftig gebratene Lerchen, Finken, Meisen und Sperlinge, je nach der Jahreszeit, so daß da Spiegel immer etwas herunterzuholen und zu knabbern vorfand. In die kleinen Berge versteckte er in künstlichen-Mauslöchern herrliche Mäuse, welche er sorgfältig mit Weizenmehl gemästet, dann ausgeweidet, mit zarten Speckriemchen gespickt und gebraten hatte. Einige dieser Mäuse konnte Spiegel mit der Hand hervorholen, andere waren zur Erhöhung des Vergnügens tiefer verborgen, aber an einen Faden gebunden, an welchem Spiegel sie behutsam hervorziehen mußte, wenn er diese Lustbarkeit einer nachgeahmten Jagd genießen wollte. Das Becken des Sees aber füllte Pineiß alle Tage mit frischer Milch, damit Spiegel in der süßen seinen Durst lösche, und ließ gebratene Gründlinge darin schwimmen, da er wußte, daß Katzen zuweilen auch die Fischerei lieben. Aber da nun Spiegel ein so herrliches Leben führte, tun und lassen, essen und trinken konnte, was ihm beliebte und wann es ihm einfiel, so gedieh er allerdings zusehens an seinem Leibe; sein Pelz wurde wieder glatt und glänzend und sein Auge munter; aber zugleich nahm er, da sich seine Geisteskräfte in gleichem Maße wieder ansammelten, bessere Sitten an; die wilde Gier legte sich, und weil er jetzt eine traurige Erfahrung hinter sich hatte, so wurde er nun klüger als zuvor. Er mäßigte sich in seinen Gelüsten und fraß nicht mehr als ihm zuträglich war, indem er zugleich wieder vernünftigen und tiefsinnigen Betrachtungen nachhing und die Dinge wieder durchschaute. So holte er eines Tages einen hübschen Krammetsvogel von den Ästen herunter, und als er denselben nachdenklich zerlegte, fand er dessen kleinen Magen ganz kugelrund angefüllt mit frischer unversehrter Speise. Grüne Kräutchen, artig zusammengerollt, schwarze und weiße Samenkörner und eine glänzend rote Beere waren da so niedlich und dicht ineinander gepfropft, als ob ein Mütterchen für ihren Sohn das Ränzchen zur Reise gepackt hätte. Als Spiegel den Vogel langsam verzehrt und das so vergnüglich gefüllte Mäglein an seine Klaue hing und philosophisch betrachtete, rührte ihn das Schicksal des armen Vogels, welcher nach so friedlich verbrachtem Geschäft so schnell sein Leben lassen gemußt, daß er nicht einmal die eingepackten Sachen verdauen konnte. „Was hat er nun davon gehabt, der arme Kerl," sagte Spiegel, „daß er sich so fleißig und eifrig genährt hat, daß dies kleine Säckchen aussieht, wie ein wohl vollbrachtes Tagewerk? Diese rote Beere ist es, die ihn aus dem freien Walde in die Schlinge des Vogelstellers gelockt hat. Aber er dachte doch seine Sache noch besser zu machen und sein Leben an solchen Beeren zu fristen, während ich, der ich soeben den unglücklichen Vogel gegessen, daran mich nur um einen Schritt näher zum Tode gegessen habe! Kann man einen elenderen und feigeren Vertrag abschließen, als sein Leben noch ein Weilchen fristen zu lassen, um es dann um diesen Preis doch zu verlieren? Wäre nicht ein freiwilliger und schneller Tod vorzuziehen gewesen für einen entschlossenen Kater? Aber ich habe keine Gedanken gehabt, und nun da ich wieder solche habe, sehe ich nichts vor mir, als das Schicksal dieses Krammetsvogels; wenn ich rund genug bin, so muß ich von hinnen, aus keinem andern Grunde, als weil ich rund bin. Ein schöner Grund für einen lebenslustigen und gedankenreichen Katzmann! Ach, könnte ich aus dieser Schlinge kommen!"

Er vertiefte sich nun in vielfältige Grübeleien, wie das gelingen möchte; aber da die Zeit der Gefahr noch nicht da war, so wurde es ihm nicht klar und er fand keinen Ausweg; aber als ein kluger Mann ergab er sich bis dahin der Tugend der Selbstbeherrschung, welches immer die beste Vorschule und Zeitvergeudung ist, bis sich etwas entscheiden soll. Er verschmähte das weiche Kissen, welches ihm Pineiß zurechtgelegt hatte, damit er fleißig darauf schlafen und fett werden sollte, und zog es vor, wieder auf schmalen Gesimsen und hohen gefährlichen Stellen zu liegen, wenn er ruhen wollte.

Ebenso verschmähte er die gebratenen Vögel und die gespickten Mäuse und fing sich lieber auf den Dächern, da er nun wieder einen rechtmäßigen Jagdgrund hatte, mit List und Gewandheit einen schlichten lebendigen Sperling, oder auf den Speichern eine flinke Maus, und solche Beute schmeckte ihm vortrefflicher, als das gebratene Wild in Pineißens künstlichem Gehege, während sie ihn nicht zu fett machte; auch die Bewegung und Tapferkeit, sowie der wiedererlangte Gebrauch der Tugend und Philosophie verhinderten ein zu schnelles Fettwerden, so daß Spiegel zwar gesund und glänzend aussah, aber zu Pineißens Verwunderung auf einer gewissen Stufe der Beleibtheit stehen blieb, welche lange nicht das erreichte, was der Hexenmeister mit seiner freundlichen Mästung bezweckte; denn dieser stellte sich darunter ein kugelrundes, schwerfälliges Tier vor, welches sich nicht vom Ruhekissen bewegte und aus eitel Schmer bestand. Aber hierin hatte sich seine Hexerei eben geirrt und er wußte bei aller Schlauheit nicht, daß wenn man einen Esel füttert, derselbe ein Esel bleibt, wenn man aber einen Fuchsen speiset, derselbe nichts anders wird als ein Fuchs; denn jede Kreatur wächst sich nach ihrer Weise aus. Als Herr Pineiß entdeckte, wie Spiegel immer auf demselben Punkte einer wohlgenährten, aber geschmeidigen und rüstigen Schlankheit stehen blieb, ohne eine erkleckliche Fettigkeit anzusetzen, stellte er ihn eines Abends plötzlich zur Rede und sagte barsch: „Was ist das Spiegel? Warum frissest du die guten Speisen nicht, die ich dir mit so viel Sorgfalt und Kunst präpariere und herstelle? Warum fängst du die gebratenen Vögel nicht auf den Bäumen, warum suchst du die leckeren Mäuschen nicht in den Berghöhlen? Warum fischest du nicht mehr in dem See? Warum pflegst du dich nicht? Warum schläfst du nicht auf dem Kissen? Warum strapazierst du dich und wirst mir nicht fett?" „Ei, Herr Pineiß!" sagte Spiegel, „weil es mir wohler ist auf diese Weise! Soll ich meine kurze Frist nicht auf die Art verbringen, die mir am angenehmsten ist?" „Wie!" rief Pineiß, „du sollst so leben, daß du dick und rund wirst und nicht dich abjagen! Ich merke aber wohl, wo du hinauswillst! Du denkst mich zu äffen und hinzuhalten, daß ich dich in Ewigkeit in diesem Mittelzustande herumlaufen lasse? Mit nichten soll dir das gelingen! Es ist deine Pflicht, zu essen und zu trinken und dich zu pflegen, auf daß du dick werdest und Schmer bekommst! Auf der Stelle entsage daher dieser hinterlistigen und kontraktwidrigen Mäßigkeit, oder ich werde ein Wörtlein mit dir sprechen!"

Spiegel unterbrach sein behagliches Spinnen, das er angefangen, um seine Fassung zu behaupten, und sagte: „Ich weiß kein Sterbenswörtchen davon, daß in dem Kontrakt steht, ich solle der Mäßigkeit und einem gesunden Lebenswandel entsagen! Wenn der Herr Stadthexenmeister darauf gerechnet hat, daß ich ein fauler Schlemmer sei, so ist das nicht meine Schuld! Ihr tut tausend rechtliche Dinge des Tages, so lasset dieses auch noch hinzukommen und uns beide hübsch in der Ordnung bleiben; denn Ihr wißt ja wohl, daß Euch mein Schmer nur nützlich ist, wenn er auf rechtliche Weise erwachsen!" „Ei du Schwätzer!" rief Pineiß erbost, „willst du mich belehren? Zeig' her, wie weit bist du denn eigentlich gediehen, du Müßiggänger? Vielleicht kann man dich doch bald abtun!" Er griff dem Kätzchen an den Bauch; allein dieses fühlte sich dadurch unangenehm gekitzelt und hieb dem Hexenmeister einen scharfen Kratz über die Hand. Diesen betrachtete Pineiß aufmerksam, dann sprach er: „Stehen wir so miteinander, du Bestie? Wohlan, so erkläre ich dich hiermit feierlich, Kraft des Vertrages, für fett genug! Ich begnüge mich mit dem Ergebnis und werde mich desselben zu versichern wissen! In fünf Tagen ist der Mond voll, und bis dahin magst du dich noch deines Lebens erfreuen, wie es geschrieben steht, und nicht eine Minute länger!" Damit kehrte er ihm den Rücken und überließ ihn seinen Gedanken.

Diese waren jetzt sehr bedenklich und düster; so war denn die Stunde doch nahe, wo der gute Spiegel seine Haut lassen sollte? Und war mit aller Klugheit gar nichts mehr zu machen? Seufzend stieg er auf das hohe Dach, dessen Firste dunkel in den schönen Herbstabendhimmel emporragten. Da ging der Mond über der Stadt auf und warf seinen Schein auf die schwarzen bemoosten Hohlziegel des alten Daches, ein lieblicher Gesang tönte in Spiegels Ohren und eine schneeweiße Kätzin wandelte glänzend über einen benachbarten First weg. Sogleich vergaß Spiegel die Todesaussichten, in welchen er lebte, und erwiderte mit seinem schönsten Katerliede den Lobgesang der Schönen. Er eilte ihr entgegen und war bald im hitzigen Gefecht mit drei fremden

Katern begriffen, die er mutig und wild in die Flucht schlug. Dann machte er der Dame feurig und ergeben den Hof und brachte Tag und Nacht bei ihr zu, ohne an den Pineiß zu denken oder im Hause sich sehen zu lassen. Er sang wie eine Nachtigall die schönen Mondnächte hindurch, jagte hinter der weißen Geliebten her über die Dächer, durch die Gärten, und rollte mehr als einmal im heftigen Minnespiel oder im Kampfe mit den Rivalen über hohe Dächer hinunter und fiel auf die Straße; aber nur um sich aufzuraffen, das Fell zu schütteln und die wilde Jagd seiner Leidenschaften von neuem anzuheben. Stille und laute Stunden, süße Gefühle und sonniger Streit, anmutiges Zwiegespräch, witziger Gedankenaustausch, Ränke und Schwänke der Liebe und Eifersucht, Liebkosungen und Raufereien, die Gewalt des Glückes und die Leiden des Unsterns ließen den verliebten Spiegel nicht zu sich selbst kommen, und als die Scheibe des Mondes voll geworden, war er von allen diesen Aufregungen und Leidenschaften so heruntergekommen, daß er jämmerlicher, magerer und zerzauster aussah, als je. Im selben Augenblicke rief ihm Pineiß aus einem Dachtürmchen; „Spiegelchen, Spiegelchen! Wo bist du? Komm doch ein bißchen nach Hause!"

Da schied Spiegel von der weißen Freundin, welche zufrieden und kühl miauend ihrer Wege ging, und wandte sich stolz seinem Henker zu. Dieser stieg in die Küche hinunter, raschelte mit dem Kontrakt und sagte; „Komm Spiegelchen, komm Spiegelchen!" und Spiegel folgte ihm und setzte sich in der Hexenküche trotzig vor den Meister hin in all seiner Magerkeit und Zerzaustheit. Als Herr Pineiß erblickte, wie er so schmählich um seinen Gewinn gebracht war, sprang er wie besessen in die Höhe und schrie wütend: „Was seh' ich? Du Schelm, du gewissenloser Spitzbube! Was hast du mir getan?" Außer sich vor Zorn griff er nach einem Besen und wollte Spiegelein schlagen; aber dieser krümmte den schwarzen Rücken, ließ die Haare emporstarren, daß ein fahler Schein darüber knisterte, legte die Ohren zurück, prustete und funkelte den Alten so grimmig an, daß dieser voll Furcht und Entsetzen drei Schritt zurücksprang. Er begann zu fürchten, daß er einen Hexenmeister vor sich habe, welcher ihn foppe und mehr könne, als er selbst. Ungewiß und kleinlaut sagte er: „Ist der ehrsame Herr Spiegel vielleicht vom Handwerk? Sollte ein gelehrter Zaubermeister beliebt haben, sich in dero äußere Gestalt zu verkleiden, da er nach Gefallen über sein Leibliches gebieten und genau so beleibt werden kann, als es ihm angenehm dünkt, nicht zu wenig und nicht zu viel, oder unversehens so mager wird, wie ein Gerippe, um dem Tode zu entschlüpfen?"

Spiegel beruhigte sich wieder und sprach ehrlich: „Nein, ich bin kein Zauberer! Es ist allein die süße Gewalt der Leidenschaft, welche mich so heruntergebracht und zu meinem Vergnügen Euer Fett dahin genommen hat. Wenn wir übrigens jetzt unser Geschäft von neuem beginnen wollen, so will ich tapfer dabei sein und drein beißen! Setzt mir nur eine recht Schöne und große Bratwurst vor, denn ich bin ganz erschöpft und hungrig!" Da packte Pineiß den Spiegel wütend am Kragen, sperrte ihn in den Gänsestall, der immer leer war, und schrie: „Da sieh zu, ob dir deine süße Gewalt der Leidenschaft noch einmal heraushilft und ob sie stärker ist, als die Gewalt der Hexerei und meines rechtlichen Vertrages! Jetzt heißt's: Vogel friß oder stirb!" Sogleich briet er eine lange Wurst, die so lecker duftete, daß er sich nicht enthalten konnte, selbst ein bißchen an beiden Zipfeln zu lecken, ehe er sie durch das Gitter steckte. Spiegel fraß sie von vorn bis hinten auf, und indem er sich behaglich den Schnurrbart putzte und den Pelz leckte, sagte er zu sich selber: „Meiner Seel! es ist doch eine schöne Sache um die Liebe! Sie hat mich für diesmal wieder aus der Schlinge gezogen. Jetzt will ich mich ein wenig ausruhen und trachten, daß ich durch Beschaulichkeit und gute Nahrung wieder zu vernünftigen Gedanken komme! Alles hat seine Zeit! Heute ein bißchen Leidenschaft, morgen ein wenig Besonnenheit und Ruhe, ist jedes in seiner Weise gut. Dies Gefängnis ist gar nicht so übel und es läßt sich gewiß etwas Ersprießliches darin ausdenken!" Pineiß aber nahm sich nun zusammen und bereitete alle Tage mit aller seiner Kunst solche Leckerbissen und in solch reizender Abwechslung und Zuträglichkeit, daß der gefangene Spiegel denselben nicht widerstehen konnte; denn Pineißens Vorrat an freiwilligem und rechtmäßigem Katzenschmer nahm alle Tage mehr ab und drohte nächstens ganz auszugehen, und dann war der Hexer ohne dies Hauptmittel ein geschlagener Mann. Aber der gute Hexenmeister nährte mit dem Leibe Spiegels dessen Geist immer wieder mit, und es war durchaus nicht von dieser unbequemen Zutat loszukommen, weshalb auch seine Hexerei sich hier als lückenhaft erwies.

Als Spiegel in seinem Käfig ihm endlich fett genug dünkte, säumte er nicht länger, sondern stellte vor den Augen des aufmerksamen Katers alle Geschirre zurecht und machte ein helles Feuer auf dem Herd, um den lang ersehnten Gewinn auszukochen. Dann wetzte er ein großes Messer, öffnete den Kerker, zog Spiegelchen hervor, nachdem er die Küchentüre wohl verschlossen, und sagte wohlgemut: „Komm, du Sapperlöter! wir wollen dir den Kopf abschneiden vorderhand, und dann das Fell abziehen! Dieses wird eine warme Mütze für ich geben, woran ich Einfältiger noch gar nicht gedacht habe! Oder soll ich dir erst das Fell abziehen und dann den Kopf abschneiden?" „Nein, wenn es Euch gefällig ist," sagte Spiegel demütig, „lieber zuerst den Kopf abschneiden!" „Hast recht, du armer Kerl!" sagte Herr Pineiß, „wir wollen dich nicht unnütz quälen! Alles was recht ist!" „Dies ist ein wahres Wort!" sagte Spiegel mit einem erbärmlichen Seufzer und legte das Haupt ergebungsvoll auf die Seite, „o hätt' ich doch jederzeit getan, was recht ist, und nicht eine so wichtige Sache leichtsinnig unterlassen, so könnte ich jetzt mit besserem Gewissen sterben, denn ich sterbe gern; aber ein Unrecht erschwert mir den sonst so willkommenen Tod; denn was bietet mir das Leben? Nichts als Furcht, Sorge und Armut und zur Abwechslung einen Sturm verzehrender Leidenschaft, die noch schlimmer ist, als die stille zitternde Furcht!" „Ei, welches Unrecht, welche wichtige Sache?" fragte Pineiß neugierig. „Ach was hilft das Reden jetzt noch," seufzte Spiegel, „geschehen ist geschehen und jetzt ist Reue zu spät!" „Siehst du Sappermenter, was für ein Sünder du bist?" sagte Pineiß, „und wie wohl du deinen Tod verdienst? Aber was tausend hast du denn angestellt? Hast du mir vielleicht etwas entwendet, entfremdet, verdorben? Hast du mir ein himmelschreiendes Unrecht getan, von dem ich noch gar nichts weiß, ahne, vermute, du Satan? Das sind mir schöne Geschichten! Gut, daß ich noch dahinter komme! Auf der Stelle beichte mir, oder ich schinde und siede dich lebendig aus! Wirst du sprechen oder nicht?" „Ach nein!" sagte Spiegel, „wegen Euch habe ich mir nichts vorzuwerfen. Es betrifft die zehntausend Goldgülden meiner seligen Gebieterin – aber was hilft Reden! – Zwar – wenn ich bedenke und Euch ansehe, so möchte es vielleicht doch nicht ganz zu spät sein – wenn ich Euch betrachte, so sehe ich, daß Ihr ein noch ganz schöner und rüstiger Mann seid, in den besten Jahren – sagt doch, Herr Pineiß! Habt Ihr noch nie etwa den Wunsch verspürt, Euch zu verehelichen, ehrbar und vorteilhaft? Aber was schwatze ich! Wie wird ein so kluger und kunstreicher Mann auf dergleichen müßige Gedanken kommen! Wie wird ein so nützlich beschäftigter Meister an törichte Weiber denken! Zwar allerdings hat auch die Schlimmste noch irgendwas an sich, was etwa nützlich für einen Mann ist, das ist nicht abzuleugnen! Und wenn sie nur halbwegs was taugt, so ist eine gute Hausfrau etwa weiß am Leibe, sorgfältig im Sinne, zutulich von Sitten, treu von Herzen, sparsam im Verwalten, aber verschwenderisch in der Pflege ihres Mannes, kurzweilig in Worten und angenehm in ihren Taten, einschmeichelnd in ihren Handlungen! Sie küßt den Mann mit ihrem Munde und streichelt ihm den Bart, sie umschließt ihn mit ihren Armen und kraut ihm hinter den Ohren, wie er es wünscht, kurz, sie tut tausend Dinge, die nicht zu verwerfen sind. Sie hält sich ihm ganz nah zu oder in bescheidener Entfernung, je nach seiner Stimmung, und wenn er seinen Geschäften nachgeht, so stört sie ihn nicht, sondern verbreitet unterdessen sein Lob in und außer dem Hause; denn sie läßt nichts an ihn kommen und rühmt alles, was an ihm ist! Aber das Anmutigste ist die wunderbare Beschaffenheit ihres zarten leiblichen Daseins, welches die Natur so verschieden gemacht hat von unserm Wesen bei anscheinender Menschenähnlichkeit, daß es ein fortwährendes Meerwunder in einer glückhaften Ehe bewirkt und eigentlich die allerdurchtriebenste Hexerei in sich birgt! Doch was schwatze ich da wie ein Tor an der Schwelle des Todes! Wie wird ein weiser Mann auf dergleichen Eitelkeiten sein Augenmerk richten! Verzeiht, Herr Pineiß, und schneidet mir den Kopf ab!"

Pineiß aber rief heftig: „So halt doch endlich inne, du Schwätzer! und sage mir: Wo ist eine solche und hat sie zehntausend Goldgülden?"

„Zehntausend Goldgülden?" sagte Spiegel.

„Nun ja," rief Pineiß ungeduldig, „sprachest du nicht eben erst davon?"

„Nein," antwortete jener, „das ist eine andere Sache! Die liegen vergraben an einem Orte!"

„Und was tun sie da, wem gehören sie?" schrie Pineiß.

„Niemand gehören sie, das ist eben meine Gewissensbürge, denn ich hätte sie unterbringen sollen! Eigentlich gehören sie jenem, der eine solche Person heiratet, wie ich eben beschrieben habe. Aber wie soll man drei solche Dinge zusammenbringen in dieser gottlosen Stadt: zehntausend Goldgülden, eine weise feine und gute Hausfrau, und einen weisen rechtschaffenen Mann? Daher ist eigentlich meine Sünde nicht allzugroß, denn der Auftrag war zu schwer für eine arme Katze!"

„Wenn du jetzt", rief Pineiß, „nicht bei der Sache bleibst, und sie verständlich der Ordnung nach dartust, so schneide ich dir vorläufig den Schwanz und beide Ohren ab! Jetzt fang an!"

„Da Ihr es befehlt, so muß ich die Sache wohl erzählen," sagte Spiegel und setzte sich gelassen auf seine Hinterfüße, „obgleich dieser Aufschub meine Leiden nur vergrößert!" Pineiß steckte das scharfe Messer zwischen sich und Spiegel in die Diele und setzte sich neugierig auf ein Fäßchen, um zuzuhören, und Spiegel fuhr fort:

„Ihr wisset doch, Herr Pineiß, daß die brave Person, meine selige Meisterin, unverheiratet gestorben ist als eine alte Jungfer, die in aller Stille viel Gutes getan und niemandem zuwider gelebt hat. Aber nicht immer war es um sie her so still und ruhig zugegangen, und obgleich sie niemals von bösem Gemüt gewesen, so hatte sie doch einst viel Leid und Schaden angerichtet; denn in ihrer Jugend war sie das schönste Fräulein weit und breit, und was von jungen Herren und kecken Gesellen in der Gegend war oder des Weges kam, verliebte sich in sie und wollte sie durchaus heiraten. Nun hatte sie wohl große Lust, zu heiraten und einen hübschen, ehrenfesten und klugen Mann zu nehmen, und sie hatte die Auswahl, da sich Einheimische und Fremde um sie stritten und einander mehr als einmal die Degen in den Leib rannten, um den Vorrang zu gewinnen. Es bewarben sich um sie und versammelten sich kühne und verzagte, listige und treuherzige, reiche und arme Freier, solche mit einem guten und anständigen Geschäft, und solche, welche als Kavaliere zierlich von ihren Renten lebten; dieser mit diesen, jener mit jenen Vorzügen, beredt oder schweigsam, der eine munter und liebenswürdig, und ein anderer schien es mehr in sich zu haben, wenn er auch etwas einfältig aussah; kurz, das Fräulein hatte eine so vollkommene Auswahl, wie es ein mannbares Frauenzimmer sich nur wünschen kann. Allein sie besaß außer ihrer Schönheit ein schö-

nes Vermögen von vielen tausend Goldgülden und diese waren die Ursache, daß sie nie dazu kam, eine Wahl treffen und einen Mann nehmen zu können, denn sie verwaltete ihr Gut mit trefflicher Umsicht und Klugheit und legte einen großen Wert auf dasselbe, und da nun der Mensch immer von seinen eigenen Neigungen aus andere beurteilt, so geschah es, daß sie, sobald sich ihr ein achtungswerter Freier genähert und ihr halbwegs gefiel, alsobald sich einbildete, derselbe begehre sie nur um ihres Gutes willen. War einer reich, so glaubte sie, er würde sie doch nicht begehren, wenn sie nicht auch reich wäre, und von den Unbemittelten nahm sie vollends als gewiß an, daß sie nur ihre Goldgülden im Auge hätten und sich daran gedächten gütlich zu tun, und das arme Fräulein, welches doch selbst so große Dinge auf den irdischen Besitz hielt, war nicht im stande, diese Liebe zu Geld und Gut an ihren Freiern von der Liebe zu ihr selbst zu unterscheiden, oder, wenn sie wirklich etwa vorhanden war, dieselbe nachzusehen und zu verzeihen. Mehrere Male war sie schon so gut wie verlobt und ihr Herz klopfte endlich stärker; aber plötzlich glaubte sie aus irgend einem Zuge zu entnehmen, daß sie verraten sei und man einzig an ihr Vermögen denke, und sie brach unverweilt die Geschichte entzwei und zog sich voll Schmerzen, aber unerbittlich zurück. Sie prüfte alle, welche ihr nicht mißfielen, auf hundert Arten, so daß eine große Gewandtheit dazu gehört, nicht in die Falle zu gehen, und zuletzt keiner mehr sich mit einiger Hoffnung nähern konnte, als wer ein durchaus geriebener und verstellter Mensch war, so daß schon aus diesen Gründen endlich die Wahl wirklich schwer wurde, weil solche Menschen dann zuletzt doch eine unheimliche Unruhe erwecken und die peinliche Ungewißheit bei einer Schönen zurücklassen, je geriebener und geschickter sie sind. Das Hauptmittel, ihre Anbeter zu prüfen, war, daß sie ihre Uneigennützigkeit auf die Probe stellte und sie alle Tage zu großen Ausgaben, zu reichen Geschenken und zu wohltätigen Handlungen veranlaßte. Aber sie mochten es machen, wie sie wollten, so trafen sie doch nie das Rechte; denn zeigten sie sich freigebig und aufopfernd, gaben sie glänzende Feste, brachten sie ihr Geschenke dar, oder anvertrauten ihr beträchtliche Gelder für die Armen, so sagte sie plötzlich, dies alles geschehe nur, um mit einem Würmchen den Lachs zu fangen, oder mit der Wurst nach der Speckseite zu werfen, wie man zu sagen pflegt. Und sie vergabte die Geschenke sowohl wie das anvertraute Geld an Klöster und milde Stiftungen und speisete die Armen; aber die betrogenen Freier wies sie unbarmherzig ab. Bezeigten sich dieselben aber zurückhaltend oder gar knauserig, so war der

Stab sogleich über sie gebrochen, da sie das noch viel übler nahm und daran eine schnöde und nackte Rücksichtslosigkeit und Eigenliebe zu erkennen glaubte. So kam es, daß sie, welche ein reines und nur ihrer Person hingegebenes Herz suchte, zuletzt von lauter verstellten, listigen und eigensüchtigen Freiersleuten umgeben war, aus denen sie nie klug wurde und die ihr das Leben verbitterten. Eines Tages fühlte sie sich so mißmutig und trostlos, daß sie ihren ganzen Hof aus dem Hause wies, dasselbe zuschloß und nach Mailand verreiste, wo sie eine Base hatte. Als sie über den Sankt Gotthard ritt auf einem Eselein, war ihre Gesinnung so schwarz und schaurig, wie das wilde Gestein, das sich aus den Abgründen emportürmte, und sie fühlte die heftigste Versuchung, sich von der Teufelsbrücke in die tobenden Gewässer der Reuß hinabzustürzen. Nur mit der größten Mühe gelang es den zwei Mägden, die sie bei sich hatte, und die ich selbst noch gekannt habe, welche aber nun schon lange tot sind, und dem Führer, sie zu beruhigen und von der finstern Anwandlung abzubringen. Doch langte sie bleich und traurig in dem schönen Land Italien an, und so blau dort der Himmel war, wollten sich ihre dunklen Gedanken doch nicht aufhellen. Aber als sie einige Tage bei ihrer Base verweilt, sollte unverhofft eine andere Melodie ertönen und ein Frühlingsanfang in ihr aufgehen, von dem sie bis dato noch nicht viel gewußt. Denn es kam ein junger Landsmann in das Haus der Base, der ihr gleich beim ersten Anblick so wohl gefiel, daß man wohl sagen kann, sie verliebte sich jetzt von selbst und zum ersten Mal. Es war ein schöner Jüngling, von guter Erziehung und edlem Benehmen, nicht arm und nicht reich zur Zeit, denn er hatte nichts als zehntausend Goldgülden, welche er von seinen verstorbenen Eltern ererbt und womit er, da er die Kaufmannschaft erlernt hatte, in Mailand einen Handel mit Seide begründen wollte; denn er war unternehmend und klar von Gedanken und hatte eine glückliche Hand, wie es unbefangene und unschuldige Leute oft haben; denn auch dies war der junge Mann; er schien, so wohlgelehrt er war, doch so arglos und unschuldig wie ein Kind. Und obgleich er ein Kaufmann war und ein so unbefangenes Gemüt, was schon zusammen eine köstliche Seltenheit ist, so war er doch fest und ritterlich in seiner Haltung und trug ein Schwert so keck zur Seite, wie nur ein geübter Kriegsmann es tragen kann. Dies alles, sowie seine frische Schönheit und Jugend bezwangen das Herz des Fräuleins dermaßen, daß sie kaum an sich halten konnte und ihm mit großer Freundlichkeit begegnete. Sie wurde wieder heiter, und wenn sie dazwischen auch traurig war, so geschah dies in dem Wechsel der Liebesfurcht und Hoffnung, welche immerhin ein edleres und angenehmeres Gefühl war, als jene peinliche Verlegenheit in der Wahl, welche sie früher unter den vielen Freiern empfunden. Jetzt kannte sie nur eine Mühe und Besorgnis, diejenige nämlich, dem schönen und guten Jüngling zu gefallen, und je schöner sie selbst war, desto demütiger und unsicherer war sie jetzt, da sie zum ersten Male eine wahre Neigung gefaßt hatte. Aber auch der junge Kaufmann hatte noch nie eine solche Schönheit gesehen, oder war wenigstens noch keiner so nahe gewesen und von ihr so freundlich und artig behandelt worden. Da sie nun, wie gesagt, nicht nur schön, sondern auch gut von Herzen und fein von Sitten war, so ist es nicht zu verwundern, daß der offene und frische Jüngling, dessen Herz noch ganz frei und unerfahren war, sich ebenfalls in sie verliebte und das mit aller Kraft und Rückhaltlosigkeit, die in seiner ganzen Natur lag. Aber vielleicht hätte das nie jemand erfahren, wenn er in seiner Einfalt nicht aufgemuntert worden wäre durch des Fräuleins Zutulichkeit, welche er mit heimlichem Zittern und Zagen für eine Erwiderung seiner Liebe zu halten wagte, da er selber keine Verstellung kannte. Doch bezwang er sich einige Wochen und glaubte die Sache zu verheimlichen; aber jeder sah ihm von weitem an, daß er zum Sterben verliebt war, und wenn er irgend in die Nähe des Fräuleins geriet oder sie nur genannt wurde, so sah man auch gleich, in wen er verliebt war. Er war aber nicht lange verliebt, sondern begann wirklich zu lieben mit aller Heftigkeit seiner Jugend, so daß ihm das Fräulein das Höchste und Beste auf der Welt wurde, an welches er ein für allemal das Heil und den ganzen Wert seiner eigenen Person setzte. Dies gefiel ihr über die Maßen wohl; denn es war in allem, was er sagte oder tat, eine andere Art, als sie bislang erfahren, und dies bestärkte und rührte sie so tief, daß sie nun gleichermaßen der stärksten Liebe anheimfiel und nun nicht mehr von einer Wahl für sie die Rede war. Jedermann sah diese Geschichte spielen und es wurde offen darüber gesprochen und vielfach gescherzt. Dem Fräulein war es höchlich wohl dabei, und indem ihr das Herz vor banger Erwartung zerspringen wollte, half sie den Roman von ihrer Seite doch ein wenig verwickeln und ausspinnen, um ihn recht auszukosten und zu genießen. Denn der junge Mann beging in seiner Verwirrung so köstliche und kindliche Dinge, dergleichen sie niemals erfahren, und für sie ein Mal schmeichelhafter und angenehmer waren, als das andere. Er aber in seiner Gradheit und Ehrlichkeit konnte es nicht lange so aushalten; da jeder darauf anspielte und sich einen Scherz erlaubte, so schien es ihm eine Komödie zu werden, als deren Gegenstand ihm seine Geliebte viel zu gut und heilig war, und was ihr ausnehmend behagte, das machte ihn bekümmert, ungewiß und verlegen um sie selber. Auch glaubte er sie zu beleidigen und zu hintergehen, wenn er da lange eine so heftige Leidenschaft zu ihr herumtrüge und unaufhörlich an sie denke, ohne daß sie eine Ahnung davon habe, was doch gar nicht schicklich sei und ihm selber nicht recht! Daher sah man ihm eines Morgens von weitem an, daß er etwas vorhatte, und er bekannte ihr seine Liebe in einigen Worten, um es ein Mal und nie zum zweiten Mal zu sagen, wenn er nicht glücklich sein sollte. Denn er war nicht gewohnt zu denken, daß ein solches schönes und wohlbeschaffenes Fräulein etwa nicht ihre wahre Meinung sagen und nicht auch gleich zum ersten Mal ihr unwiderrufliches Ja oder Nein erwidern sollte. Er war ebenso zart gesinnt und heftig verliebt, ebenso spröde als kindlich und ebenso stolz als unbefangen, und bei ihm galt es gleich auf Tod und Leben, auf Ja oder Nein, Schlag um Schlag. In demselben Augenblicke aber, in welchem das Fräulein sein Geständnis anhörte, das sie so sehnlich erwartet, überfiel sie ihr altes Mißtrauen und es fiel ihr zur unglücklichen Stunde ein, daß ihr Liebhaber ein Kaufmann sei, welcher am Ende nur ihr Vermögen zu erlangen wünsche, um seine Unternehmungen zu erweitern. Wenn er daneben auch ein wenig in ihre Person verliebt sein sollte, so wäre ja das bei ihrer Schönheit kein sonderliches Verdienst und nur um so empörender, wenn sie eine bloße erwünschte Zugabe zur ihrem Golde vorstellen sollte. Anstatt ihm daher ihre Gegenliebe zu gestehen und ihn wohl aufzunehmen, wie sie am liebsten getan hätte, ersann sie auf der Stelle eine neue List, um seine Hingebung zu prüfen, und nahm eine ernste, fast traurige Miene an, indem sie ihm vertraute, wie sie bereits mit einem jungen Mann verlobt sei in ihrer Heimat, welchen sie auf das allerherzlichste liebe. Sie habe ihm das schon mehrmals mitteilen wollen, da sie ihn, den Kaufmann nämlich, als Freund sehr lieb habe, wie er habe wohl sehen können aus ihrem Benehmen, und sie vertraue ihm wie einem Bruder. Aber die ungeschickten Scherze, welche in der Gesellschaft aufgekommen seien, hätten ihr eine vertrauliche Unterhaltung erschwert; da er nun aber selbst sie mit seinem braven und edlen Herzen überrascht und dasselbe vor ihr aufgetan, so könne sie ihm für seine Neigung nicht besser danken, als indem sie ihm ebenso offen sich anvertraue. Ja, fuhr sie fort, nur demjenigen könne sie angehören, welchen sie einmal erwählt habe, und nie würde es ihr möglich sein, ihr Herz einem anderen Mannesbilde zuzuwenden, dies stehe mit goldenem Feuer in ihrer Seele geschrieben und der liebe Mann wisse selbst nicht, wie lieb er ihr sei, so wohl er sie auch kenne! Aber ein trüber Unstern hätte sie betroffen; ihr Bräutigam sei ein Kaufmann, aber so arm wie eine Maus; darum hätten sie den Plan gefaßt, daß er aus den Mitteln der Braut einen Handel begründen solle; der Anfang sei gemacht und alles auf das beste eingeleitet, die Hochzeit sollte in diesen Tagen gefeiert werden, da wollte ein unverhofftes Mißgeschick, daß ihr ganzes Vermögen plötzlich ihr angetastet und abgestritten wurde und vielleicht für immer verloren gehe, während der arme Bräutigam in nächster Zeit seine ersten Zahlungen zu leisten habe an die Mailänder und Venezianischen Kaufleute, worauf sein ganzer Kredit, sein Gedeihen und seine Ehre beruhe, nicht zu sprechen von ihrer Vereinigung und glücklichen Hochzeit! Sie sei in der Eile nach Mailand gekommen, wo sie begüterte Verwandte habe, um da Mittel und Auswege zu finden; aber zu einer schlimmen Stunde sei sie gekommen, denn nichts wolle sich fügen und schicken, während der Tag immer näher rücke, und wenn sie ihrem Geliebten nicht helfen könne, so müsse sie sterben vor Traurigkeit. Denn es sei der liebste und beste Mensch, den man sich denken könne, und würde sicherlich ein großer Kaufherr werden, wenn ihm geholfen würde, und sie kenne kein anderes Glück auf Erden, als dann dessen Gemahlin zu sein! Als sie diese Erzählung beendet, hatte sich der arme schöne Jüngling schon lange entfärbt und war bleich wie ein weißes Tuch. Aber er ließ keinen Laut der Klage vernehmen und sprach nicht ein Sterbenswörtchen mehr von sich selbst und von seiner Liebe, sondern fragte bloß traurig, auf wieviel sich denn die eingegangenen Verpflichtungen des glücklich unglücklichen Bräutigams beliefen? Auf zehntausend Goldgulden! antwortete sie noch viel trauriger. Der junge traurige Kaufherr stand auf, ermahnte das Fräulein, guten Mutes zu sein, da sich gewiß ein Ausweg zeigen werde, und entfernte sich von ihr, ohne daß er sie anzusehen wagte, so sehr fühlte er sich betroffen und beschämt, daß er sein Auge auf eine Dame geworfen, die so treu und leidenschaftlich einen andern liebte. Denn der Arme glaubte jedes Wort von ihrer Erzählung wie ein Evangelium. Dann begab er sich ohne Säumnis zu seinen Handelsfreunden und brachte sie durch Bitten und Einbüßung einer gewissen Summe dahin, seine Bestellungen und Einkäufe wieder rückgängig zu machen, welcher er selbst in diesen Tagen auch grad mit seinen zehntausend Goldgulden bezahlen sollte und worauf er seine ganze Laufbahn bauete, und ehe sechs Stunden verflossen waren, erschien er wieder bei dem Fräulein mit seinem ganzen Besitztum und bat sie um Gottes willen, diese Aushülfe von ihm annehmen zu wollen. Ihre Augen funkelten vor freudiger Überraschung und ihre Brust pochte wie ein Hammerwerk; sie fragte ihn, wo er denn dies Kapital hergenommen, und er erwiderte, er habe es auf seinen guten Namen geliehen und würde es, da seine Geschäfte sich glücklich wendeten, ohne Unbequemlichkeit zurückerstatten können. Sie sah ihm deutlich, an, daß er log und daß es sein einziges Vermögen und ganze Hoffnung war, welche er ihrem Glücke opferte; doch stellte sie sich, als glaubte sie seinen Worten. Sie ließ ihren freudigen Empfindungen freien Lauf und tat grausamerweise, als ob diese dem Glück gälten, nun doch ihren Erwählten retten und heiraten zu dürfen, und sie konnte nicht Worte finden, ihre Dankbarkeit auszudrücken. Doch plötzlich besann sie sich und erklärte, nur unter Einer Bedingung die großmütige Tat annehmen zu können, da sonst alles Zureden unnütz wäre. Befragt, worin diese Bedingung bestehe, verlangte sie das heilige Versprechen, daß er an einem bestimmten Tage sich bei ihr einfinden wolle, um ihrer Hochzeit beizuwohnen und der beste Freund und Gönner ihres zukünftigen Ehegemahls zu werden, sowie der treuste Freund, Schützer und Berater ihrer selbst. Errötend bat er sie, von diesem Begehren abzustehen; aber umsonst wandte er alle Gründe an, um sie davon abzubringen, umsonst stellte er ihr vor, daß seine Angelegenheiten jetzt nicht erlaubten, nach der Schweiz zurückzureisen, und daß er von einem solchen Abstecher einen erheblichen Schaden erleiden würde. Sie beharrte entschieden auf ihrem Verlangen und schob ihm sogar sein Geld wieder zu, da er sich nicht dazu verstehen wollte. Endlich versprach er es, aber er mußte ihr die Hand darauf geben und es ihr bei seiner Ehre und Seligkeit beschwören. Sie bezeichnete ihm genau den Tag und die Stunde, wann er eintreffen solle, und alles dies mußte er bei seinem Christenglauben und bei seiner Seligkeit beschwören. Erst dann nahm sie sein Opfer an und ließ den Schatz vergnügt in ihre Schlafkammer tragen, wo sie ihn eigenhändig in ihrer Reisetruhe verschloß und den Schlüssel in den Busen steckte. Nun hielt sie sich nicht länger in Mailand auf, sondern reiste ebenso fröhlich über den Sankt Gotthard zurück, als schwermütig sie hergekommen war. Auf der Teufelsbrücke, wo sie hatte hinabspringen wollen, lachte sie wie eine Unkluge und warf mit hellem Jauchzen ihrer wohlklingenden Stimme einen Granatblütenstrauß in die Reuß, welchen sie vor der Brust trug, kurz, ihre Lust war nicht zu bändigen, und es war die fröhlichste Reise, die je getan wurde. Heimgekehrt, öffnete und lüftete sie ihr Haus von oben bis unten und schmückte es, als ob sie einen Prinzen erwartete. Aber zu Häupten ihres Bettes legte sie den Sack mit den zehntausend Goldgulden und legte des Nachts den Kopf so glückselig auf den harten Klumpen und schlief darauf, wie wenn es das weichste Flaumkissen gewesen wäre. Kaum konnte sie den verabredeten Tag erwarten, wo sie ihn sicher kommen sah, da sie wußte, daß er nicht das einfachste Versprechen, geschweige denn einen Schwur brechen würde, und wenn es ihm um das Leben ginge. Aber der Tag brach an und der Geliebte erschien nicht und es vergingen viele Tage und Wochen, ohne daß er von sich hören ließ. Da fing sie an allen Gliedern an zu zittern und verfiel in die größte Angst und Bangigkeit; sie schickte Briefe über Briefe nach Mailand, aber niemand wußte ihr zu sagen, wo er geblieben sei. Endlich aber stellte es sich durch einen Zufall heraus, daß der junge Kaufherr aus einem blutroten Stück Seidendamast, welches er von seinem Handelsanfang her im Haus liegen und bereits bezahlt hatte, sich ein Kriegskleid hatte anfertigen lassen und unter die Schweizer gegangen war, welche damals eben im Solde des Königs Franz von Frankreich den Mailändischen Krieg mitstritten. Nach der Schlacht bei Pavia, in welcher so viele Schweizer das Leben verloren, wurde er auf einem Haufen erschlagener Spaniolen liegend gefunden, von vielen tödlichen Wunden zerrissen und sein rotes Seidengewand von unten bis oben zerschlitzt und zerfetzt. Eh' er den Geist aufgab, sagte er einem neben ihm liegenden Seldwyler, der minder übel zugerichtet war, folgende Botschaft ins Gedächtnis und bat ihn, dieselbe auszurichten, wenn er mit dem Leben davonkäme: ‚Liebstes Fräulein! Obgleich ich Euch bei meiner Ehre, bei meinem Christenglauben und bei meiner Seligkeit geschworen habe, auf Euerer Hochzeit zu erscheinen, so ist es mir dennoch nicht möglich gewesen, Euch nochmals zu sehen und einen andern des höchsten Glückes teilhaftig zu erblicken, das es für mich geben könnte. Dieses habe ich erst in Euerer Abwesenheit verspürt und habe vorher nicht gewußt, welch eine strenge und unheimliche Sache es ist um solche Liebe, wie ich zu Euch habe, sonst würde ich mich zweifelsohne besser davor gehütet haben. Da es aber einmal so ist, so wollte ich lieber meiner weltlichen Ehre und meiner geistlichen Seligkeit verloren und in die ewige Verdammnis eingehen als ein Meineidiger, denn noch einmal in Euerer Nähe erscheinen mit einem Feuer in der Brust, welches stärker und unauslöschlicher ist, als das Höllenfeuer, und mich dieses kaum wird verspüren lassen. Betet nicht etwa für mich, schönstes Fräulein, denn ich kann und werde nie selig werden ohne Euch, sei es hier oder dort, und somit lebet glücklich und seid gegrüßt!' So hatte in dieser Schlacht, nach welcher König Franziskus sagte: ‚Alles verloren, außer der Ehre!' der unglückliche

Liebhaber alles verloren, die Hoffnung, die Ehre, das Leben und die ewige Seligkeit, nur die Liebe nicht, die ihn verzehrte. Der Seldwyler kam glücklich davon, und sobald er sich in etwas erholt und außer Gefahr sah, schrieb er die Worte des Umgekommenen getreu auf seine Schreibtafel, um sie nicht zu vergessen, reiste nach Hause, meldete sich bei dem unglücklichen Fräulein und las ihr die Botschaft so steif und kriegerisch vor, wie er zu tun gewohnt war, wenn er sonst die Mannschaft seines Fähnleins verlas: denn es war ein Feldleutnant. Das Fräulein aber zerraufte sich die Haare, zerriß ihre Kleider und begann so laut zu schreien und zu weinen, daß man es die Straße auf und nieder hörte und die Leute zusammenliefen. Sie schleppte wie wahnsinnig die zehntausend Goldgulden herbei, zerstreute sie auf dem Boden, warf sich der Länge nach darauf hin und küßte die glänzenden Goldstücke. Ganz von Sinnen, suchte sie den umherrollenden Schatz zusammenzuraffen und zu umarmen, als ob der verlorene Geliebte darin zugegen wäre. Sie lag Tag und Nacht auf dem Golde und wollte weder Speise noch Trank zu sich nehmen; unaufhörlich liebkoste und küßte sie das kalte Metall, bis sie mitten in einer Nacht plötzlich aufstand, den Schatz emsig hin und her eilend nach dem Garten trug und dort unter bitteren Tränen in den tiefen Brunnen warf und einen Fluch darüber aussprach, daß er niemals jemand anderm angehören solle."

Als Spiegel so weit erzählt hatte, sagte Pineiß: „Und liegt das schöne Geld noch in dem Brunnen?" „Ja, wo sollte es sonst liegen?" antwortete Spiegel, „denn nur ich kann es herausbringen und habe es bis zur Stunde noch nicht getan!" „Ei ja so, richtig!" sagte Pineiß, „ich habe es ganz vergessen über deiner Geschichte! Du kannst nicht übel erzählen, du Sapperlöter! und es ist mir ganz gelüstig geworden nach einem Weibchen, die so für mich eingenommen wäre; aber sehr schön müßte sie sein! Doch erzähle jetzt schnell noch, wie die Sache eigentlich zusammenhängt!" „Es dauerte manche Jahre," sagte Spiegel, „bis das Fräulein aus bittern Seelenleiden so weit zu sich kam, daß sie anfangen konnte, die stille alte Jungfer zu werden, als welche ich sie kennen lernte. Ich darf mich berühmen, daß ich ihr einziger Trost und ihr vertrautester Freund geworden bin in ihrem einsamen Leben bis an ihr stilles Ende. Als sie aber dieses herannahen sah, vergegenwärtigte sie sich noch einmal die Zeit ihrer fernen Jugend und Schönheit und erlitt noch einmal mit milderen ergebenen Gedanken erst die süßen Erregungen und dann die bitteren Leiden jener Zeit, und sie weinte still sieben Tage und Nächte hindurch über die Liebe des Jünglings, deren Genuß sie durch ihr Mißtrauen verloren hatte, so daß ihre alten Augen noch kurz vor dem Tode erblindeten. Dann bereute sie den Fluch, welchen sie über jenen Schatz ausgesprochen, und sagte zu mir, indem sie mich mit dieser wichtigen Sache beauftragte: ‚Ich bestimme nun anders, lieber Spiegel! und gebe dir die Vollmacht, daß du meine Verordnung vollziehest. Sieh dich um und suche, bis du eine bildschöne, aber unbemittelte Frauensperson findest, welcher es ihrer Armut wegen an Freiern gebricht! Wenn sich dann ein verständiger, rechtlicher und hübscher Mann finden sollte, der sein guten Auskommen hat, und die Jungfrau ungeachtet ihrer Armut, nur allein von ihrer Schönheit bewegt, zur Frau begehrt, so soll dieser Mann mit den stärksten Eiden sich verpflichten, derselben so treu, aufopfernd und unabänderlich ergeben zu sein, wie es mein unglücklicher Liebster gewesen ist, und dieser Frau sein Leben lang in allen Dingen zu willfahren. Dann gib der Braut die zehntausend Goldgulden, welche im Brunnen liegen, zur Mitgift, daß sie ihren Bräutigam am Hochzeitmorgen damit überrasche!' So sprach die Selige und ich habe meiner widrigen Geschicke wegen versäumt, dieser Sache nachzugehen, und muß nun befürchten, daß die Arme deswegen im Grabe noch beunruhigt sei, was für mich eben auch nicht die angenehmsten Folgen haben kann!"

Pineiß sah den Spiegel mißtrauisch an und sagte: „Wärst du wohl im stande, Bürschchen! mir den Schatz ein wenig nachzuweisen und augenscheinlich zu machen?"

„Zu jeder Stunde!" versetzte Spiegel, „aber Ihr müßt wissen, Herr Stadthexenmeister! daß Ihr das Gold nicht etwa so ohne weiteres herausfischen dürftet. Man würde Euch unfehlbar das Genick umdrehen; denn es ist nicht ganz geheuer in dem Brunnen, ich habe darüber bestimmte Inzichten, welche ich aus Rücksichten nicht näher berühren darf!"

„Hei, wer spricht denn von Herausholen?" sagte Pineiß etwas furchtsam, „führe mich einmal hin und zeige mir den Schatz! Oder vielmehr will ich dich führen an einem guten Schnürlein, damit du mir nicht entwischest!"

„Wie Ihr wollt!" sagte Spiegel, „aber nehmt auch eine andere lange Schnur mit und eine Blendlaterne, welche Ihr daran in den Brunnen hinablassen könnt; denn der ist sehr tief und dunkel!" Pineiß befolgte diesen Rat und führte das muntere Kätzchen nach dem Garten jener Verstorbenen. Sie überstiegen miteinander die Mauer und Spiegel zeigte dem Hexer den Weg zu dem alten Brunnen, welcher unter verwildertem Gebüsche verborgen war. Dort ließ Pineiß sein Laternchen hinunter, begierig nachblickend, während er den angebundenen Spiegel nicht von der Hand ließ. Aber richtig sah er in der Tiefe das Gold funkeln unter dem grünlichen Wasser und rief: „Wahrhaftig, ich seh's, es ist wahr! Spiegel du bist ein Tausendskerl!" Dann guckte er wieder eifrig hinunter und sagte: „Mögen es auch zehntausend sein?" „Ja, das ist nun nicht zu schwören!" sagte Spiegel, „ich bin nie da unten gewesen und hab's nicht gezählt! Ist auch möglich, daß die Dame dazumal einige Stücke auf dem Wege verloren hat, als sie den Schatz hieher trug, da sie in einem sehr aufgeregten Zustande war." „Nun, seien es auch ein Dutzend oder mehr weniger!" sagte Herr Pineiß, „es soll mir darauf nicht ankommen!" Er setzte sich auf den Rand des Brunnens, Spiegel setzte sich auch nieder und leckte sich das Pfötchen. „Da wäre nun der Schatz!" sagte Pineiß, indem er sich hinter den Ohren kratzte, „und hier wäre auch der Mann dazu; fehlt nur noch das bildschöne Weib!" „Wie?" sagte Spiegel. „Ich meine, es fehlt nur noch diejenige, welche die Zehntausend als Mitgift bekommen soll, um mich damit zu überraschen am Hochzeitmorgen, und welche alle jene angenehmen Tugenden hat, von denen du gesprochen!" „Hm!" versetzte Spiegel, „die Sache verhält sich nicht ganz so, wie Ihr sagt! Der Schatz ist da, wie Ihr richtig einseht; das schöne Weib habe ich, um es aufrichtig zu gestehen, allbereits auch schon ausgespürt; aber mit dem Mann, der sie unter diesen schwierigen Umständen heiraten möchte, da hapert es eben; denn heutzutage muß die Schönheit obenein vergoldet sein, wie die Weihnachtsnüsse, und je hohler die Köpfe werden, desto mehr sind sie bestrebt, die Leere mit einigem Weibergut nachzufüllen, damit sie die Zeit besser zu verbringen vermögen; da wird dann mit wichtigem Gesicht ein Pferd besehen und ein Stück Sammet gekauft, mit Laufen und Rennen eine gute Armbrust bestellt, und der Büchsenschmied kommt nicht aus dem Hause; da heißt es, ich muß meinen Wein einheimsen und meine Fässer putzen, meine Bäume putzen lassen und mein Dach decken; ich muß meine Frau ins Bad schicken, sie kränkelt und kostet mich viel Geld, und muß mein Holz fahren lassen und mein Ausstehendes eintreiben; ich habe ein Paar Windspiele gekauft und meine Bracken vertauscht; ich habe einen schönen eichenen Ausziehtisch eingehandelt und meine große Nußbaumlade dran gegeben; ich habe meine Bohnenstangen geschnitten, meinen Gärter fortgejagt, mein Heu verkauft und meinen Salat gesäet, immer mein und mein vom Morgen bis zu Abend. Manche sagen sogar: ich habe meine Wäsche die nächste Woche, ich muß meine Betten sonnen, ich muß eine Magd dingen und einen neuen Metzger haben, denn den alten will ich abschaffen; ich habe ein allerliebstes Waffeleisen erstanden, durch Zufall, und habe mein silbernes Zimmetbüchschen verkauft, es war mir so nichts nütze; alles das sind wohlverstanden die Sachen der Frau, und so verbringt ein solcher Kerl die Zeit und stiehlt unserm Herrgott den Tag ab, indem er alle diese Verrichtungen aufzählt, ohne einen Streich zu tun. Wenn es hoch kommt und ein solcher Patron sich etwa ducken muß, so wird er vielleicht sagen: unsere Kühe und unsere Schweine, aber –" Pineiß riß den Spiegel an der Schnur, daß er miau! schrie, und rief: „Genug, du Plappermaul! Sag' jetzt unverzüglich: wo ist sie, von der du weißt?" Denn die Aufzählung aller dieser Herrlichkeiten und Verrichtungen, die mit einem Weibergute verbunden sind, hatte dem dürren Hexenmeister den Mund nur noch wässeriger gemacht. Spiegel sagte erstaunt: „Wollt Ihr denn wirklich das Ding unternehmen, Herr Pineiß?"

„Versteht sich will ich! Wer sonst als ich? Drum heraus damit; wo ist diejenige?"

„Damit Ihr hingehen und sie freien könnt?"

„Ohne Zweifel!" „So wisset, die Sache geht nur durch meine Hand! mit mir müßt Ihr sprechen, wenn Ihr Geld und Frau wollt!" sagte Spiegel kaltblütig und gleichgültig und fuhr sich mit den beiden Pfoten eifrig über die Ohren, nachdem er sie jedesmal ein bißchen naß gemacht. Pineiß besann sich sorgfältig, stöhnte ein bißchen und sagte: „Ich merke, du willst unsern Kontrakt aufheben und deinen Kopf salvieren!"

„Schiene Euch das so uneben und unnatürlich?"

„Du betrügst mich am Ende und belügst mich, wie ein Schelm!"

„Dies ist auch möglich!" sagte Spiegel.

„Ich sage dir: Betrüge mich nicht!" rief Pineiß gebieterisch.

„Gut, so betrüge ich Euch nicht!" sagte Spiegel.

„Wenn du's tust!"

„So tu' ich's."

„Quäle mich nicht, Spiegelchen!" sprach Pineiß beinahe weinerlich, und Spiegel erwiderte jetzt ernsthaft: „Ihr seid ein wunderbarer Mensch, Herr Pineiß! Da haltet Ihr mich an einer Schnur gefangen und zerrt daran, daß mir der Atem vergeht! Ihr lasset das Schwert des Todes über mir schweben seit länger als zwei Stunden, was sag' ich! seit einem halben Jahre! und nun sprecht Ihr: Quäle mich nicht, Spiegelchen!

„Wenn Ihr erlaubt, so sage ich Euch in Kürze: Es kann mir nur lieb sein, jene Liebespflicht gegen die Tote doch noch zu erfüllen und für das bewußte

Frauenzimmer einen tauglichen Mann zu finden, und Ihr scheint mir allerdings in aller Hinsicht zu genügen; es ist keine Leichtigkeit, ein Weibstück wohl unterzubringen, so sehr dies auch scheint, und ich sage noch einmal: ich bin froh, daß Ihr Euch hierzu bereit finden lasset! Aber umsonst ist der Tod! Eh' ich ein Wort weiter spreche, einen Schritt tue, ja eh' ich nur den Mund noch einmal aufmache, will ich erst meine Freiheit wieder haben und mein Leben versichert! Daher nehmt diese Schnur weg und legt den Kontrakt hier auf den Brunnen, hier auf diesen Stein, oder schneidet mir den Kopf ab, eins von beiden!"

„Ei du Tollhäusler und Obenhinaus!" sagte Pineiß, „du Hitzkopf, so streng wird es nicht gemeint sein? Das will ordentlich besprochen sein und muß jedenfalls ein neuer Vertrag geschlossen werden!" Spiegel gab keine Antwort mehr und saß unbeweglich da, ein, zwei und drei Minuten. Da ward dem Meister bänglich, er zog seine Brieftasche hervor, klaubte seufzend den Schein heraus, las ihn noch einmal durch und legte ihn dann zögernd vor Spiegel hin. Kaum lag das Papier dort, so schnappte es Spiegel auf und verschlang es; und obgleich er heftig daran zu würgen hatte, so dünkte es ihn doch die beste und gedeihlichste Speise zu sein, die er je genossen, und er hoffte, daß sie ihm noch auf lange wohl bekommen und ihn rundlich und munter machen würde. Als er mit der angenehmen Mahlzeit fertig war, begrüßte er den Hexenmeister höflich und sagte: „Ihr werdet unfehlbar von mir hören, Herr Pineiß, und Weib und Geld sollen Euch nicht entgehen. Dagegen macht Euch bereit, recht verliebt zu sein, damit Ihr jene Bedingungen einer unverbrüchlichen Hingebung an die Liebkosungen Euerer Frau, die schon so gut wie Euer ist, ja beschwören und erfüllen könnt! Und hiermit bedanke ich mich des vorläufigen für genossene Pflege und Beköstigung und beurlaube mich!"

Somit ging Spiegel seines Weges und freute sich über die Dummheit des Hexenmeisters, welcher glaubte, sich selbst und alle Welt betrügen zu können, indem er ja die gehoffte Braut nicht uneigennützig, aus bloßer Liebe zur Schönheit ehelichen wollte, sondern den Umstand mit den zehntausend Goldgulden vorher wußte. Indessen hatte er schon eine Person im Auge, welche er dem törichten Hexenmeister aufzuhalsen gedachte für seine gebratenen Krammetsvögel, Mäuse und Würstchen.

Dem Hause des Herrn Pineiß gegenüber war ein anderes Haus, dessen vordere Seite auf das sauberste geweißt war und dessen Fenster immer frisch gewaschen glänzten. Die bescheidenen Fenstervorhänge waren immer schneeweiß und wie soeben geplättet, und ebenso weiß war der Habit und das Kopf- und Halstuch einer alten Beghine, welche in dem Hause wohnte, also daß ihr nonnenartiger Kopfputz, der ihre Brust bekleidete, immer wie aus Schreibpapier gefaltet aussah, so daß man gleich darauf hätte schreiben mögen; das hätte man wenigstens auf der Brust bequem tun können, da sie so eben und so hart war wie ein Brett. So scharf die weißen Kanten und Ecken ihrer Kleidung, so scharf war auch die lange Nase und das Kinn der Beghine, ihre Zunge und der böse Blick ihrer Augen; doch sprach sie nur wenig mit der Zunge und blickte wenig mit den Augen, da sie die Verschwendung nicht liebte und alles nur zur rechten Zeit und mit Bedacht verwendete. Alle Tage ging sie dreimal in die Kirche, und wenn sie in ihrem frischen, weißen und knitternden Zeuge und mit ihrer weißen spitzigen Nase über die Straße ging, liefen die Kinder furchtsam davon und selbst erwachsene Leute traten gern hinter die Haustüre, wenn es noch Zeit war. Sie stand aber wegen ihrer strengen Frömmigkeit und Eingezogenheit in großem Rufe und besonders bei der Geistlichkeit in hohem Ansehen, aber selbst die Pfaffen verkehrten lieber schriftlich mit ihr, als mündlich, und wenn sie beichtete, so schoß der Pfarrer jedesmal so schweißtriefend aus dem Beichtstuhl heraus, als ob er aus einem Backofen käme. So lebte die fromme Beghine, die keinen Spaß verstand, in tiefem Frieden und blieb ungeschoren. Sie machte sich auch mit niemand zu schaffen und ließ die Leute gehen, vorausgesetzt, daß sie ihr aus dem Wege gingen; nur auf ihren Nachbar Pineiß schien sie einen besonderen Haß geworfen zu haben; denn so oft er sich an seinem Fenster blicken ließ, warf sie ihm einen bösen Blick hinüber und zog augenblicklich ihre weißen Vorhänge vor, und Pineiß fürchtete sie wie das Feuer, und wagte nur zuhinterst in seinem Hause, wenn alles gut verschlossen war, etwa einen Witz über sie zu machen. So weiß und hell aber das Haus der Beghine nach der Straße zu aussah, so schwarz und räucherig, unheimlich und seltsam sah es von hinten aus, wo es jedoch fast gar nicht gesehen werden konnte, als von den Vögeln des Himmels und den Katzen auf den Dächern, weil es in eine dunkle Winkelei von himmelhohen Brandmauern ohne Fenster hineingebaut war, wo nirgends ein menschliches Gesicht sich sehen ließ. Unter dem Dache dort hingen alte zerrissene Unterröcke- Körbe und Kräutersäcke, auf dem Dache wuchsen ordentliche Eibenbäumchen und Dornsträucher, und ein großer rußiger Schornstein ragte unheimlich in die Luft. Aus diesem Schornstein aber fuhr in der dunklen Nacht nicht selten eine Hexe auf ihrem Besen in die Höhe, jung und schön und splitternackt, wie Gott die Weiber geschaffen und der Teufel sie gern sieht. Wenn sie aus dem Schornstein fuhr, so schnupperte sie mit dem feinsten Näschen und mit lächelnden Kirschenlippen in der frischen Nachtluft und fuhr in dem weißen Scheine ihres Leibes dahin, indes ihr langes rabenschwarzes Haar wie eine Nachtfahne hinter ihr her flatterte. In einem Loch am Schornstein saß ein alter Eulenvogel und zu diesem begab sich jetzt der befreite Spiegel, eine fette Maus im Maule, die er unterwegs gefangen.

„Wünsch' guten Abend, liebe Frau Eule! Eifrig auf der Wacht?" sagte er und die Eule erwiderte: „Muß wohl! Wünsch' gleichfalls guten Abend! Ihr habt Euch lange nicht sehen lassen, Herr Spiegel!"

„Hat seine Gründe gehabt, werde Euch das erzählen. Hier habe ich Euch ein Mäuschen gebracht, schlecht und recht, wie es die Jahreszeit gibt, wenn Ihr's nicht verschmähen wollt! Ist die Meisterin ausgeritten?"

„Noch nicht, sie will erst gegen Morgen auf ein Stündchen hinaus. Habt Dank für die schöne Maus! Seid doch immer der höfliche Spiegel! Habe hier einen schlechten Sperling zur Seite gelegt, der mir heut zu nahe flog; wenn Euch beliebt, so kostet den Vogel! Und wie ist es Euch denn ergangen?"

„Fast wunderlich," erwiderte Spiegel, „sie wollten mir an den Kragen. Hört, wenn es Euch gefällig ist." Während sie nun vergnüglich ihr Abendessen einnahmen, erzählte Spiegel der aufmerksamen Eule alles, was ihn betroffen und wie er sich aus den Händen des Herrn Pineiß befreit habe. Die Eule sagte: „Da wünsch' ich tausendmal Glück, nun seid Ihr wieder ein gemachter Mann, und könnt gehen, wo Ihr wollt, nachdem Ihr mancherlei erfahren!"

„Damit sind wir noch nicht zu Ende," sagte Spiegel, „der Mann muß seine Frau und seine Goldgulden haben!"

„Seid Ihr von Sinnen, dem Schelm noch wohlzutun, der Euch das Fell abziehen wollte?"

„Ei, er hat es doch rechtlich und vertragsmäßig tun können, und da ich ihn in gleicher Münze wieder bedienen kann, warum sollt' ich es unterlassen? Wer sagt denn, daß ich ihm wohltun will? Jene Erzählung war eine reine Erfindung von mir, meine in Gott ruhende Meisterin war eine simple Person, welche in ihrem Leben nie verliebt, noch von Anbetern umringt war, und jener Schatz ist ein ungerechtes Gut, das sie einst ererbt und in den Brunnen geworfen hat, damit sie kein Unglück daran erlebe. ‚Verflucht sei, wer es da herausnimmt und verbraucht,' sagte sie. Es macht sich also in Betreff des Wohltuns!"

„Dann ist die Sache freilich anders! Aber nun, wo wollt Ihr die entsprechende Frau hernehmen?" „Hier aus diesem Schornstein! deshalb bin ich gekommen, um ein vernünftiges Wort mit Euch zu reden! Möchtet Ihr denn nicht einmal wieder frei werden aus den Banden dieser Hexe? Sinnt nach, wie wir sie fangen und mit dem alten Bösewicht verheiraten!"

„Spiegel, Ihr braucht Euch nur zu nähern, so weckt Ihr mir ersprießliche Gedanken."

„Das wußt' ich wohl, daß Ihr klug seid! Ich habe das Meinige getan und es ist besser, daß Ihr auch Euren Senf dazu gebt und neue Kräfte vorspannt, so kann es gewiß nicht fehlen!"

„Da alle Dinge so schön zusammentreffen, so brauche ich nicht lang zu sinnen, mein Plan ist längst gemacht!" „Wie fangen wir sie?" „Mit einem neuen Schnepfengarn aus guten starken Hanfschnüren; geflochten muß es sein von einem zwanzigjährigen Jägerssohn, der noch kein Weib angesehen hat, und es muß schon dreimal der Nachttau darauf gefallen sein, ohne daß sich eine Schnepfe gefangen; der Grund aber hiervon muß dreimal eine gute Handlung sein. Ein solches Netz ist stark genug, die Hexe zu fangen."

„Nun bin ich neugierig, wo Ihr ein solches hernehmt," sagte Spiegel, „denn ich weiß, daß Ihr keine vergeblichen Worte schwatzt!"

„Es ist auch schon gefunden, wie für uns gemacht; in einem Walde nicht weit von hier sitzt ein zwanzigjähriger Jägerssohn, welcher noch kein Weib angesehen hat; denn er ist blind geboren. Deswegen ist er auch zu nichts zu gebrauchen, als zum Garnflechten und hat vor einigen Tagen ein neues, sehr schönes Schnepfengarn zu stande gebracht. Aber als der alte Jäger es zum ersten Male ausspannen wollte, kam ein Weib daher, welches ihn zur Sünde verlocken wollte; es war aber so häßlich, daß der alte Mann voll Schreckens davonlief und das Garn am Boden liegen ließ. Darum ist ein Tau darauf gefallen, ohne daß sich eine Schnepfe fing, und war also eine gute Handlung daran schuld. Als er des andern Tages hinging, um das Garn abermals auszuspannen, kam eben ein Reiter daher, welcher einen schweren Mantelsack hinter sich hatte; in diesem war ein Loch, aus welchem von Zeit zu Zeit ein Goldstück auf die Erde fiel. Da ließ der Jäger das Garn abermals fallen und lief eifrig hinter dem Reiter her und sammelte die Goldstücke in seinen Hut, bis der Reiter sich umkehrte, es sah und voll Grimm seine Lanze auf ihn richtete. Da bückte der Jäger sich erschrocken, reichte ihm den Hut dar und sagte: „Erlaubt, gnädiger Herr, Ihr habt hier viel Gold verloren, das ich Euch sorgfältig aufgelesen!' Dies war wiederum eine gute Handlung, indem das ehrliche Finden eine der schwierigsten und besten ist; er war aber so weit von dem Schnepfengarn entfernt, daß er es die zweite Nacht im Walde liegen ließ und den nähern Weg nach Hause ging. Am dritten Tage endlich, nämlich gestern, als er eben wieder auf dem Wege war, traf er eine hübsche Gevattersfrau an, die dem Alten um den Bart zu gehen pflegte und der er schon manches Häslein geschenkt hat. Darüber vergaß er die Schnepfen gänzlich und sagte am Morgen: ‚Ich habe den armen Schnepflein das Leben geschenkt; auch gegen Tiere muß man barmherzig sein!' Und um dieser drei guten Handlungen willen fand er, daß er jetzt zu gut sei für diese Welt, und ist heute Vormittag beizeiten in ein Kloster gegangen. So liegt das Garn noch ungebraucht im Walde und ich darf es nur holen." „Holt es geschwind!" sagte Spiegel, „es wird gut sein zu unserm Zweck!" „Ich will es holen," sagte die Eule, „steht nur so lang Wache für mich in diesem Loch, und wenn etwa die Meisterin den Schornstein hinaufrufen sollte, ob die Luft rein sei? so antwortet, indem Ihr meine Stimme nachahmt: ‚Nein, es stinkt noch nicht in der Fechtschul'!'" Spiegel stellte sich in die

Nische und die Eule flog still über die Stadt weg nach dem Wald. Bald kam sie mit dem Schnepfengarn zurück und fragte: „Hat sie schon gerufen?" „Noch nicht!" sagte Spiegel.

Da spannten sie das Garn aus über den Schornstein und setzten sich daneben still und klug; die Luft war dunkel und es ging ein leichtes Morgenwindchen, in welchem ein paar Sternbilder flackerten. „Ihr sollt sehen," flüsterte die Eule, „wie geschickt die durch den Schornstein herauszusäuseln versteht, ohne sich die blanken Schultern schwarz zu machen!" „Ich hab' sie noch nie so nah gesehen," erwiderte Spiegel leise, „wenn sie uns nur nicht zu fassen kriegt!"

Da rief die Hexe von unten: „Ist die Luft rein?" Die Eule rief: „Ganz rein, es stinkt herrlich in der Fechtschul'!" und alsobald kam die Hexe heraufgefahren und wurde in dem Garne gefangen, welches die Katze und die Eule eiligst zusammenzogen und verbanden. „Halt fest!" sagte Spiegel, und „Binde gut!" die Eule. Die Hexe zappelte und tobte mäuschenstill, wie ein Fisch im Netz; aber es half ihr nichts und das Garn bewährte sich auf das beste. Nur der Stiel ihres Besens ragte durch die Maschen. Spiegel wollte ihn sachte herausziehen, erhielt aber einen solchen Nasenstüber, daß er beinahe in Ohnmacht fiel und einsah, wie man auch einer Löwin im Netz nicht zu nahe kommen dürfe. Endlich hielt sich die Hexe still und sagte: „Was wollt ihr denn von mir, ihr wunderlichen Tiere?"

„Ihr sollt mich aus Eurem Dienste entlassen und meine Freiheit zurückgeben!" sagte die Eule. „So viel Geschrei und wenig Wolle!" sagte die Hexe, „du bist frei, mach' dies Garn auf!" „Noch nicht!" sagte Spiegel, der immer noch seine Nase rieb, „Ihr müßt Euch verpflichten, den Stadthexenmeister Pineiß,

Euren Nachbar, zu heiraten auf die Weise, wie wir Euch sagen werden, und ihn nicht mehr zu verlassen!" Da fing die Hexe wieder an zu zappeln und zu prusten wie der Teufel, und die Eule sagte: „Sie will nicht dran!" Spiegel aber sagte: „Wenn Ihr nicht ruhig seid und alles tut, was wir wünschen, so hängen wir das Garn samt seinem Inhalte da vorn an den Drachenkopf der Dachtraufe, nach der Straße zu, daß man Euch morgen sieht und die Hexe erkennt! Sagt also: Wollt ihr lieber unter dem Vorsitze des Herrn Pineiß gebraten werden, oder ihn braten, indem Ihr ihn heiratet?"

Da sagte die Hexe mit einem Seufzer: „So sprecht, wie meint Ihr die Sache?" Und Spiegel setzte ihr alles zierlich auseinander, wie es gemeint sei und was sie zu tun hätte. „Das ist allenfalls noch auszuhalten, wenn es nicht anders sein kann!" sagte sie und ergab sich unter den stärksten Formeln, die eine Hexe binden können. Da taten die Tiere das Gefängnis auf und ließen sie heraus. Sie bestieg sogleich den Besen, die Eule setzte sich hinter sie auf den Stiel und Spiegel zuhinderst auf das Reisigbündel und hielt sich da fest, und so ritten sie nach dem Brunnen, in welchen die Hexe hinabfuhr, um den Schatz heraufzuholen.

Am Morgen erschien Spiegel bei Herrn Pineiß und meldete ihm, daß er die bewußte Person ansehen und freien könne; sie sei aber allbereits so arm geworden, daß sie, gänzlich verlassen und verstoßen, vor dem Tore unter einem Baum sitze und bitterlich weine. Sogleich kleidete sich Herr Pineiß in sein abgeschabtes gelbes Samtwämschen, das er nur bei feierlichen Gelegenheiten trug, setzte die bessere Pudelmütze auf und umgürtete sich mit seinem Degen; in die Hand nahm er einen alten grünen Handschuh, ein Balsamfläschchen, worin einst Balsam gewesen und das noch ein bißchen roch, und eine papierne Nelke, worauf er mit Spiegel vor das Tor ging, um zu freien. Dort traf er ein weinendes Frauenzimmer sitzend unter einem Weidenbaum, von so großer Schönheit, wie er noch nie gesehen; aber ihr Gewand war so dürftig und zerrissen, daß, sie mochte sich auch schamhaft gebärden wie sie wollte, immer da oder dort der schneeweiße Leib ein bißchen durchschimmerte. Pineiß riß die Augen auf und konnte vor heftigem Entzücken kaum seine Bewerbung vorbringen. Da trocknete die Schöne ihre Tränen, gab ihm mit süßem Lächeln die Hand, dankte ihm mit einer himmlischen Glockenstimme für seine Großmut und Schwur, ihm ewig treu zu sein. Aber im selben Augenblicke erfüllte ihn eine solche Eifersucht und Neideswut auf seine Braut, daß er beschloß, sie vor keinem menschlichen Auge jemals sehen zu lassen. Er ließ sich bei einem uralten Einsiedler mit ihr trauen und feierte das Hochzeitmahl in seinem Hause, ohne andere Gäste, als Spiegel und die Eule, welche ersterer mitzubringen sich die Erlaubnis erbeten hatte. Die zehntausend Goldgulden standen in einer Schüssel auf dem Tisch und Pineiß griff zuweilen hinein und wühlte in dem Golde; dann sah er wieder die schöne Frau an, welche in einem meerblauen Sammetkleide dasaß, das Haar mit einem goldenen Netze umflochten und mit Blumen geschmückt, und den weißen Hals mit Perlen umgeben. Er wollte sie fortwährend küssen, aber sie wußte verschämt und züchtig ihn abzuhalten, mit einem verführerischen Lächeln, und schwur, daß sie dieses vor Zeugen und vor Anbruch der Nacht nicht tun würde. Dies machte ihn nur noch verliebter und glückseliger, und Spiegel würzte das Mahl mit lieblichen Gesprächen, welche die schöne Frau mit den angenehmsten, witzigsten und einschmeichelndsten Worten fortführte, so daß der Hexenmeister nicht wußte, wie ihm geschah vor Zufriedenheit. Als es aber dunkel geworden, beurlaubten sich die Eule und die Katze und entfernten sich bescheiden; Herr Pineiß begleitete sie bis unter die Haustüre mit einem Lichte und dankte dem Spiegel nochmals, indem er ihn einen trefflichen und höflichen Mann nannte, und als er in die Stube zurückkehrte, saß die alte weiße Beghine, seine Nachbarin, am Tisch und sah ihn mit einem bösen Blick an. Entsetzt ließ Pineiß den Leuchter fallen und lehnte sich zitternd an die Wand. Er hing die Zunge heraus und sein Gesicht war so fahl und spitzig geworden, wie das der Beghine. Diese aber stand auf, näherte sich ihm und trieb ihn vor sich her in die Hochzeitkammer, wo sie mit höllischen Künsten ihn auf eine Folter spannte, wie noch kein Sterblicher erlebt. So war er nun mit der Alten unauflöslich verehelicht, und in der Stadt hieß es, als es ruchbar wurde: Ei seht, wie stille Wasser tief sind! Wer hätte gedacht, daß die fromme Beghine und der Herr Stadthexenmeister sich noch verheiraten würden! Nun es ist ein ehrbares und rechtliches Paar, wenn auch nicht sehr liebenswürdig!

Herr Pineiß aber führte von nun an ein erbärmliches Leben; seine Gattin hatte sich sogleich in den Besitz aller seiner Geheimnisse gesetzt und beherrschte ihn vollständig. Es war ihm nicht die geringste Freiheit und Erholung gestattet, er mußte hexen vom Morgen bis zum Abend, was das Zeug halten wollte, und wenn Spiegel vorüberging und es sah, sagte er freundlich: „Immer fleißig, fleißig, Herr Pineiß?"

Seit dieser Zeit sagt man zu Seldwyla: Er hat der Katze den Schmer abgekauft! besonders wenn einer eine böse und widerwärtige Frau erhandelt hat.

Referenzen

Der Herausgeber hat nichts unversucht gelassen, sich mit den Copyright-Inhabern in Verbindung zu setzen, muß sich aber bei denjenigen entschuldigen, die er nicht hat ausfindig machen können. Er bedankt sich für die Nachdruckgenehmigung folgender Geschichten:

„Liebschaften" aus *Les Vrilles de la Vigne* von Colette. Nachgedruckt mit Genehmigung von John Johnson Ltd. Copyright © 1992 by Michael O'Mara Books Ltd.

„Zwischenfall an der östlichen 9. Straße" von Jill Drower.
Nachgedruckt mit Genehmigung der Autorin.

„Olly und Ginny" von James Herriot aus *James Herriot's Cat Stories* (Michael Joseph Ltd). Nachgedruckt mit Genehmigung von David Higham Associates/St. Martin's Press, Inc., New York und McClelland & Stewart, Inc., Canada. Copyright © by James Herriot 1994.

„Mein Chef, die Katze" von Paul Gallico. Nachgedruckt mit Genehmigung von Aitken and Stone and Harold Ober Associates, Inc.

„Mings größter Fang" aus *The Animal Lover's Book of Beastly Murder* von Patricia Highsmith. Copyright © 1975 by Diogenes Verlag AG, Zürich.

Referenzen